U0524681

今注本二十四史

三國志

晉 陳壽 撰　宋 裴松之 注
楊耀坤 揭克倫 校注

四

魏書〔四〕

中國社會科學出版社

三國志 卷一二

魏書十二

崔毛徐何邢鮑司馬傳第十二

崔琰字季珪,清河東武城人也。[1]少樸訥,好擊劍,尚武事。年二十三,鄉移爲正,[2]始感激,讀《論語》《韓詩》。[3]至年二十九,[4]乃結公孫方等就鄭玄受學。[5]學未朞,徐州黃巾賊攻破北海,[6]玄與門人到不其山避難。[7]時穀糴縣乏,[8]玄罷謝諸生。琰既受遣,而寇盜充斥,西道不通。于是周旋青、徐、兗、豫之郊,[9]東下壽春,[10]南望江、湖。自去家四年乃歸,以琴書自娛。

大將軍袁紹聞而辟之。[11]時士卒橫暴,掘發丘隴,琰諫曰:"昔孫卿有言:[12]'士不素教,甲兵不利,雖湯、武不能以戰勝。'今道路暴骨,民未見德,宜敕郡縣掩骼埋胔,[13]示僭怛之愛,追文王之仁。"[14]紹以爲騎都尉。[15]後紹治兵黎陽,[16]次于延津,[17]琰復諫曰:"天子在許,[18]民望助順,不如守境述職,[19]以寧區宇。"紹不聽，遂敗于官渡。[20]及紹卒，二子交爭，爭欲得琰。琰稱疾固辭，由是獲罪，幽于囹圄，賴陰夔、陳琳營救得免。[21]

太祖破袁氏，領冀州牧，[22]辟琰為別駕從事，[23]謂琰曰："昨案戶籍，可得三十萬眾，[24]故為大州也。"琰對曰："今天下分崩，九州幅裂，二袁兄弟親尋干戈，[25]冀方蒸庶暴骨原野。未聞王師仁聲先路，存問風俗，救其塗炭，而校計甲兵，唯此為先，斯豈鄙州士女所望於明公哉！"太祖改容謝之。于時賓客皆伏失色。

太祖征并州，[26]留琰傅文帝於鄴。世子仍出田獵，[27]變易服乘，[28]志在驅逐。[29]琰書諫曰："蓋聞盤于游田，[30]《書》之所戒，魯隱觀魚，[31]《春秋》譏之，此周、孔之格言，[32]二經之明義。[33]殷鑒夏后，[34]《詩》稱不遠，子卯不樂，[35]《禮》以為忌，此又近者之得失，不可不深察也。袁族富彊，公子寬放，盤游滋侈，義聲不聞，哲人君子，俄有色斯之志，[36]熊羆壯士，墮於吞噬之用，固所以擁徒百萬，[37]跨有河朔，無所容足也。今邦國殄瘁，[38]惠康未洽，士女企踵，所思者德。況公親御戎馬，上下勞慘，世子宜遵大路，慎以行正，思經國之高略，內鑒近戒，外揚遠節，深惟儲副，以身為寶。而猥襲虞旅之賤服，[39]忽馳騖而陵險，志雉兔之小娛，忘社稷之為重，斯誠有識所以惻心也。唯世子燔翳捐褶，[40]以塞眾望，不令老臣獲罪於天。"世子報曰："昨奉嘉命，惠示雅數，[41]欲使燔翳捐襧。翳已壞矣，襧亦去焉。後有此比，蒙復誨諸。"

太祖爲丞相，琰復爲東西曹掾、屬、徵事。[42]初授東曹時，教曰："君有伯夷之風，[43]史魚之直，[44]貪夫慕名而清，壯士尚稱而厲，斯可以率時者已。故授東曹，往踐厥職。"魏國初建，拜尚書。[45]時未立太子，臨菑侯植有才而愛。太祖狐疑，以函令密訪於外。唯琰露板答曰："蓋聞《春秋》之義，立子以長，[46]加五官將仁孝聰明，[47]宜承正統。琰以死守之。"[48]植，琰之兄女壻也。太祖貴其公亮，喟然歎息，〔一〕遷中尉。[49]

〔一〕《世語》曰：植妻衣繡，太祖登臺見之，以違制命，還家賜死。

[1] 清河：郡名。漢桓帝前稱清河國，桓帝建和二年（148）改稱甘陵國，獻帝建安十一年（206）國除，稱甘陵郡，曹魏時又改稱清河郡。治所清河縣，在今山東臨清市東北。　東武城：縣名。治所在今山東武城縣東北。

[2] 正：正卒。漢制，男子自二十三歲服兵役兩年，一年在本郡服役，稱爲正卒；一年戍守邊境或到京師守衛皇宮，稱爲戍卒或衛士。其餘時間爲本郡預備兵，至五十六歲乃免（見《漢舊儀》）。文學弟子則可免此項兵役。

[3] 韓詩：書名。西漢初傳《詩經》者，今文有齊、魯、韓三家，古文有《毛詩》。《韓詩》爲燕太傅韓嬰所傳，著有《韓故》《韓內傳》《韓外傳》諸書。（見《漢書·藝文志》）

[4] 至年二十九：趙幼文《校箋》謂《文選集注》引《鈔》

"至"下無"年"字。《藝文類聚》卷二七引崔琰《遂初賦》（當作《述初賦》）亦無"年"字，考上文已言"年二十三"此不必重贅"年"字也，應據刪。

[5] 鄭玄：字康成，東漢末北海高密（今山東高密市西南）人，大經學家，兼通今古文，曾遍注群經。（見《後漢書》卷三五《鄭玄傳》）

[6] 徐州：刺史治所本在郯縣（今山東郯城縣北），東漢末移治所於下邳，在今江蘇睢寧縣西北。　北海：王國名。治所劇縣，在今山東昌樂縣西。

[7] 不其山：在當時的不其縣境。不其縣治所在今山東即墨市西南。

[8] 縣乏：極缺乏。縣，"懸"之本字。

[9] 青：州名。刺史治所臨菑縣，在今山東淄博市東北臨淄區北。　兗：州名。刺史治所昌邑縣，在今山東金鄉縣西北。　豫：州名。刺史治所譙縣，在今安徽亳州市。

[10] 壽春：縣名。治所在今安徽壽縣。

[11] 大將軍：官名。東漢時，常兼錄尚書事，與太傅、太尉等共同主持政務。漢末，位在三公上。

[12] 孫卿：即荀況，戰國人，時人尊稱爲荀卿，漢人避漢宣帝劉詢諱，遂改爲孫卿。傳世之作有《荀子》。（本《史記》卷七四《荀卿列傳》司馬貞《索隱》）

[13] 掩骼埋胔（zì）：謂掩埋尸骸。《禮記·月令》"掩骼埋胔"鄭玄注："骨枯曰骼，肉腐曰胔。"

[14] 文王之仁：《呂氏春秋·孟冬紀·異用》："周文王使人抇池，得死人之骸，吏以聞於文王。文王曰：'更葬之。'吏曰：'此無主矣。'文王曰：'有天下者，天下之主也。有一國者，一國之主也。今我非其主也？'遂令吏以衣棺更葬之。天下聞之，曰：'文王賢矣，澤及髊骨，又況於人乎？'""髊"同"胔"。

[15] 騎都尉：官名。屬光祿勳，秩比二千石，掌監羽林騎。

[16] 黎陽：縣名。治所在今河南浚縣東北。是東漢以來的軍事重鎮。

[17] 延津：津渡名。是當時黃河的重要渡口，在今河南新鄉市東南。在當時白馬、黎陽之西。

[18] 許：縣名。治所在今河南許昌縣東。

[19] 述職：《孟子·梁惠王下》：晏子曰："諸侯朝天子曰述職。述職者，述所職也。"

[20] 官渡：地名。在今河南中牟縣東北。

[21] 陰夔：東漢末曾爲豫州刺史，後在袁尚部下。見本書卷一《武帝紀》建安九年。　陳琳：見本書卷二一《王粲傳》。

[22] 冀州：東漢末，州牧刺史治所常設在鄴，在今河北臨漳縣西南鄴鎮東一里半。

[23] 別駕從事：官名。爲州牧刺史的主要屬吏，州牧刺史巡行各地時，別乘傳車從行，故名別駕。

[24] 三十萬衆：沈家本《瑣言》據《續漢書·郡國志》云："冀州領郡國九，共戶九十萬八千有五，口四百一萬三千三十三，此永和五年（140）戶口數也。此云三十萬，則不及十之一也。"錢劍夫則云："此指丁壯可爲兵者之數，非全部戶口數也。下文'校計甲兵'可證，沈説非。"（盧弼《〈三國志集解〉校點記》）

[25] 親尋干戈：趙幼文《校箋》謂《文選集注·三國名臣贊》引《鈔》"親"字作"日"，是也。《左傳·昭公元年》"子產以日尋干戈"。此語本之。按，《左傳》之文，乃子產謂古代高辛氏有二子"日尋干戈"。

[26] 并州：刺史治所晉陽，在今山西太原市西南古城營西古城。

[27] 世子：諸侯王之嫡子稱世子。此指曹丕。

[28] 變易服乘：趙幼文《校箋》謂《太平御覽》卷四五三引"易服"二字乙。

[29] 在：趙幼文《校箋》謂《太平御覽》引作"存"。

［30］盤于游田：《尚書·無逸》："文王不敢盤於游田。"盤，樂。田，田獵。

［31］魯隱觀魚：魯隱，即春秋時之魯隱公。在位十一年（前722—前712）。《左傳·隱公五年》："五年春，公將如棠（在今山東魚臺縣西北）觀魚者"，臧僖伯諫阻。"公曰：'吾將略地焉。'遂往，陳魚而觀之，僖伯稱疾不從。書曰'公矢魚於棠'，非禮也，且言遠地也。"

［32］周孔之格言：《尚書·無逸》，周公爲訓導成王而作；《春秋》，孔子所修。故謂周、孔之格言。

［33］明義：趙幼文《校箋》謂《群書治要》卷二五引"義"下有"也"字。

［34］殷鑒夏后：《詩·大雅·蕩》："殷鑒不遠，在夏后之世。"夏后，指夏桀。

［35］子卯不樂：《禮記·檀弓下》：晋"知悼子卒，未葬。平公飲酒"。杜蕡曰："子卯不樂。"鄭玄注："紂以甲子死，桀以乙卯亡，王者謂之疾日，不以舉樂爲吉事，所以自戒懼。"

［36］哲人君子俄有色斯之志：意謂，哲人君子見了袁氏之不義行爲，頃刻間便驚駭地想離去。徐紹楨《質疑》云："王氏引之曰：《論語·鄉黨篇》'色斯舉矣，翔而後集'。色斯者，狀鳥舉之疾也，與翔而後集意正相反。色斯，猶色然，驚飛貌也。《呂氏春秋·審應》篇曰：'蓋聞君子猶鳥也，駭則舉。'哀公六年《公羊傳》曰：'諸侯大夫見之，皆色然而駭。'何注曰：'色然，驚駭貌。'義與此相近也。漢人多以'色斯'二字連讀。紹楨謹按：王氏説'色斯'二字極精，自來皆以爲顔色之色，非也。"

［37］百萬：當指冀、青、幽、并四州之丁壯。

［38］邦國殄瘁：《詩·大雅·瞻卬》："人之云亡，邦國殄瘁。"毛傳："殄，盡；瘁，病。"

［39］虞旅：管理山澤園囿之人。

［40］翳：射獵者藏身之具。　褶（xí）：戎裝便服。周壽昌

《注證遺》云："《太平御覽》服章部引《晉義熙起居注》：安帝自荊州至新亭，詔曰：'諸侍官戎行之時，不備朱服，悉令褲褶從也。'足徵褶是戎裝便服。"

[41] 雅數：《羣書治要》卷二五作"雅教"。

[42] 東西曹掾屬徵事：均官名。曹操爲丞相後，丞相府置東、西曹掾、屬，主持選舉事等（西曹主府吏署用，東曹主二千石長吏遷除及軍吏），又設徵事二人。崔琰曾分別作過東、西曹掾和徵事。

[43] 伯夷之風：伯夷，殷商末，孤竹君之子。孟子稱贊他說："伯夷，目不視惡色，耳不聽惡聲，非其君不事，非其民不使，治則進，亂則退；橫政之所出，橫民之所止，不忍居也；思與鄉人處，如以朝衣朝冠坐於塗炭也。當紂之時，居北海之濱，以待天下之清也。故聞伯夷之風者，頑夫廉，懦夫有立志。"（《孟子·萬章下》）

[44] 史魚之直：史魚，春秋時衛大夫，患病將死，對其子說："我數言蘧伯玉之賢，而不能進；彌子瑕不肖，而不能退。爲人臣不能進賢而退不肖，死不當治喪正堂，殯我於室足矣。"史魚死後，其子遵其言。衛君問其故，子以父言對。衛君遂進用蘧伯玉，退黜彌子瑕，並移史魚殯於正堂。後來孔子稱贊史魚說："直哉，史魚！邦有道如矢，邦無道如矢。"（見《韓詩外傳》及《論語·衛靈公》）

[45] 尚書：官名。魏置吏部、左民、客曹、五兵、度支等五曹尚書，秩皆六百石，第三品。其中吏部職要任重，徑稱爲吏部尚書，其餘諸曹均稱尚書。

[46] 立子以長：子，指嗣子，繼位之子。《公羊傳·隱公元年》："立適以長不以賢，立子以貴不以長。"

[47] 五官將：指曹丕，時曹丕爲五官中郎將。

[48] 琰以死守之：百衲本在此句下誤衍"植以死守之"五字。

[49] 中尉：官名。漢代諸侯王國的軍事長官，秩二千石。掌

王國治安，督察軍吏。建安十八年（213）魏國亦置。

　　琰聲姿高暢，眉目疏朗，鬚長四尺，甚有威重，朝士瞻望，而太祖亦敬憚焉。〔一〕[1]琰嘗薦鉅鹿楊訓，[2]雖才好不足，而清貞守道，太祖即禮辟之。後太祖爲魏王，訓發表稱贊功伐，襃述盛德。時人或笑訓希世浮僞，謂琰爲失所舉。琰從訓取表草視之，與訓書曰："省表，事佳耳！時乎時乎，會當有變時。"琰本意譏論者好譴呵而不尋情理也。有白琰此書傲世怨謗者，太祖怒曰："諺言'生女耳'，'耳'非佳語。[3]'會當有變時'，意指不遜。"於是罰琰爲徒隸，使人視之，辭色不撓。[4]太祖令曰："琰雖見刑，而通賓客，門若市人，對賓客虬鬚直視，[5]若有所瞋。"遂賜琰死。〔二〕

　　〔一〕《先賢行狀》曰：琰清忠高亮，雅識經遠，推方直道，[6]正色於朝。魏氏初載，委授銓衡，總齊清議，[7]十有餘年。文武羣才，多所明拔。朝廷歸高，天下稱平。

　　〔二〕《魏略》曰：人得琰書，以裹幘籠，[8]持其籠行都道中。[9]時有與琰宿不平者，遙見琰名著幘籠，從而視之，遂白之。太祖以爲琰腹誹心謗，乃收付獄，髡刑輸徒。[10]前所白琰者又復白之云："琰爲徒，虬鬚直視，心似不平。"時太祖亦以爲然，遂欲殺之。乃使清公大吏往經營琰，[11]教吏曰：[12]"三日期消息。"琰不悟，後數日，吏故白琰平安。公忿然曰："崔琰必欲使孤行刀鋸乎！"吏以是教告琰，琰謝吏曰："我殊不宜，不知公意至此也！"遂自殺。

[1] 敬憚：趙幼文《校箋》謂《北堂書鈔》卷五四、《太平御覽》卷三七四、《册府元龜》卷六二七引"敬"字作"嚴"。按，《群書治要》卷二五亦作"敬"。

[2] 鉅鹿：郡名。治所廮陶縣，在今河北寧晋縣西南。

[3] 耳：語氣詞。表限止的語氣，有僅僅可以而不滿之意，與現代漢語的"罷了"相當，故曹操説"非佳語"。

[4] 不撓：趙幼文《校箋》謂《群書治要》卷二五、《太平御覽》卷三七〇（當作三七四）、《文選集注》引《鈔》"不"字俱作"無"。

[5] 虯(qiú)鬚直視：胡三省云："虯鬚，卷鬚也。直視者，目不他矚也。"（《通鑑》卷六七漢獻帝建安二十年注）

[6] 推方：趙幼文《校箋》謂《册府元龜》卷六三七引"推"字作"端"。按，宋本《册府元龜》亦作"推"。

[7] 清議：漢末魏初，名士對鄉里人物之評論。

[8] 幘(zé)籠：盛幘之竹籠。幘，頭巾。又"幘籠"下，殿本、盧弼《集解》本有"持其籠"三字，百衲本、校點本無。而有此三字義更明確，今從殿本等。

[9] 都：盧弼《集解》本作"部"。殿本《考證》亦謂毛本作"部"。而百衲本、殿本、校點本均作"都"。今從百衲本等。

[10] 髡(kūn)刑：剃去頭髮之刑罰。 輸徒：送去服苦役。

[11] 經營：謂窺探，打聽（吳金華《校詁》附《考釋集錦》引關德仁説）。

[12] 教：殿本、盧弼《集解》本作"教"，百衲本、校點本作"敕"。今從殿本等。

始琰與司馬朗善，晋宣王方壯，[1]琰謂朗曰："子之弟，聰哲明允，剛斷英跱，殆非子之所及也。"〔一〕朗以爲不然，而琰每秉此論。琰從弟林，少無名望，雖姻族猶多輕之，而琰常曰："此所謂大器晚成者也,[2] 終必遠至。"涿郡孫禮、盧毓始入軍府,[3]琰又名之曰："孫疏亮亢烈，剛簡能斷，盧清警明理，百鍊不消，皆公才也。"後林、禮、毓咸至鼎輔。及琰友人公孫方、宋階早卒,[4]琰撫其遺孤，恩若己子。其鑒識篤義，類皆如此。〔二〕

〔一〕臣松之案："跱"或作"特"，竊謂"英特"爲是也。
〔二〕《魏略》曰：明帝時，崔林嘗與司空陳羣共論冀州人士，稱琰爲首。羣以"智不存身"貶之。林曰："大丈夫爲有邂逅耳，即如卿諸人，良足貴乎！"

[1] 晉宣王：即司馬懿。魏元帝初，其子司馬昭封爲晉王後，追尊他爲宣王。
[2] 大器晚成：《呂氏春秋·先識覽·樂成》："大智不形，大器晚成。"
[3] 涿郡：治所涿縣，在今河北涿州市。
[4] 方：殿本、盧弼《集解》本作"育"，百衲本、校點本作"方"。今從百衲本等。

初，太祖性忌，有所不堪者，魯國孔融、〔一〕南陽許攸、〔二〕婁圭、〔三〕皆以恃舊不虔見誅。[2]而琰最爲世所痛惜，至今冤之。〔四〕

〔一〕融字文舉。《續漢書》曰:[3]融，孔子二十世孫也。高祖父尚，鉅鹿太守。父宙，太山都尉。[4]融幼有異才。時河南尹李膺有重名,[5]敕門下簡通賓客，非當世英賢及通家子孫弗見也。[6]融年十餘歲，欲觀其爲人，遂造膺門，語門者曰："我，李君通家子孫也。"膺見融，問曰："高明父祖，[7]嘗與僕周旋乎？"融曰："然。先君孔子與君先人李老君，同德比義而相師友，則融與君累世通家也。"衆坐奇之，僉曰："異童子也。"太中大夫陳煒後至，[8]同坐以告煒，煒曰："人小時了了者，大亦未必奇也。"融答曰："即如所言，君之幼時，豈實慧乎！"膺大笑，顧謂曰："高明長大，必爲偉器。"山陽張儉，[9]以忠正爲中常侍侯覽所忿疾，[10]覽爲刊章下州郡捕儉。[11]儉與融兄褒有舊，亡投褒。遇褒出，時融年十六，[12]儉以其少，不告也。[13]融知儉長者，有窘迫色，謂曰："吾獨不能爲君主邪！"因留舍藏之。後事泄，[14]國相以下密就掩捕，[15]儉得脫走，登時收融及褒送獄。融曰："保納藏舍者融也，融當坐之。"褒曰："彼來求我，[16]罪我之由，非弟之過，我當坐之。"兄弟爭死，郡縣疑不能決，乃上讞，[17]詔書令褒坐焉。融由是名震遠近，與平原陶丘洪、陳留邊讓，[18]並以俊秀，爲後進冠蓋。融持論經理不及讓等，而逸才宏博過之。司徒、大將軍辟舉高第，[19]累遷北軍中候、虎賁中郎將、北海相，[20]時年三十八。[21]承黃巾殘破之後，修復城邑，崇學校，設庠序，舉賢才，顯儒士。以彭璆爲方正，[22]邴原爲有道，[23]王脩爲孝廉。[24]告高密縣爲鄭玄特立一鄉，名爲鄭公鄉。又國人無後，及四方游士有死亡者，皆爲棺木以殯葬之。[25]郡人甄子然孝行知名，[26]早卒，融恨不及之，乃令配食縣社。[27]其禮賢如此。在郡六年，劉備表融領青州刺史。[28]建安元年，[29]徵還爲將作大匠，[30]遷少府。[31]每朝會訪對，輒爲議主，諸卿大夫寄名而已。

　　司馬彪《九州春秋》曰：融在北海，自以智能優贍，溢才命世，當時豪俊皆不能及。[32]亦自許大志，且欲舉軍曜甲，與羣賢要功，自於海岱結殖根本，[33]不肯碌碌如平居郡守，事方伯、赴期會而已。然其所任用，好奇取異，皆輕剽之才。至于稽古之士，謬爲恭敬，禮之雖備，不與論國事也。[34]高密鄭玄，稱之鄭公，執子孫禮。及高談教令，盈溢官曹，辭氣溫雅，可玩而誦。論事考實，難可悉行。但能張磔網羅，其自理甚疏。[35]租賦少稽，一朝殺五部督郵。[36]姦民污吏，猾亂朝市，亦不能治。幽州精兵亂，[37]至徐州，卒到城下，舉國皆恐。融直出說之，令無異志。遂與別校謀夜覆幽州，幽州軍敗，悉有其衆。無幾時，還復叛亡。黃巾將至，融大飲醇酒，躬自上馬，禦之淶水之上。[38]寇令上部與融相拒，兩翼徑涉水，直到所治城。城潰，融不得入，轉至南縣，左右稍叛。連年傾覆，事無所濟，遂不能保鄣四境，棄郡而去。後徙徐州，以北海相自還領青州刺史，治郡北陲。[39]欲附山東，[40]外接遼東，[41]得戎馬之利，建樹根本，孤立一隅，不與共也。于時曹、袁、公孫共相首尾，戰士不滿數百，穀不至萬斛。王子法、劉孔慈凶辯小才，信爲腹心。左丞祖、劉義遜清儁之士，[42]備在坐席而已，言此民望，不可失也。丞祖勸融自託彊國，融不聽而殺之。義遜棄去。遂爲袁譚所攻，自春至夏，城小寇衆，流矢雨集。然融憑几安坐，讀書論議自若。城壞衆亡，身奔山東，[43]室家爲譚所虜。

　　張璠《漢紀》曰：融在郡八年，[44]僅以身免。帝初都許，融以爲宜略依舊制，定王畿，正司隷所部爲千里之封，[45]乃引公卿上書言其義。是時天下草創，曹、袁之權未分，融所建明，不識時務。又天性氣爽，頗推平生之意，狎侮太祖。太祖制酒禁，而融書嘲之曰：“天有酒旗之星，[46]地列酒泉之郡，[47]人有旨酒之德，故堯不飲千鍾，無以成其聖。[48]且桀紂以色亡國，今令不禁婚姻也。”太祖外雖寬容，[49]而内不能平。御史大夫郗慮知旨，[50]以法免融官。歲餘，拜太中大夫。[51]雖居家失勢，而賓客日滿其門，愛才樂酒，常歎曰：[52]“坐上客常滿，樽中酒不空，吾無憂矣。”虎賁士有貌似蔡邕者，融每酒酣，輒引與同坐，曰：“雖無老成人，尚有典刑。”[53]其好士如此。

　　《續漢書》曰：太尉楊彪與袁術婚姻，[54]術僭號，太祖與彪有隙，因是執彪，將殺焉。融聞之，不及朝服，往見太祖曰："楊公累世清德，四葉重光，[55]《周書》'父子兄弟，罪不相及'，[56]況以袁氏之罪乎？《易》稱'積善餘慶'，[57]但欺人耳。"太祖曰："國家之意也。"[58]融曰："假使成王欲殺召公，則周公可得言不知邪？今天下纓緌搢紳之士所以瞻仰明公者，以明公聰明仁智，輔相漢朝，舉直措枉，[59]致之雍熙耳。[60]今橫殺無辜，則海內觀聽，誰不解體？孔融魯國男子，[61]明日便當褰衣而去，[62]不復朝矣。"太祖意解，遂理出彪。

《魏氏春秋》曰：袁紹之敗也，[63]融與太祖書曰："武王伐紂，以妲己賜周公。"[64]太祖以融學博，謂書傳所紀。後見，[65]問之，對曰："以今度之，想其當然耳！"十三年，融對孫權使，有訕謗之言，坐棄市。二子年八歲、〔九歲〕，[66]時方弈棋，融被收，端坐不起。左右曰："而父見執，[67]不起何也？"二子曰："安有巢毀而卵不破者乎！"遂俱見殺。融有高名清才，世多哀之。太祖懼遠近之議也，乃令曰："太中大夫孔融既伏其罪矣，然世人多採其虛名，少於核實，見融浮艷，好作變異，眩其誣詐，不復察其亂俗也。此州人說平原禰衡受傳融論，以爲父母與人無親，譬若甀器，[68]寄盛其中，又言若遭饑饉，而父不肖，寧贍活餘人。融違天反道，敗倫亂理，雖肆市朝，猶恨其晚。更以此事列上，宣示諸軍將校掾屬，[69]皆使聞見。"

《世語》曰：融二子，皆齠齔。[70]融見收，顧謂二子曰："何以不（辭）〔辟〕？"[71]二子俱曰："父尚如此，復何所（辭）〔辟〕！"以爲必俱死也。

臣松之以爲《世語》云融二子不辭，知必俱死，猶差可安。如孫盛之言，誠所未譬。八歲小兒，能玄了禍福，[72]聰明特達，卓然既遠，則其憂樂之情，宜其有過成人，[73]安有見父收執而曾無變容，弈棊不起，若在暇豫者乎？昔申生就命，[74]言不忘父，不以己身將死而廢念父之情也。[75]父安猶尚若茲，而況於顛沛哉？

盛以此爲美談，無乃賊夫人之子與！[76]蓋由好奇情多，而不知言之傷理。[77]

〔二〕《魏略》曰：攸字子遠，少與袁紹及太祖善。初平中隨紹在冀州，[78]嘗在坐席言議。官渡之役，諫紹勿與太祖相攻，語在《紹傳》。紹自以彊盛，必欲極其兵勢。攸知不可爲謀，乃亡詣太祖。紹破走，及後得冀州，攸有功焉。攸自恃勳勞，[79]時與太祖相戲，每在席，不自限齊，[80]至呼太祖小字，曰："某甲，[81]卿不得我，不得冀州也。"太祖笑曰："汝言是也。"然內嫌之。其後從行出鄴東門，顧謂左右曰："此家非得我，則不得出入此門也。"人有白者，遂見收之。[82]

〔三〕《魏略》曰：婁圭字子伯，少與太祖有舊。初平中在荊州北界合衆，[83]後詣太祖。太祖以爲大將，不使典兵，常在坐席言議。及河北平定，隨在冀州。其後太祖從諸子出游，子伯時亦隨從。子伯顧謂左右曰："此家父子，如今日爲樂也。"人有白者，太祖以爲有腹誹意，遂收治之。

《吳書》曰：子伯少有猛志，嘗歎息曰："男兒居世，會當得數萬兵千匹騎著後耳！"儕輩笑之。後坐藏亡命，被繫當死，得踰獄出，[84]捕者追之急，子伯乃變衣服如助捕者，吏不能覺，遂以得免。會天下義兵起，子伯亦合衆與劉表相依。後歸曹公，遂爲所待，[85]軍國大計常與焉。劉表亡，曹公向荊州。表子琮降，以節迎曹公，諸將皆疑詐，[86]曹公以問子伯。子伯曰："天下擾攘，各貪王命以自重，[87]今以節來，是必至誠。"曹公曰："大善。"[88]遂進兵。寵秩子伯，家累千金，曰[89]："婁子伯富樂于孤，但勢不如孤耳！"從破馬超等，子伯功爲多。曹公常歎曰："子伯之計，孤不及也。"[90]後與南郡習授同載，[91]見曹公出，授曰："父子如此，何其快耶！"[92]子伯曰："居世間，當自爲之，而但觀他人乎！"授乃白之，遂見誅。

魚豢曰：古人有言曰："得鳥者，羅之一目也，然張一目之羅，終不得鳥矣。鳥能遠飛，遠飛者，六翮之力也，然無衆毛之助，則飛不遠矣。"以此推之，大魏之作，雖有功臣，亦未必非玆輩胥附之由也。[93]

〔四〕《世語》曰：琰兄孫諒，字士文，以簡素稱，仕晉爲尚書、大鴻臚。[94]荀綽《冀州記》云諒即琰之孫也。[95]

[1] 魯國：王國名。治所魯縣，在今山東曲阜市東古城。　南陽：郡名。治所宛縣，在今河南南陽市。

[2] 恃舊：劉咸炘《知意》云："恃舊云云，亦是曲筆。琰、融皆以衆望所歸被忌；攸、圭則以智計被忌，皆非以恃舊。"

[3] 曰：百衲本無"曰"字，殿本、盧弼《集解》本、校點本均有。今從殿本等。

[4] 太山：即泰山，郡名。治所奉高縣，在今山東泰安市東。　都尉：官名。西漢時郡置都尉，秩比二千石，輔佐郡守並掌本郡軍事。東漢廢除，僅在邊郡或關塞之地置都尉及屬國都尉，並漸漸分縣治民，職如太守。太山郡本非邊郡，漢桓帝永壽元年（155）於太山、琅邪二郡置都尉，《後漢書》卷七《桓帝紀》李賢注云："今二郡寇賊不息，故置。"

[5] 河南尹：官名。秩二千石。東漢建都洛陽，將京都附近二十一縣合爲一行政區，稱河南尹，相當於一郡；河南尹的長官亦稱河南尹，地區名與官名同。

[6] 通家：世交，謂兩家世代有交情者。

[7] 高明：對對方之尊稱。

[8] 太中大夫：官名。秩千石。掌顧問應對，參謀議政。

[9] 山陽：郡名。治所昌邑縣，在今山東金鄉縣西北。

[10] 忠正：殿本、校點本作"中正"，百衲本、盧弼《集解》本作"忠正"。今從百衲本等。《玉篇·心部》："忠，直也。"　中常侍：官名。東漢後期，以宦官充任，秩比二千石。掌侍從皇帝左

右，顧問應對，贊導宮內諸事。權力極大。

［11］刊章：《後漢書》卷七〇《孔融傳》李賢注："刊，削也。謂削去告人姓名。"按，當時朱並上書誣告張儉，侯覽據書下令捕儉，而削去朱並姓名。

［12］十六：趙幼文《校箋》謂《初學記》卷一七、《太平御覽》卷四一六引"六"上有"五"字。潘眉《考證》云："侯覽捕張儉事在建寧二年（169），融建安十三年（208）見殺，年五十六，則建寧二年已十七歲。"

［13］儉以其少不告也：趙幼文《校箋》謂《初學記》卷一七、《太平御覽》卷四一六引作"少之不下告也"。

［14］後事泄：趙幼文《校箋》謂《初學記》《太平御覽》引作"後以客（《御覽》"客"上有"人"字）發泄覺之"。按，《太平御覽》"之"作"知"。

［15］國相：百衲本作"相國"，殿本、盧弼《集解》本、校點本作"國相"。今從殿本等。國相，指魯國相。

［16］求我：趙幼文《校箋》謂《初學記》卷一七、《太平御覽》卷四一六引"求"字作"投"。

［17］讞：議罪。《漢書》卷五《景帝紀》中五年九月顏師古注："讞，平議也。"

［18］平原：王國名。治所平原縣，在今山東平原縣西南。陳留：郡名。治所陳留縣，在今河南開封市東南。

［19］大將軍：百衲本、殿本、盧弼《集解》本均作"大司馬"；盧氏注云："馮本'大司馬'作'大將軍'。大將軍，何進也。"校點本作"大將軍"。今從校點本。　高第：官吏考課成績第一者，稱高第。

［20］北軍中候：官名。東漢置，秩六百石。掌監警衛京師的屯騎、越騎、步兵、長水、射聲等校尉所領的北軍五營。　虎賁（bēn）中郎將：官名。屬光祿勳，秩比二千石，掌虎賁宿衛。北海：王國名。治所劇縣，在今山東昌樂縣西。　相：官名。王國

之相，由朝廷直接委派，執掌王國行政大權，相當於郡太守，秩二千石。

［21］三十八：百衲本、殿本作"二十八"，盧弼《集解》本、校點本作"三十八"。盧氏謂各本皆作"二十八"，馮本作"三十八"，證以孔融建安十三年死時五十六，作"三十八"無疑。今從《集解》本等。

［22］方正：漢代選舉人才科目之一，多與賢良並稱爲賢良方正。

［23］有道：漢代選舉人才科目之一。

［24］孝廉：漢代選拔官吏的主要科目。孝指孝子，廉指廉潔之士。原本爲二科，後混同爲一科，也不再限於孝子和廉吏。東漢後期定制爲不滿四十歲者不得察舉；被舉者先詣公府課試，以觀其能。郡國每年要向中央推舉一至二人。

［25］以：百衲本、殿本、盧弼《集解》本作"以"。盧氏注云："馮本'以'作'而'。"校點本作"而"。今從百衲本等。

［26］郡人甄子然孝行知名：盧弼《集解》引沈家本說，疑"孝"上奪"臨"字，"行"爲"存"之訛。《後漢書·孔融傳》即作"郡人甄子然、臨孝存知名"。

［27］縣社：縣中祭祀土神之祠宇。

［28］領青州刺史：百衲本無"領"字，殿本、盧弼《集解》本、校點本皆有。今從殿本等。

［29］建安：漢獻帝劉協年號（196—220）。

［30］將作大匠：官名。秩二千石，掌宮室、宗廟、陵寢及其他土木營建。

［31］少府：官名。漢列卿之一，秩中二千石。東漢時，掌宮中御衣、寶貨、珍膳等。

［32］豪俊：百衲本作"豪傑"，殿本、盧弼《集解》本、校點本作"豪俊"。今從殿本等。

［33］海岱：即古青州。約相當今山東泰山以東地區。

［34］國事：百衲本作"國政"，殿本、盧弼《集解》本、校點本作"國事"。今從殿本等。

［35］其自理甚疏：趙幼文《校箋》謂郝經《續後漢書》作"而目理甚疏"。

［36］一朝殺五部督郵：趙幼文《校箋》謂《太平御覽》卷二四八引《九州春秋》作"一朝殺部督郵"。督郵，官名。本名督郵書掾（或督郵曹掾），省稱督郵掾、督郵。漢置，郡府屬吏，秩六百石。主要職掌除督送郵書外，又代表郡太守督察屬縣，宣達教令，並兼司獄訟捕亡等。每郡督郵皆分部，有二部、三部、四部、五部不等。

［37］幽州：刺史治所薊縣，在今北京城西南。

［38］淶水：盧弼《集解》云："當作'汶水'或'沐水'。"二水皆在朱虛縣（今山東臨朐縣東南）南。

［39］治郡北陲：《後漢書·孔融傳》謂孔融時屯都昌（今山東昌邑市西）。

［40］山東：當指太行山以東地區。

［41］遼東：郡名。治所襄平縣，在今遼寧遼陽市老城區。

［42］丞：殿本、盧弼《集解》本作"承"，百衲本、校點本作"丞"。《後漢書·孔融傳》亦作"丞"。今從百衲本等。

［43］山東：《後漢書·孔融傳》及《通鑑》卷六二漢獻帝建安元年作"東山"。胡三省注云："都昌縣之東山也。"

［44］融在郡八年：吳金華《〈三國志〉斠議》謂本篇上注引《續漢書》作"在郡六年"，《後漢書·孔融傳》亦作"六年"，此"八"字疑爲"六"字之誤。按，二者所指的時間不同，故有差別。考之史事，漢靈帝中平六年（189）董卓入京立獻帝後，孔融即由議郎調任北海相（治所劇縣，在今山東昌樂縣西），其後雖兩次被黃巾擊敗，並分別遷治所於朱虛縣（今山東臨朐縣東）與都昌縣（今山東昌邑市西），但皆在北海國內，仍任北海相。直至建安元年（196）孔融被袁譚擊敗並調任將作大匠，纔離北海。《續漢

書》與《後漢書·孔融傳》所說的"在郡六年",是指劉備表孔融領青州刺史時孔融已在郡六年。故《後漢書·孔融傳》云:"在郡六年,劉備表領青州刺史。建安元年,爲袁譚所攻,自春至夏,戰士所餘纔數百人,流矢雨集,戈矛內接。融隱几讀書,談笑自若。城夜陷,乃奔東山,妻子爲譚所虜。及獻帝都許,徵融爲將作大匠,遷少府。"中平六年至建安元年剛有八年,故"融在郡八年僅以身免"之說不誤。

[45] 司隸所部:即司隸校尉所統轄之地。西漢時,以京都周圍諸郡爲司隸校尉統轄之地。

[46] 酒旗之星:惠棟《後漢書補注》卷一六云:"《春秋元命苞》曰:'三酒旗,主上尊酒,所以侑神也。'"

[47] 地列酒泉之郡:趙幼文《校箋》謂《北堂書鈔》卷一四八引"列"字作"有"。酒泉,治所祿福縣,在今甘肅酒泉市。

[48] 堯不飲千鍾無以成其聖:此語出處未詳。今見《孔叢子》卷中《儒服》有云:平原君與子高飲,强子高酒曰:"昔有遺諺:'堯、舜千鍾,孔子百觚,子路嗑嗑,尚飲十榼。'古之賢聖無不能飲也,吾子何辭焉。"

[49] 寬容:殿本《考證》云:宋本"寬容"下有"之"字。

[50] 御史大夫:官名。西漢初,位僅次於丞相,如丞相缺位,往往以御史大夫遞補。後改稱大司空。東漢時又稱司空,職掌土木工程。建安中,曹操又復置御史大夫。

[51] 太中大夫:官名。秩千石,掌顧問應對,參謀議政。

[52] 愛才樂酒常歎曰:趙幼文《校箋》謂《太平御覽》卷四〇五引作"愛才樂士,常若不足,每歎曰"。疑此有脫文。

[53] 雖無老成人尚有典刑:《詩·大雅·蕩》中的詩句。老成人,《詩經》指舊臣,此指舊人蔡邕;典刑,《詩經》指舊法,此指貌似蔡邕的虎賁士。

[54] 楊彪與袁術婚姻:《後漢書》卷五四《楊震附修傳》謂楊彪子修爲"袁術之甥"。胡三省云:"彪蓋娶於袁氏也。"(《通

鑑》卷六二漢獻帝建安二年注）

［55］四葉：指楊震、楊秉、楊賜、楊彪四代。

［56］父子兄弟罪不相及：此語見《左傳·昭公二十年》引《康誥》。楊伯峻《春秋左傳注》云："今《尚書·康誥》無此文。所引乃其意，非原文。"

［57］積善餘慶：《易·坤卦·文言》云："積善之家，必有餘慶。"

［58］國家：指皇帝。趙幼文《校箋》謂郝經《續後漢書》"國"上有"此"字。

［59］舉直措枉：謂舉用正直人，廢置邪僻者。《論語·爲政》："舉直錯諸枉，則民服。""錯"同"措"。

［60］雍熙：謂天下太平歡樂之景象。張衡《東京賦》："百姓同於饒衍，上下共其雍熙。"薛綜注："言富饒是同，上下咸悦，故能雍和而廣也。"

［61］男子：吳金華《校詁》云："大凡有官爵自稱'男子'者，乃以平民自況……孔融自稱'魯國男子'者，蓋謂身爲魯國布衣，本無任職資格，今所諫既不見納，則當棄官而去也。"

［62］褰：趙幼文《校箋》謂郝經《續後漢書》作"拂"。

［63］袁紹之敗也：趙幼文《校箋》謂《世説新語·溺惑篇》注引此下有"五官將納熙妻"六字。

［64］妲（dá）己：殷紂王寵妃，因助紂爲虐，周武王滅紂後，斬之。此爲孔融編造以譏諷曹操，因曹操攻下鄴城後，曹丕曾納娶袁熙妻甄氏。

［65］後見：百衲本作"見後"，殿本、盧弼《集解》本、校點本作"後見"。今從殿本等。

［66］二子年八歲九歲：各本無"九歲"二字。潘眉《考證》謂二子不得同是八歲。《後漢書·孔融傳》作"女年七歲，男年九歲"，當以《後漢書》爲是。而《世説新語·言語篇》"孔融被收"條則云："時融兒大者九歲，小者八歲。"劉孝標注引《魏氏春秋》

亦云："二子方八歲、九歲。"沈家本疑此奪"九歲"二字。至於與《後漢書》之差異，則因傳說之不同。（見盧弼《集解》引沈氏說）今從沈說補"九歲"二字。

[67] 而：爾，你。

[68] 瓺（fǒu）：即"缶"字，口小腹大的瓦器。《後漢書·孔融傳》李賢注引《說文》曰："瓺，缶也。"

[69] 掾屬：屬官之統稱。漢代，三公府與其他重要官府以及郡縣官府皆置掾屬，正曰掾，副曰屬。

[70] 齠（tiáo）齓（chèn）：男孩換牙稱齠，女孩換牙稱齓。因以齠齓爲童年之稱。

[71] 辟：各本皆作"辭"。《世說新語·言語篇》"孔融被收"條劉孝標注引《世語》作"辟"。沈家本謂"辟"字是。（見盧弼《集解》引）今從沈說據劉孝標所引改。

[72] 玄了：深刻悟解之意。《說文·玄部》："玄，幽遠也。"《世說新語·言語篇》劉孝標注引作"懸了"。按，"玄"通"懸"。《釋名·釋天》云："（天）又謂之玄。玄，懸也。"

[73] 宜：趙幼文《校箋》謂《世說新語·言語》注引作"固"。

[74] 申生：春秋時晉獻公太子。晉獻公寵信驪姬，驪姬陷害太子申生，有人謂申生曰："子辭，君必辯焉。"申生曰："君非姬氏，居不安，食不飽。我辭，姬必有罪。君老矣，吾又不樂。"申生遂自縊而死。（見《左傳·昭公四年》）

[75] 己身：《世說新語·言語》劉孝標注引"身"字作"之"。

[76] 賊夫人之子：《論語·先進》："子路使子羔爲費城宰，子曰：'賊夫人之子。'"

[77] 不知言之傷理：趙一清《注補》云："《晉書·羊祜傳》：'祜前母，孔融女，生兄發。'則戮不及嗣可知，裴世期之論爲有徵也。"

［78］初平：漢獻帝劉協年號（190—193）。

［79］攸自恃勳勞：胡三省云："烏巢之捷，計出於攸，故恃其功。"（《通鑑》卷六四漢獻帝建安九年注）

［80］限齊（jì）：百衲本作"限濟"，殿本、盧弼《集解》本、校點本作"限齊"。今從殿本等。限齊，檢束，限制之意。

［81］某甲：史書避諱之詞。本書《武帝紀》裴注引《曹瞞傳》謂曹操一名吉利，小字阿瞞。許攸呼曹操小字，當爲"阿瞞"（參《通鑑》卷六四漢獻帝建安九年胡三省注）。

［82］收之：盧弼《集解》本"之"字作"治"，百衲本、殿本、校點本作"之"。今從百衲本等。

［83］荆州：東漢末劉表爲荆州牧時，治所在襄陽，在今湖北襄陽市。

［84］踰：盧弼《集解》本作"偷"，百衲本、殿本、校點本均作"踰"。今從百衲本等。

［85］待：百衲本作"待"，殿本、盧弼《集解》本、校點本作"用"。中華再造善本影宋本亦作"待"，今從百衲本。《論語·微子》"齊景公待孔子"邢昺疏："待，遇也。謂以禄位接遇孔子也。"

［86］疑詐：趙幼文《校箋》謂《太平御覽》卷四七一引"詐"上有"其"字。

［87］各：趙幼文《校箋》謂《太平御覽》引作"皆"。

［88］曹公曰大善：趙幼文《校箋》謂《太平御覽》引無"曰"字，"善"字作"喜"。

［89］曰：趙幼文《校箋》謂郝經《續後漢書》"曰"上有"操"字，疑此奪"曹公"二字。

［90］孤不及：趙一清《注補》云："《武紀》潼關之役，建沙城之謀者，婁子伯也。"

［91］南郡：治所江陵縣，在今湖北荆州市荆州區。

［92］耶：百衲本、盧弼《集解》本作"耳"，殿本、校點本

作"耶"。今從殿本等。

[93] 胥附：錢大昭《辨疑》云："此用《詩》'予曰有疏附'也。'胥''疏'聲相近。"趙幼文《校箋》云："《詩·大雅·綿》'予曰有疏附'毛傳：'率下親上曰疏附。'陳奐《毛詩傳疏》曰：'《書大傳》作胥附，疏、胥同。'此作'胥附'，本《書大傳》也。"

[94] 大鴻臚：官名。漢列卿之一，秩中二千石。掌少數族君長、諸侯王、列侯之迎送、接待、安排朝會、封授、襲爵及奪爵削土之典禮；諸侯王死，則奉詔護理喪事，宣讀誄策謚號；百官朝會，掌贊襄引導；兼管京都之郡國邸舍及郡國上計吏之接待；又兼管少數族之朝貢使節及侍子。三國沿之，魏爲三品，晉亦三品。

[95] 諒即琰之孫：潘眉《考證》云："二説不同，未知孰是。《唐宰相世系表》琰生諒，字士文。又以諒爲琰子。"梁章鉅《旁證》説同。趙幼文《校箋》謂《魏書·崔逞傳》曰："崔逞字叔祖，清河東武城人也。魏中尉琰之六世孫，曾祖諒，晉中書令。"據此，則諒非琰之兄孫，亦非琰子，而是琰之孫也。與荀綽《冀州記》同，疑是。《世語》《唐書·宰相世系表》所云不足信。

毛玠字孝先，陳留平丘人也。[1]少爲縣吏，以清公稱。將避亂荆州，未至，聞劉表政令不明，遂住魯陽。[2]太祖臨兗州，辟爲治中從事。[3]玠語太祖曰：[4]"今天下分崩，國主遷移，生民廢業，饑饉流亡，公家無經歲之儲，百姓無安固之志，難以持久。今袁紹、劉表，雖士民衆彊，皆無經遠之慮，未有樹基建本者也。夫兵義者勝，守位以財，宜奉天子以令不臣，脩耕植，畜軍資，如此則霸王之業可成也。"太祖敬納其言，轉幕府功曹。[5]

太祖爲司空、丞相，[6]毛玠嘗爲東曹掾，[7]與崔琰並典選舉。其所舉用，[8]皆清正之士，雖於時有盛名而行不由本者，終莫得進。務以儉率人，由是天下之士莫不以廉節自勵，雖貴寵之臣，[9]輿服不敢過度。太祖歎曰："用人如此，使天下人自治，吾復何爲哉！"文帝爲五官將，[10]親自詣毛玠，屬所親眷。玠答曰："老臣以能守職，幸得免戾，今所說人非遷次，是以不敢奉命。"大軍還鄴，議所并省。玠請謁不行，時人憚之，咸欲省東曹。[11]乃共白曰："舊西曹爲上，[12]東曹爲次，宜省東曹。"太祖知其情，令曰："日出於東，月盛於東，凡人言方，亦復先東，何以省東曹？"遂省西曹。初，太祖平柳城，[13]班所獲器物，特以素屏風素馮几賜玠，[14]曰："君有古人之風，故賜君古人之服。"[15]玠居顯位，常布衣蔬食，撫育孤兄子甚篤，賞賜以振施貧族，家無所餘。遷右軍師。[16]魏國初建，爲尚書僕射，[17]復典選舉。〔一〕時太子未定，而臨菑侯植有寵，玠密諫曰："近者袁紹以嫡庶不分，覆宗滅國。廢立大事，非所宜聞。"後羣僚會，玠起更衣，太祖目指曰："此古所謂國之司直，[18]我之周昌也。"[19]

〔一〕《先賢行狀》曰：玠雅亮公正，在官清恪。其典選舉，拔貞實，斥華僞，進遜行，抑阿黨。諸宰官治民功績不著而私貯豐足者，[20]皆免黜停廢，久不選用。于時四海翕然，莫不勵行。至乃長吏還者，垢面羸衣，常乘柴車。軍吏入府，朝服徒行。人擬壼飱之絜，[21]家象濯纓之操，[22]貴者無穢欲之累，賤者絕姦貨之求，吏絜于上，[23]俗移乎下，民到于今稱之。

［1］平丘：縣名。治所在今河南封丘縣東。

［2］住：殿本、盧弼《集解》本作"住"，百衲本、校點本作"往"。張元濟《校勘記》謂殿本、大宋本、南監本、北監本、汲古閣本、汪文盛本、孔繼涵校本皆作"住"，"往"字疑誤。今從殿本等。　魯陽：縣名。治所在今河南魯山縣。

［3］治中從事：官名。州牧刺史的主要屬吏，居中治事，主衆曹文書。

［4］語：盧弼《集解》本作"謂"，百衲本、殿本、校點本均作"語"。今從百衲本等。

［5］幕府：將軍府。時曹操行奮武將軍，故有幕府。　功曹：官名。漢末將軍府之屬吏，職掌人事。

［6］司空：官名。東漢時，與太尉、司徒並爲三公，共同行使宰相職能，而位列三公之末。本職掌土木營建與水利工程等。漢末曹操爲司空，權力擴大，成爲實際的宰相。　丞相：官名。西漢初，丞相輔佐皇帝，綜理朝廷政務。東漢不置丞相，以太尉、司徒、司空爲三公，共同行使宰相職能。建安十三年（208）曹操罷三公官，復置丞相，曹操自任，遂總攬朝權。

［7］東曹掾：官名。東漢三公府及大將軍府均置有東曹掾，秩比四百石，主二千石長吏遷除及軍吏。

［8］其所舉用：趙幼文《校箋》謂《群書治要》卷二五引無"舉"字。《册府元龜》卷六三七引無"其所舉"三字。

［9］臣：趙幼文《校箋》謂《白孔六帖》卷四三引作"家"。

［10］五官將：即五官中郎將，官名。漢代，五官中郎將主管五官郎，屬光禄勳，不置官屬，秩比二千石。曹丕爲五官中郎將，卻置官屬。

［11］東曹：官署名。主二千石長吏遷除及軍吏。以掾領之。

［12］西曹：官署名。主府吏署用。仍以掾領之。

［13］柳城：西漢縣名。西漢時屬遼西郡。東漢省。治所在今

遼寧朝陽市西南十二臺營子。(本《〈中國歷史地圖集〉釋文匯編(東北卷)》)

[14] 馮(píng)几：有依倚的小桌。"馮"同"憑"。

[15] 古人之服：趙幼文《校箋》謂《白孔六帖》卷一四"服"字作"器"，《事類賦》卷一九引作"物"。作"物"者是也。《南齊書·傅昭傳》："敕曰：'卿有古人之風，故賜卿古人之物。'"可證。按，服亦泛指器物。《山海經·西山經》："是司帝之百服。"郭璞注："服，器服也。"

[16] 右軍師：官名。漢獻帝建安中，曹操爲丞相時所置丞相府重要僚屬之一，參議國軍大事。

[17] 尚書僕射(yè)：官名。魏、晉時爲尚書省次官，秩六百石，第三品。或單置，或並置左、右。左、右並置時，左僕射居右僕射上。輔助尚書令執行政務，參議大政，諫諍得失，監察糾彈百官，可封還詔旨，常受命主管官吏選舉。

[18] 司直：古官名。掌勸諫君主過失。《詩·鄭風·羔裘》："彼其之子，邦之司直。"毛傳："司，主也。"馬瑞辰《毛詩傳箋通釋》："司，主也。直，正也。正其過闕也。"

[19] 周昌：漢初爲御史大夫。漢高祖欲廢太子，周昌在朝廷上力諫曰："臣口不能言，然臣期期知其不可。陛下欲廢太子，臣期期不奉詔。"(《漢書》卷四二《周昌傳》)

[20] 貯：殿本、盧弼《集解》本、校點本作"財"，百衲本作"貯"。趙幼文《校箋》謂郝經《續後漢書》作"貯"。今從百衲本。

[21] 人擬壺飱之絜：謂人人都摹仿趙衰(cuī)忠君仁厚之廉潔。《左傳·僖公二十五年》："昔趙衰以壺飱從徑，餒而弗食。"杜預注："言其廉且仁，不忘君也。"又按，"飱"字，百衲本、殿本、盧弼《集解》本均作"飧"，校點本作"飱"。按，"飧"通"飱"(sūn)，熟食。《左傳》作"飱"，故從校點本。

[22] 家象濯纓之操：謂家家都效法分別尊卑善惡之德操。

《孟子・離婁上》："有孺子歌曰：'滄浪之水清兮，可以濯我纓；滄浪之水濁兮，可以濯我足。'孔子曰：'小子聽之，清斯濯纓，濁斯濯足矣。自取之也。'"趙岐注："清濁所用，尊卑若此，自取之，喻人善惡見尊賤乃如此。"

[23] 絜：殿本、盧弼《集解》本作"潔"，百衲本、校點本作"絜"。按，二字可通，今從百衲本等。

崔琰既死，玠內不悅。後有白玠者："出見黥面反者，其妻子沒為官奴婢，玠言曰'使天不雨者蓋此也'。"[1]太祖大怒，收玠付獄。大理鍾繇詰玠曰：[2]"自古聖帝明王，罪及妻子。《書》云：'左不共左，右不共右，予則孥戮女。'[3]司寇之職，[4]男子入于罪隸，女子入于舂稾。漢律，罪人妻子沒為奴婢，黥面。漢法所行黥墨之刑，存於古典。今真奴婢祖先有罪，雖歷百世，猶有黥面供官，一以寬良民之命，二以宥并罪之辜。此何以負於神明之意，而當致旱？案典謀，[5]急恆寒若，舒恆燠若，[6]寬則亢陽，[7]所以為旱。玠之吐言，以為寬邪，以為急也？急當陰霖，何以反旱？成湯聖世，[8]野無生草，周宣令主，[9]旱魃為虐。[10]亢旱以來，積三十年，歸咎黥面，為相值不？衛人伐邢，[11]師興而雨，罪惡無徵，何以應天？玠譏謗之言，流於下民，不悅之聲，上聞聖聽。玠之吐言，勢不獨語，時見黥面，凡為幾人？黥面奴婢，所識知邪？何緣得見，對之歎言？時以語誰？見答云何？以何日月？於何處所？事已發露，不得隱欺，具以狀對。"玠曰："臣聞蕭生縊死，[12]困於石顯；賈子放外,[13]讒在絳、灌;白起賜劍於杜郵;[14]晁錯致誅於東市;[15]伍員絕命於吳都:[16]斯數子者,或妒其前,或害其後。臣垂齠執簡,[17]累勤取官,職在機近,人事所竄。屬臣以私,無勢不絕,語臣以寃,無細不理。人情淫利,爲法所禁,法禁于利,勢能害之。青蠅橫生,[18]爲臣作謗,謗臣之人,勢不在他。昔王叔陳生爭正王廷,[19]宣子平理,命舉其契,是非有宜,曲直有所,《春秋》嘉焉,是以書之。臣不言此,無有時、人。說臣此言,必有徵要。乞蒙宣子之辨,而求王叔之對。若臣以曲聞,即刑之日,方之安駟之贈;賜劍之來,比之重賞之惠。謹以狀對。"時桓階、和洽進言救珧。珧遂免黜,卒于家。〔一〕太祖賜棺器錢帛,拜子機郎中。[20]

〔一〕孫盛曰:魏武於是失政刑矣。《易》稱"明折庶獄",[21]《傳》有"舉直措枉",[22]庶獄明則國無怨民,[23]枉直當則民無不服,未有徵青蠅之浮聲,信浸潤之譖訴,[24]可以允釐四海,[25]惟清緝熙者也。[26]昔者漢高獄蕭何,[27]出復相之,珧之一責,永見擯放,二主度量,豈不殊哉!

[1] 蓋此也:趙幼文《校箋》謂《群書治要》卷二五引"此"上有"由"字。
[2] 大理:官名。即漢代之廷尉。曹操之魏公國建立後改稱大理,掌司法刑獄。
[3] 共:同"恭"。 女:同"汝"。《尚書·甘誓》:"左不攻於左,汝不恭命;右不攻於右,汝不恭命;御非其馬之正,汝不恭命。用命賞於祖,不用命戮於社,予則孥戮汝。"

[4] 司寇：古官名。按，《周禮》，秋官大司寇爲六卿之一，掌刑獄。又《周禮·秋官·司厲》："其奴，男子入於罪隸，女子入於舂稾。"罪隸，古代男罪人没入官府爲奴者，供官府役使。舂稾，女子没入官府爲奴，則作舂米和製弓箭之苦役。

[5] 典謀：盧弼《集解》云："'謀'應作'謨'。"典謨，指《尚書》。趙幼文《校箋》則云："典謀即典謨。《史記·陳杞世家》'題公生謀娶公'《集解》引徐廣：'謀，一作謨。'謀、謨一聲之轉，古多通用，不煩改字。"

[6] 舒：緩。 燠（yù）：暖，熱。 若：語末助詞。《尚書·洪範》："曰豫，恒燠若；曰急，恒寒若。"趙幼文《校箋》謂《尚書》作"豫"，此作"舒"。《正義》曰："鄭、王本'豫'作'舒'。鄭云舉遲也。"《爾雅·釋地》"河南曰豫州"釋文引李注："豫，舒也。"是"舒""豫"義同。

[7] 亢（kàng）陽：陽氣太盛。

[8] 成湯：商朝開國之君。《吕氏春秋·季秋紀·順民》："湯克夏而正天下，天大旱，五年不收。"

[9] 周宣：周宣王。

[10] 旱魃（bá）：旱神。《詩·大雅·雲漢》："旱既大甚，滌滌山川。旱魃爲虐，如惔如焚。"《詩序》云："《雲漢》，仍叔美宣王也。宣王承厲王烈，内有撥亂之志，遇災而懼，側身修行，欲銷去之。天下喜於王化復行，百姓見憂，故作是詩也。"

[11] 邢：春秋時期的小國。《左傳·僖公十九年》："衛人伐邢，以報菟圃之役。于是衛大旱，卜有事于山川，不吉。寧莊子曰：'昔周饑，克殷而年豐。今邢方無道，諸侯無伯，天其或者欲使衛討邢乎？'從之。師興而雨。"

[12] 蕭生：蕭望之。漢宣帝時任大鴻臚、太子太傅、前將軍等職。元帝即位後，甚見尊重。後被宦官弘恭、石顯排斥陷害，遂飲鴆自殺。（見《漢書》卷七八《蕭望之傳》）

[13] 賈子：賈誼。漢文帝時，賈誼因才學高超而被信任。文

帝欲以之爲公卿，絳侯周勃與灌嬰等卻讒毀説："年少初學，專欲擅權，紛亂諸事。"文帝遂外調賈誼爲長沙王太傅。（見《漢書》卷四八《賈誼傳》）

［14］白起：戰國秦名將。秦昭王時屢立戰功，以功封武安君。長平之役後，秦欲攻趙都邯鄲，白起與昭王、相國范雎之意不合。昭王怒，使人遣白起，不得留咸陽。白起出咸陽西門十里，至杜郵，昭王與范雎群臣議曰："白起之遷，其意尚怏怏不服，有餘言。"遂使使賜白起劍，令自裁。（見《史記》卷七三《白起列傳》）

［15］晁錯：漢景帝時爲御史大夫，深得景帝信任。曾建議削減諸侯封地，以弱諸侯勢力，由此引起吳、楚七國之亂。晁錯受到袁盎等人攻擊中傷，遂被斬於東市。（見《漢書》卷四九《晁錯傳》）

［16］伍員（yún）：字子胥，春秋楚人。因父爲楚平王所誅，投奔吳。曾助吳王闔廬攻入楚郢都。後因勸吳王夫差絕越國之和，並停止伐齊，而被疏遠。至奉命使於齊，因託其子於齊大夫鮑氏。夫差知之，大怒，遂賜子胥屬鏤之劍曰："子以此死。"（見《史記》卷六六《伍子胥傳》）

［17］垂髫（tiáo）：小兒之垂髮，因以稱童年。"髫"同"髳"。《文選》張協《七命》："玄髫巷歌，黃髮擊壤。"李善注："《埤蒼》曰：'髳，髮也。'髳與髫，古字通。"毛玠因"少爲縣吏"，故云"垂髫執簡"。

［18］青蠅：指進讒言的小人。《詩·小雅·青蠅》："營營青蠅，止于樊，豈弟君子，無信讒言。"

［19］王叔陳生：周靈王時曾爲卿士。《左傳·襄公十年》："王叔陳生與伯輿爭政，王右伯輿。王叔陳生怒而奔。及河，王復之，殺史狡以説焉。不入，遂處之。晉侯使士匄平王室，王叔與伯輿訟焉。王叔之宰與伯輿之大夫瑕禽坐獄于王庭，士匄聽之。"范宣子（即士匄）曰：'天子所右，寡君亦右之；所左，亦左之。'

使王叔氏與伯輿合要，王叔氏不能舉其契。"楊伯峻注："合要，謂前此兩方相爭之罪狀、證辭等取而合之。契即要辭之契券。蓋兩方相爭，周靈王助伯輿，其要辭亦必以王叔爲曲，王叔氏因不能舉出。"

[20] 郎中：官名。東漢時，秩比三百石，分隸五官、左、右三署中郎將，名義上備宿衛，實爲後備官吏人材。魏、晉雖罷五官、左、右三署中郎將，仍置郎中，州郡所舉秀才、孝廉，多先授郎中，再出補長吏。

[21] 折：判，斷。《易·賁卦》象傳曰："山下有火，賁，君子以明庶政，無敢折獄。"

[22] 舉直措枉：《論語·爲政》：哀公問曰："何爲則民服？"孔子對曰："舉直錯諸枉，則民服；舉枉錯諸直，則民不服。"何晏《集解》：包曰："錯，置也。舉正直之人用之，廢置邪枉之人，則民服其上。""錯"，同"措"。

[23] 怨：趙幼文《校箋》謂《群書治要》卷二五引作"冤"。

[24] 浸潤之譖訴：《論語·顏淵》："浸潤之譖。"何晏《集解》：鄭曰："譖人之言，如水之浸潤，漸以成之。"

[25] 允釐：《尚書·堯典》："允釐百工。"孔傳："允，信；釐，治。"

[26] 緝熙：《詩·大雅·文王》："穆穆文王，於緝熙敬止。"毛傳："緝熙，光明也。"

[27] 蕭何：漢高祖劉邦時爲相國，曾向劉邦建議，將上林苑中空地給人民耕種。劉邦疑其受商賈之賄賂，並以此收買民心，遂將其下獄治罪。不久，因王衛尉之解説，劉邦使使赦之，復爲相國。（見《漢書》卷三九《蕭何傳》）

徐奕字季才，東莞人也。[1]避難江東，孫策禮命之。奕改姓名，微服還本郡。[2]太祖爲司空，辟爲掾屬，從西征馬超。超破，軍還。時關中新服，未甚安，留奕爲丞相長史，[3]鎭撫西京，西京稱其威信。轉爲雍州刺史，[4]復還爲東曹屬。[5]丁儀等見寵於時，並害之，而奕終不爲動。[一]出爲魏郡太守。[6]太祖征孫權，徙爲留府長史，謂奕曰："君之忠亮，古人不過也，然微太嚴。昔西門豹佩韋以自緩，[7]夫能以柔弱制剛彊者，望之於君也。今使君統留事，孤無復還顧之憂也。"魏國既建，爲尚書，復典選舉，遷尚書令。[8]

〔一〕《魏書》曰：或謂奕曰："夫以史魚之直，孰與蘧伯玉之智？丁儀方貴重，宜思所以下之。"奕曰："以公明聖，儀豈得久行其僞乎！且姦以事君者，吾所能禦也，子寧以他規我。"

《傅子》曰：武皇帝，至明也。崔琰、徐奕，一時清賢，皆以忠信顯於魏朝；丁儀閒之，徐奕失位而崔琰被誅。

[1] 東莞：郡名。漢獻帝建安初，曹操分琅邪國、齊郡置。治所東莞縣，在今山東沂水縣東北。（本吳增僅《三國郡縣表附考證》）

[2] 本郡：潘眉《考證》謂"本郡"指琅邪國。

[3] 丞相長史：官名。秩千石，丞相府幕僚之長，協助丞相署理相府諸曹，監領府事。曹操爲丞相，權位加重，遂分置左、右長史。若丞相出征，則置行軍長史掌軍旅行伍；又置留府長史掌留守事。位皆崇重。

[4] 雍州：刺史治所長安縣，在今陝西西安市西北。

[5] 東曹屬：官名。此指丞相府之東曹屬，秩二百石，佐東曹掾典選舉。

[6] 魏郡：治所鄴縣，在今河北臨漳縣西南鄴鎭東一里半。

[7] 西門豹：戰國魏文侯時爲鄴令。《韓非子·觀行》云："西門豹之性急，故佩韋以緩己。董安于之心緩，故佩弦以自急。"

[8] 尚書令：官名。東漢時爲尚書臺長官，秩千石。掌奏、下尚書曹文書衆事，選用署置官吏；總典臺中綱紀法度，無所不統。名義上仍隸少府。曹魏時仍爲尚書臺長官，第三品，不再隸屬少府。仍掌奏、下尚書曹文書衆事，選用署置官吏；總典臺中綱紀法度，無所不統。後又綜理萬機，決策出令。

太祖征漢中，魏諷等謀反，中尉楊俊左遷。太祖歎曰："諷所以敢生亂心，以吾爪牙之臣無遏姦防謀者故也。安得如諸葛豐者，[1]使代俊乎！"桓階曰："徐奕其人也。"太祖乃以奕爲中尉，手令曰："昔楚有子玉，[2]文公爲之側席而坐；汲黯在朝，[3]淮南爲之折謀。《詩》稱'邦之司直'，君之謂與！"在職數月，疾篤乞退，拜諫議大夫，[4]卒。〔一〕

〔一〕《魏書》曰：文帝每與朝臣會同，未嘗不嗟歎，思奕之爲人。奕無子，詔以其族子統爲郎，[5]以奉奕後。

[1] 諸葛豐：西漢琅邪（治所在今山東諸城市）人。漢元帝時曾爲司隸校尉，史稱"刺舉無所避，京師爲之語曰：'間何闊，逢諸葛。'上嘉其節"。（見《漢書》卷七七《諸葛豐傳》）

[2] 子玉：又名得臣、成得臣，春秋楚人。楚成王時曾爲令尹。公元前632年率楚軍與晉軍戰於城濮，楚軍大敗，因而自殺。晉景公時，士貞子曾説："城濮之役，晉師三日穀，文公猶有憂色。左右曰：'有喜而憂，如有憂而喜乎？'公曰：'得臣猶在，憂未歇也。困獸猶鬥，況國乎？'及楚殺子玉，公喜而後可知也。"（見

《左傳·宣公十二年》）

［3］汲黯：西漢濮陽（今河南濮陽市西南）人，漢武帝時曾爲主爵都尉，以直言切諫著稱。淮南王安謀反，憚黯，曰："黯好直諫，守節死義。"（見《漢書》卷五〇《汲黯傳》）

［4］諫議大夫：官名。秩六百石。屬光禄勳，掌議論，無定員。

［5］郎：錢大昭《辨疑》謂"郎"下當有"中"字，見本書卷二《文帝紀》。

何夔字叔龍，陳郡陽夏人也。[1]曾祖父熙，漢安帝時官至車騎將軍。[一][2]夔幼喪父，與母兄居，以孝友稱。長八尺三寸，容貌矜嚴。[二]避亂淮南。[3]後袁術至壽春，辟之，夔不應，然遂爲術所留。久之，術與橋蕤俱攻圍蘄陽，[4]蘄陽爲太祖固守。術以夔彼郡人，欲脅令説蘄陽。夔謂術謀臣李業曰："昔柳下惠聞伐國之謀而有憂色，[5]曰'吾聞伐國不問仁人，斯言何爲至于我哉'！"遂遁匿灊山。[6]術知夔終不爲己用，乃止。術從兄山陽太守遺母，夔從姑也，是以雖恨夔而不加害。

〔一〕華嶠《漢書》曰：熙字孟孫，少有大志，不拘小節。身長八尺五寸，體貌魁梧，善爲容儀。舉孝廉，爲謁者，[7]贊拜殿中，音動左右。和帝（佳）〔偉〕之，[8]歷位司隸校尉、大司農。[9]永初三年，[10]南單于與烏丸俱反，[11]以熙行車騎將軍征之，累有功。烏丸請降，單于復稱臣如舊。會熙暴疾卒。

〔二〕《魏書》曰：漢末閹宦用事，[12]夔從父衡爲尚書，有直言，由是在黨中，諸父兄皆禁錮。夔歎曰："天地閉，賢人隱。"

故不應宰司之命。

[1]陳郡：東漢中爲陳國，漢末陳王寵被袁紹所殺，國除爲郡。（本《元和郡縣志》）治所陳縣，在今河南淮陽縣。　陽夏（jiǎ）：縣名。治所在今河南太康縣。

[2]車騎將軍：官名。東漢時位比三公，常以貴戚充任。出掌征伐，入參朝政，漢靈帝時常作贈官。

[3]淮南：郡名。原爲漢九江郡，三國時魏吳分據，吳割入廬江郡；魏改稱淮南郡，治所壽春縣，在今安徽壽縣。

[4]蘄（jī）陽：即蘄縣。謝鍾英《補三國疆域志補注》云：" 按《水經注》，蘄水自建城縣東南逕蘄縣，縣在蘄水北，故三國時稱蘄陽也。" 蘄縣治所在今安徽宿縣南蘄縣集。

[5]柳下惠：春秋時魯國大夫。《春秋繁露》卷九《對膠西王越大夫不得爲仁》："昔者魯君問於柳下惠曰：'我欲攻齊，如何？' 柳下惠對曰：'不可。' 退而有憂色，曰：'吾聞之也，謀伐國者，不問於仁人也。此何爲至於我！'"

[6]灊（qián）山：漢代灊縣之山，即今安徽霍山縣之霍山。漢灊縣在今安徽霍山縣東北。

[7]謁者：官名。秩比六百石，掌賓禮司儀、上章報問、奉命出使等。

[8]偉：百衲本、殿本、盧弼《集解》本均作 "佳"。盧弼《集解》云："何焯校改 '佳' 作 '偉'。弼案范書《梁懂傳》亦作 '偉'。" 校點本即從何焯説改作 "偉"。今從之。

[9]司隸校尉：官名。秩比二千石。掌糾察京師百官違法者，並治所轄各郡，相當於州刺史。　大司農：官名。漢列卿之一，秩中二千石，東漢時，掌全國租税收入和國家及帝室的財政開支。

[10]永初：漢安帝劉祜年號（107—113）。　三年：殿本、盧弼《集解》本作 "二年"，百衲本、校點本作 "三年"。今從百衲本等。

[11] 南單于：南匈奴之君長。當時的單于名欒。（見《後漢書》卷八九《南匈奴列傳》）

[12] 閹宦：百衲本作"閹官"，殿本、盧弼《集解》本、校點本作"閹宦"。今從殿本等。

建安二年，夔將還鄉里，度術必急追，乃間行得免，明年到本郡。頃之，太祖辟為司空掾屬。時有傳袁術軍亂者，太祖問夔曰："君以爲信不？"夔對曰："天之所助者順，人之所助者信。術無信順之實，而望天人之助，此不可以得志於天下。夫失道之主，親戚叛之，而況於左右乎！以夔觀之，其亂必矣。"太祖曰："爲國失賢則亡。君不爲術所用；亂，不亦宜乎！"太祖性嚴，[1]掾屬公事，往往加杖；夔常畜毒藥，誓死無辱，是以終不見及。〔一〕出爲城父令。〔二〕[2]遷長廣太守。[3]郡濱山海，黃巾未平，豪傑多背叛，袁譚就加以官位。長廣縣人管承，徒眾三千餘家，爲寇害。議者欲舉兵攻之。夔曰："承等非生而樂亂也，習於亂，不能自還，未被德教，故不知反善。今兵迫之急，彼恐夷滅，必并力戰。攻之既未易拔，雖勝，必傷吏民。不如徐喻以恩德，使容自悔，可不煩兵而定。"乃遣郡丞黃珍往，[4]爲陳成敗，承等皆請服。夔遣吏成弘領校尉，[5]長廣縣丞等郊迎奉牛酒，[6]詣郡。牟平賊從錢，[7]眾亦數千，夔率郡兵與張遼共討定之。東牟人王營，[8]眾三千餘家，脅昌陽縣爲亂。[9]夔遣吏王欽等，授以計略，使離散之。旬月皆平定。

〔一〕孫盛曰：夫君使臣以禮，[10]臣事君以忠，是以上下休嘉，道光化洽。公府掾屬，古之造士也，[11]必擢時雋，搜揚英逸，得其人則論道之任隆，非其才則覆餗之患至。[12]苟有疵釁，刑黜可也。加其捶扑之罰，肅以小懲之戒，豈"導之以德，[13]齊之以禮"之謂與！然士之出處，宜度德投趾；可不之節，[14]必審於所蹈。故高尚之徒，抗心於青雲之表，豈王侯之所能臣，名器之所羈紲哉！自非此族，委身世塗，否泰榮辱，制之由時，故箕子安於縶戮，[15]柳下夷於三黜，[16]蕭何、周勃亦在縲紲，[17]夫豈不辱，君命故也。虁知時制，而甘其寵，挾藥要君，以避微恥。《詩》云"唯此褊心"，[18]何虁其有焉。放之，可也；宥之，非也。

〔二〕《魏書》曰：自劉備叛後，東南多變。太祖以陳羣為酇令，[19]虁為城父令，諸縣皆用名士以鎮撫之，其後吏民稍定。

[1] 性嚴：趙幼文《校箋》謂《藝文類聚》卷八一、《白孔六帖》卷三三引"嚴"下有"毅"字，是也。曹植《武帝誄》曰"聖性嚴毅"，可證。按，上海古籍出版社出版的汪紹楹整理校訂的《藝文類聚》所引《魏志》亦作"性嚴"。

[2] 城父：縣名。治所在今安徽亳州市東南城父集。

[3] 長廣：郡名。東漢建安初置，治所長廣縣，在今山東萊陽市東。

[4] 郡丞：官名。郡的副長官，佐郡太守掌眾事，秩六百石，由朝廷任命。　往：校點本1982年7月第2版誤作"在"。

[5] 校尉：官名。漢代軍職之稱。東漢末，位次於中郎將。魏晉時名號繁多，品秩亦高低不等。

[6] 縣丞：官名。縣令之副佐。漢代，職掌文書及倉獄事宜，秩四百石至二百石。又百衲本"縣丞"作"縣承"，盧弼《集解》謂"丞""承"古通用。

［7］牟平：縣名。治所在今山東烟臺市福山區西北。

［8］東牟：縣名。治所在今山東牟平縣。

［9］昌陽縣：治所在今山東文登市西南。

［10］君使臣以禮：《論語·八佾》：定公問："君使臣，臣事君，如之何？"孔子對曰："君使臣以禮，臣事君以忠。"

［11］造士：古代德才兼備的優秀人才。《禮記·王制》："命鄉論秀士，升之司徒，曰選士。司徒論選士之秀者而升之學，曰俊士。升於司徒者，不征於鄉，升於學者，不征於司徒，曰造士。"鄭玄注："不征，不給其徭役。造，成也。能習禮則爲成士。"

［12］覆餗（sù）：鼎中食物傾倒於外。比喻不能勝任而敗事。《易·鼎卦》："鼎折足，覆公餗。"孔穎達疏："餗，糝也。八珍之膳，鼎之實也。"

［13］導之以德：《論語·爲政》：子曰："道之以德，齊之以禮，有恥且格。""道"同"導"。

［14］不：同"否"。

［15］箕子：殷紂王之諸父。《史記》卷三八《宋微子世家》："紂爲淫泆，箕子諫，不聽。人或曰：'可以去矣。'箕子曰：'爲人臣諫不聽而去，是彰君之惡而自説於民，吾不忍爲也。'乃被髮詳狂而爲奴。"

［16］柳下：即柳下惠。《論語·微子》："柳下惠爲士師，三黜。人曰：'子未可以去乎？'曰：'直道而事人，焉往而不三黜？枉道而事人，何必去父母之邦？'"

［17］周勃：西漢初人，從劉邦起兵，以軍功封爲絳侯。漢文帝即位後爲右丞相、丞相，不久免相歸絳縣（今山西曲沃縣西南）。後有人上書告周勃欲謀反，遂被捕下獄。後因薄太后之解説，乃被赦出獄。（見《史記》卷五七《絳侯周勃世家》）　縲紲（xiè）：本爲拘縛犯人之繩索，引申爲牢獄。

［18］褊心：心地狹窄。《詩·魏風·葛屨》："維是褊心，是以爲刺。"

[19] 鄲：縣名。治所在今河南永城縣西北鄲城鎮。按，鄲，百衲本作"郾"，殿本、盧弼《集解》本、校點本作"鄲"。盧弼云："元本、吳本'鄲'作'郾'誤。鄲見《劉放傳》，屬譙郡。魏國即建，特立譙郡，比豐沛，選用名士爲守令，郾縣遠不相涉，其誤無疑。"今從殿本等。

是時太祖始制新科下州郡，[1]又收租稅綿絹。夔以郡初立，近以師旅之後，不可卒繩以法，乃上言曰："自喪亂已來，民人失所，今雖小安，然服教日淺。所下新科，皆以明罰勑法，齊一大化也。所領六縣，[2]疆域初定，加以饑饉，若一切齊以科禁，恐或有不從教者。有不從教者不得不誅，則非觀民設教隨時之意也。先王辨九服之賦以殊遠近，[3]制三典之刑以平治亂，[4]愚以爲此郡宜依遠域新邦之典，其民間小事，使長吏臨時隨宜，上不背正法，下以順百姓之心。比及三年，民安其業，然後齊之以法，則無所不至矣。"太祖從其言。徵還，參丞相軍事。海賊郭祖寇暴樂安、濟南界，[5]州郡苦之。太祖以夔前在長廣有威信，拜樂安太守。到官數月，諸城悉平。

入爲丞相東曹掾。夔言於太祖曰："自軍興以來，制度草創，用人未詳其本，是以各引其類，時忘道德。夔聞以賢制爵，則民慎德；以庸制祿，則民興功。以爲自今所用，必先核之鄉閭，使長幼順敘，無相踰越。顯忠直之賞，明公實之報，則賢不肖之分，居然別矣。又可脩保舉故不以實之令，使有司別受其負。[6]在朝之臣，時受教與曹並選者，[7]各任其責。上以觀朝臣之節，下以塞爭競之源，以督羣下，以率萬民，如是則天下幸甚。"太祖稱善。魏國既建，拜尚書僕射。〔一〕文帝爲太子，以涼茂爲太傅、夔爲少傅；[8]特命二傅與尚書東曹並選太子諸侯官屬。茂卒，以夔代茂。每月朔，太傅入見太子，[9]太子正法服而禮焉；他日無會儀。夔遷太僕，[10]太子欲與辭，宿戒供，夔無往意；乃與書請之，夔以國有常制，遂不往。其履正如此。然於節儉之世，最爲豪汰。文帝踐阼，封成陽亭侯，[11]邑三百户。疾病，屢乞遜位。詔報曰："蓋禮賢親舊，帝王之常務也。[12]以親則君有輔弼之勳焉，以賢則君有醇固之茂焉。夫有陰德者必有陽報，今君疾雖未瘳，神明聽之矣。君其即安，以順朕意。"薨，謚曰靖侯。子曾嗣，咸熙中爲司徒。〔二〕[13]

〔一〕《魏書》曰：時丁儀兄弟方進寵，儀與夔不合。尚書傅巽謂夔曰：[14]"儀不相好已甚，[15]子友毛玠，玠等儀已害之矣。子宜少下之！"夔曰："爲不義適足害其身，焉能害人？且懷姦佞之心，立於明朝，其得久乎！"夔終不屈志，儀後果以凶偪敗。

〔二〕干寶《晉紀》曰：曾字潁考。正元中爲司隸校尉。[16]時毌丘儉孫女適劉氏，以孕繫廷尉。[17]女母荀，爲武衛將軍荀顗所表活，[18]既免，辭詣廷尉，乞爲官婢以贖女命。曾使主簿程咸爲議，[19]議曰："大魏承秦、漢之弊，未及革制。所以追戮已出之女，誠欲殄醜類之族也。若已產育，則成他家之母。[20]於法則不足懲奸亂之源，[21]於情則傷孝子之思，[22]男不御罪於他族，而女獨嬰戮於二門，非所以哀矜女弱，均法制之大分也。臣以爲在室之女，可從父母之刑，[23]既醮之婦，[24]使從夫家之戮。"[25]朝廷從之，乃定律令。

《晉諸公贊》曰：曾以高雅稱，加性純孝，位至太宰，[26]封朗陵縣公。[27]年八十餘薨，[28]謚曰元公。子邵嗣。邵字敬祖，才識深博，有經國體儀。位亦至太宰，謚康公。子蕤嗣。[29]邵庶兄遵，字思祖，有幹能。少經清職，終於太僕。遵子綏，字伯蔚，亦以幹事稱。永嘉中爲尚書，[30]爲司馬越所殺。傅子稱曾及荀顗曰：“以文王之道事其親者，[31]其潁昌何侯乎！[32]其荀侯乎！[33]古稱曾、閔，[34]今曰荀、何。内盡其心以事其親，外崇禮讓以接天下。孝子，百世之宗；仁人，天下之令也。有能行仁孝之道者，君子之儀表矣。”

[1] 科：法令。
[2] 六縣：指長廣、牟平、東牟、昌陽、不其、挺六縣。（本吳增僅《三國郡縣表附考證》）
[3] 九服：傳說古代天子所住京都以外的地方，按遠近分爲九等，稱爲九服。每服之間皆五百里。有侯服、甸服、男服、采服、衛服、蠻服、夷服、鎮服、藩服等。（見《周禮·夏官·職方氏》）
[4] 三典：據說古代天子根據邦國的不同情況，使用三種不同的刑典。《周禮·秋官·大司寇》云：“大司寇之職，掌建邦之三典，以佐王刑邦國，詰四方。一曰刑新國用輕典，二曰刑平國用中典，三曰刑亂國用重典。”
[5] 樂安：郡名。治所高苑縣，在今山東鄒平縣東北苑城鎮。濟南：王國名。治所東平陵縣，在今山東章丘市西北。
[6] 負：百衲本作“具”，殿本、盧弼《集解》本、校點本作“負”。今從殿本等。
[7] 時：吳金華《校詁》云：“時”當作“特”，字之誤也。
[8] 太傅少傅：均官名。此指太子太傅、太子少傅，並稱太子二傅。東漢時，秩皆中二千石，掌輔導太子。太子對二傅執弟子禮，太傅不稱臣。太傅不領東宮官屬及庶務，由少傅領主之。曹魏

則以二傅並攝東宮事務，與尚書東曹並掌太子、諸侯官屬選舉。皆三品。

［9］太子：趙幼文《校箋》謂《太平御覽》卷二二四（當作二四四）引無此"太子"二字。

［10］太僕：官名。秩中二千石，掌皇帝車馬，兼管官府畜牧業，東漢尚兼掌兵器製作、織綬等。曹魏因之，三品。

［11］成陽亭侯：錢大昭《辨疑》謂《晉書》卷三三《何曾傳》作"陽武亭侯"。亭侯，爵名。漢制，列侯大者食縣邑，小者食鄉、亭。東漢後期遂以食鄉、亭者稱爲鄉侯、亭侯。魏文帝定爵制，亭侯爲第九等，位在鄉侯下，關內侯上。

［12］常務：趙幼文《校箋》謂《册府元龜》卷一七一引"常"字作"當"。按，宋本《册府元龜》亦作"常"。

［13］咸熙：魏元帝曹奐年號（264—265）。 司徒：官名。曹魏後期，仍與太尉、司空並爲三公。爲名譽宰相，無職掌，多爲大臣加官。

［14］傅巽：百衲本作"傅選"，殿本、盧弼《集解》本、校點本作"傅巽"。按，傅巽多見於本書，如《武帝紀》裴注《魏書》載公令、《文帝紀》裴注引勸進表以及《傅嘏傳》《蘇則傳》等，而未有"傅選"者，今從殿本等。

［15］儀：百衲本作"人"，殿本、盧弼《集解》本、校點本作"儀"。今從殿本等。

［16］正元：魏少帝高貴鄉公曹髦年號（254—256）。

［17］廷尉：官署名。長官廷尉，秩中二千石，第三品，掌司法刑獄。

［18］武衛將軍：官名。第四品，掌禁軍。曹操始置武衛中郎將，曹丕代漢後改爲武衛將軍。

［19］主簿：官名。漢代中央及州郡官府皆置此官，以典領文書，辦理事務。

［20］家：趙幼文《校箋》謂《太平御覽》卷六三七引《晉

書》(當作《魏書》)作"族"。按,《册府元龜》卷六一四引亦作"族"。

[21] 於法:殿本、盧弼《集解》本作"於法",百衲本、校點本作"於防"。又盧弼《集解》謂北宋本作"以法"。今從殿本等。

[22] 思:趙幼文《校箋》謂《太平御覽》卷六三七、《册府元龜》卷六一四引作"心"。

[23] 可從父母之刑:趙幼文《校箋》謂《太平御覽》卷六三七引"可"字作"宜","父"下無"母"字。按,《册府元龜》卷六一四引有"母"字。又"刑"字,《太平御覽》《册府元龜》皆作"誅"。

[24] 醮(jiào):出嫁。

[25] 使從夫家之戮:趙幼文《校箋》謂《太平御覽》卷六三七引作"可隨夫之罰"。按,《册府元龜》作"從夫家之罰"。

[26] 太宰:官名。西晉置太師、太傅、太保三上公,一品。因避司馬師諱,改太師爲太宰,居上公之首。爲尊貴虛銜,無職掌。

[27] 朗陵縣:治所在今河南確山縣西南。

[28] 八十餘:《晉書》卷三三《何曾傳》云:"咸寧四年(278)薨,時年八十。"

[29] 子蕤(ruí)嗣:《晉書・何曾附劭傳》作"子岐嗣"。

[30] 永嘉:晉懷帝司馬熾年號(307—313)。

[31] 文王:周文王。《禮記・文王世子》謂文王爲世子時,性至孝,每日早、中、晚必至其父王季處問安,聞安則喜,聞不安則憂。又王季之飲食,文王必親自過問。

[32] 潁昌何侯:據《晉書・何曾傳》,何曾在魏末曾封潁昌鄉侯。

[33] 荀侯：據《晉書》卷三九《荀顗傳》，荀顗在魏正元中以預討毌丘儉功封萬歲亭侯，咸熙中又進爵爲鄉侯。

[34] 曾閔：指曾參、閔子騫，二人皆以孝道著稱。《史記》卷六七《仲尼弟子列傳》謂曾參"少孔子四十六歲。孔子以爲能通孝道，故授之業。作《孝經》"。《論語‧先進》子曰："孝哉閔子騫！人不間於其父母昆弟之言。"

邢顒，字子昂，河間鄚人也。[1]舉孝廉，司徒辟，皆不就。易姓字，適右北平，[2]從田疇游。積五年，而太祖定冀州。顒謂疇曰："黃巾起來二十餘年，海內鼎沸，百姓流離。今聞曹公法令嚴。民厭亂矣，亂極則平。請以身先。"遂裝還鄉里。田疇曰："邢顒，民之先覺也。"乃見太祖，求爲鄉導以克柳城。

太祖辟顒爲冀州從事，[3]時人稱之曰："德行堂堂邢子昂。"除廣宗長，[4]以故將喪棄官。[5]有司舉正，太祖曰："顒篤於舊君，有一致之節。勿問也。"更辟司空掾，除行唐令，[6]勸民農桑，風化大行。入爲丞相門下督，[7]遷左馮翊，[8]病，去官。是時，太祖諸子高選官屬，令曰："侯家吏，宜得淵深法度如邢顒輩。"遂以爲平原侯植家丞。[9]顒防閑以禮，[10]無所屈撓，由是不合。庶子劉楨書諫植曰：[11]"家丞邢顒，北土之彦，少秉高節，玄靜澹泊，言少理多，真雅士也。楨誠不足同貫斯人，並列左右。而楨禮遇殊特，顒反疏簡，私懼觀者將謂君侯習近不肖，禮賢不足，採庶子之春華，[12]忘家丞之秋實，[13]爲上招謗，其罪不小，以此反側。"後參丞相軍事，轉東曹掾。初，太子未定，而臨菑侯植有寵，丁儀等並贊翼其美。太祖問顒，顒對曰："以庶代宗，先世之戒也。願殿下深重察之！"[14]太祖識其意，後遂以爲太子少傅，遷太傅。文帝踐阼，爲侍中、尚書僕射，[15]賜爵關內侯，[16]出爲司隸校尉，徙太常。[17]黃初四年薨。[18]子友嗣。〔一〕

〔一〕《晉諸公贊》曰：顒曾孫喬，字魯伯。[19]有體量局幹，美於當世。歷清職。元康中，[20]與劉渙俱爲尚書吏部郎，[21]稍遷至司隸校尉。

[1] 河間：王國名。治所樂成縣，在今河北獻縣東南。　鄚：縣名。治所在今河北任丘市北。

[2] 右北平：郡名。東漢時治所在土垠縣，在今河北豐潤縣東南。

[3] 從事：官名。漢代州牧刺史的佐吏，有別駕從事史、治中從事史、兵曹從事史、部從事史等，均可簡稱爲從事。

[4] 廣宗：縣名。治所在今河北威縣東。

[5] 故將：指河間太守。漢魏時，郡守兼領軍事，故稱郡將。河間太守曾舉邢顒爲孝廉，故稱故將。

[6] 行唐：縣名。治所在今河北行唐縣東北。

[7] 門下督：官名。在漢代，本爲郡縣所屬職吏，主盜賊事，亦稱門下督盜賊。東漢末，丞相府、將軍府亦置。

[8] 左馮翊：官名。漢武帝以後，京都所在地的附近三郡，稱京兆尹、右扶風、左馮翊，合稱三輔。東漢建都洛陽，以三輔陵廟所在，不改其號，仍稱三輔。其長官名與地區名相同，職位相當於郡太守。左馮翊治所在高陵縣，在今陝西高陵縣西南。漢獻帝建安初又移治所於臨晉縣，在今陝西大荔縣。

[9] 平原：侯國名。治所在今山東平原縣西南。　家丞：官

名。西漢時，列侯家臣置家丞、庶子各一人。主侍侯，使理家事。東漢時，列侯食邑千户以上者置家丞、庶子各一人，不滿千户者不置家丞。

［10］防閑：防備禁阻之意。《詩·齊風·敝笱序》："齊人惡魯桓公微弱，不能防閑文姜，使至淫亂，爲二國患焉。"孔穎達疏："閑亦防禁之名。故此及《猗嗟》之序，皆防閑並言之也。"

［11］庶子：官名。漢代列侯之家臣，管理侯家事務。魏、晉沿置，兼攝祠祭。

［12］春華：比喻人的文才、文采。

［13］秋實：比喻人的德行。

［14］深重：吴金華《〈三國志〉待質録》云："'重'字不辭，疑當作'垂'。"並徵引《後漢書》卷五七《劉陶傳》、《晉書》卷九八《王敦傳》中"深垂"之例爲證。

［15］侍中：官名。曹魏時，第三品。爲門下侍中寺長官。職掌門下衆事，侍從左右，顧問應對，拾遺補闕，與散騎常侍、黃門侍郎等共平尚書奏事。晉沿置，爲門下省長官。

［16］關內侯：爵名。漢制二十級爵之十九級，次於列侯，祇有封户收取租税而無封地。魏文帝定爵制爲十等，關內侯在亭侯下，仍爲虛封，無食邑。

［17］太常：官名。東漢時仍爲列卿之首，秩中二千石。掌禮儀祭祀，選試博士等。三國沿置，魏爲三品。

［18］黃初：魏文帝曹丕年號（220—226）。

［19］魯：百衲本、校點本作"曾"，殿本、盧弼《集解》本作"魯"。盧氏並引沈家本説："以名'喬'推之，當作'魯'。"今從殿本等。

［20］元康：晉惠帝司馬衷年號（291—299）。

［21］尚書吏部郎：官名。尚書吏部曹之長官，秩四百石，六品，職位高於尚書諸曹。屬吏部尚書，主管官吏選任銓叙調動事務，能建議五品以下官吏之任免。

鮑勛字叔業，泰山平陽人也，[1]漢司隸校尉鮑宣九世孫。[2]宣後嗣有從上黨徙泰山者，遂家焉。勛父信，靈帝時爲騎都尉，大將軍何進遣東募兵。後爲濟北相，[3]協規太祖，身以遇害。語在《董卓傳》《武帝紀》。〔一〕[4]建安十七年，太祖追録信功，表封勛兄邵新都亭侯。〔二〕辟勛丞相掾。〔三〕[5]

〔一〕《魏書》曰：信父丹，官至少府、侍中，世以儒雅顯。少有大節，[6]寬厚愛人，沈毅有謀。大將軍何進辟拜騎都尉，遣歸募兵，得千餘人，還到成皋而進已遇害。[7]信至京師，董卓亦始到。信知卓必爲亂，勸袁紹襲卓，紹畏卓不敢發。語在《紹傳》。信乃引軍還鄉里，收徒衆二萬，騎七百，輜重五千餘乘。[8]是歲，太祖始起兵於己吾，[9]信與弟韜以兵應太祖。太祖與袁紹表信行破虜將軍，[10]韜裨將軍。[11]時紹衆最盛，豪傑多向之。信獨謂太祖曰：“夫略不世出，能總英雄以撥亂反正者，君也。苟非其人，雖彊必斃。君殆天之所啓！”遂深自結納，太祖亦親異焉。汴水之敗，[12]信被瘡，韜在陣戰亡。紹劫奪韓馥位，遂據冀州。信言於太祖曰：“奸臣乘釁，蕩覆王室，英雄奮節，天下嚮應者，義也。今紹爲盟主，因權專利，將自生亂，是復有一卓也。若抑之，則力不能制，祇以遘難，[13]又何能濟？且可規大河之南，以待其變。”太祖善之。太祖爲東郡太守，[14]表信爲濟北相。會黃巾大衆入州界，劉岱欲與戰，信止之，岱不從，遂敗。語在《武紀》。太祖以賊恃勝而驕，欲設奇兵挑擊之於壽張。[15]先與信出行戰地，後步軍未至，而卒與賊遇，遂接戰。信殊死戰，以救太祖，太祖僅得潰圍出，信遂没，時年四十一。雖遭亂起兵，家本修儒，治身至儉，而厚養將士，居無餘財，士以此歸之。

〔二〕《魏書》曰：邵有父風，太祖嘉之，加拜騎都尉，使持節。邵薨，子融嗣。

〔三〕《魏書》曰：勛清白有高節，知名於世。

[1] 泰山：郡名。治所奉高縣，在今山東泰安市東。　平陽：縣名。西漢名東平陽縣，東漢省，魏復置。治所在今山東新泰市。（本吳增僅《三國郡縣表附考證》）

[2] 鮑宣：渤海高城（今河北鹽山縣東南）人，漢哀帝時爲諫大夫，後爲司隸。因其屬吏摧辱宰相，侍御史至司隸府捕吏，鮑宣閉門不納，故以大不敬罪下廷尉獄，賴太學生相救，得免死流徙上黨郡（治所長子縣，在今山西長子縣西南），遂家居長子縣。（見《漢書》卷七二《鮑宣傳》）

[3] 濟北：王國名。治所盧縣，在今山東長清縣南。

[4] 董卓傳武帝紀：趙幼文《校箋》云："'董卓傳'及'帝'字俱後人妄加。承祚舊本必無是。鮑信協規太祖，事惟見《武帝紀》，《董卓傳》無之，故知'董卓傳'當屬衍文。承祚行文事見他傳者，如《華歆傳》'語在《武紀》'。則'帝'字非承祚舊文也，應俱刪除，惟云'語在《武紀》'而已。"

[5] 丞相掾：官名。丞相府之屬吏。丞相府設有諸曹，掾即分曹治事，如有東曹掾、户曹掾、金曹掾、兵曹掾等等。此處未書何曹之掾，不知屬於何曹。

[6] 少：盧弼《集解》云："'少'字上應有'信'字。"

[7] 成皋：縣名。治所在今河南滎陽市西北汜水鎮。

[8] 五千：盧弼《集解》本作"三千"，百衲本、殿本、校點本均作"五千"。今從百衲本等。

[9] 己吾：縣名。治所在今河南寧陵縣西南。

[10] 破虜將軍：官名。漢雜號將軍之一。

[11] 裨將軍：官名。漢雜號將軍之低級者。

［12］汴水：即今河南滎陽縣西索河。汴水之敗，指初平元年曹操與董卓將徐榮，在滎陽汴水相遇作戰而敗。

［13］遘：通"構"。《文選》王粲《七哀詩》："西京亂無象，豺虎方遘患。"李善注："遘與構同。古字通也。"

［14］東郡：治所濮陽縣，在今河南濮陽縣西南。沈家本《瑣言》云："初平元年山東義兵起，鮑信已稱濟北相，袁紹表曹操爲東郡太守在初平二年。此恐《魏書》之誤。"

［15］壽張：縣名。治所在今山東東平縣西南。

二十二年，立太子，以勛爲中庶子。[1]徙黃門侍郎，[2]出爲魏郡西部都尉。[3]太子郭夫人弟爲曲周縣吏，[4]斷盜官布，法應棄市。太祖時在譙，[5]太子留鄴，數手書爲之請罪。[6]勛不敢擅縱，具列上。勛前在東宮，守正不撓，[7]太子固不能悅，及重此事，恚望滋甚。會郡界休兵有失期者，密敕中尉奏免勛官。久之，拜侍御史。[8]延康元年，[9]太祖崩，太子即王位，勛以駙馬都尉兼侍中。[10]

文帝受禪，勛每陳"今之所急，唯在軍農，寬惠百姓。臺榭苑囿，宜以爲後"。文帝將出游獵，勛停車上疏曰："臣聞五帝三王，靡不明本立教，以孝治天下。陛下仁聖惻隱，有同古烈。臣冀當繼蹤前代，令萬世可則也，如何在諒闇之中，[11]修馳騁之事乎！臣冒死以聞，唯陛下察焉。"帝手毀其表而竟行獵，[12]中道頓息，問侍臣曰："獵之爲樂，何如八音也？"[13]侍中劉曄對曰："獵勝於樂。"勛抗辭曰："夫樂，上通神明，下和人理，隆治致化，萬邦咸乂。[14]故移風易俗,[15]莫善於樂。況獵,暴華蓋於原野,[16]傷生育之至理,櫛風沐雨,不以時隙哉?昔魯隱觀漁於棠,《春秋》譏之。雖陛下以爲務,愚臣所不願也。"因奏:"劉曄佞諛不忠,阿順陛下過戲之言。昔梁丘據取媚於遄臺,[17]曄之謂也。請有司議罪,以清皇朝。"帝怒作色,罷還,[18]即出勛爲右中郎將。[19]

黃初四年,尚書令陳羣、僕射司馬宣王並舉勛爲宮正,宮正即御史中丞也。[20]帝不得已而用之,百寮嚴憚,罔不肅然。六年秋,帝欲征吳,羣臣大議,勛面諫曰:"王師屢征而未有所克者,蓋以吳、蜀脣齒相依,憑阻山水,有難拔之勢故也。往年龍舟飄蕩,隔在南岸,聖躬蹈危,臣下破膽。此時宗廟幾至傾覆,爲百世之戒。今又勞兵襲遠,日費千金,中國虛耗,令黠虜玩威,臣竊以爲不可。"帝益忿之,左遷勛爲治書執法。[21]

帝從壽春還,[22]屯陳留郡界。太守孫邕見,[23]出過勛。時營壘未成,但立標埒,[24]邕邪行不從正道,軍營令史劉曜欲推之,[25]勛以塹壘未成,解止不舉。大軍還洛陽,曜有罪,勛奏絀遣,而曜密表勛私解邕事。詔曰:"勛指鹿作馬,收付廷尉。"廷尉法議:[26]"正刑五歲。"三官駮:[27]"依律罰金二斤。"帝大怒曰:"勛無活分,而汝等敢縱之!收三官已下付刺姦,[28]當令十鼠同穴。"[29]太尉鍾繇、司徒華歆、鎮軍大將軍陳羣、侍中辛毗、尚書衞臻、守廷尉高柔等並表"勛父信有功于太祖",[30]求請勛罪。帝不許,遂誅勋。勋内行既修，廉而能施，死之日，家無餘財。後二旬，文帝亦崩，莫不爲勋歎恨。

［1］中庶子：即太子中庶子。官名。爲太子侍從，東漢時秩六百石，置五員，職如侍中，屬太子少傅。曹魏沿置。第五品。掌侍從、奏事、諫議等。

［2］黃門侍郎：官名。即給事黃門侍郎，東漢時，秩六百石。掌侍從左右，給事禁中，關通中外。初無員數，漢獻帝定爲六員，與侍中出入禁中，近侍帷幄，省尚書奏事。三國沿置，魏定爲五品。

［3］魏郡西部都尉：官名。西漢時郡置都尉，秩比二千石，輔佐郡守並掌本郡軍事。東漢廢除，僅在邊郡或關塞之地置都尉及屬國都尉，並漸漸分縣治民，職如太守。曹魏時諸郡皆置都尉，大郡或置二人，或爲東西部，或爲南北部。第五品，典兵禁備盜賊。

［4］郭夫人弟：盧弼《集解》説本書《后妃郭后傳》謂郭后早喪兄弟，以從兄表繼父永後。此言夫人弟，未詳其名。　曲周：縣名。治所在今河北曲周縣東北。

［5］譙：縣名。治所在今安徽亳州市。

［6］請罪：趙幼文《校箋》謂《群書治要》（卷二五）引"請"下無"罪"字。

［7］守正：趙幼文《校箋》謂《北堂書鈔》卷六六、《太平御覽》卷二四四（當作二四五）引作"正色"。

［8］侍御史：官名。秩六百石，第七品。掌察舉非法，受公卿群吏奏事，有違失者舉劾之。

［9］延康：漢獻帝劉協年號。建安二十五年（220）三月，改元延康元年；十月，漢獻帝被逼讓位於魏文帝曹丕，又改元爲黃初元年。又按，曹操死於建安二十五年正月，此謂延康元年，乃用漢獻帝改元後之年號。

[10] 駙馬都尉：官名。秩比二千石，掌皇帝副車之馬。曹魏時第六品，無定員，或爲加官。

[11] 諒闇：古人喪期中所居之廬，亦即凶廬，因以稱居喪。《禮記·喪服四制》："《書》曰：高宗諒闇，三年不言。"鄭玄注："闇，謂廬也。"

[12] 表：趙幼文《校箋》謂《藝文類聚》卷六六引作"疏"，上文"停車上疏"，作"疏"字是。 竟：百衲本、盧弼《集解》本、校點本作"競"，殿本作"竟"。吳金華《校詁》云："《藝文類聚》卷六六、蕭常《續後漢書》卷三九'競'作'竟'，可從。'竟'猶言終究。"今從殿本。

[13] 八音：古代稱金、石、土、革、絲、木、匏（páo）、竹爲八音。《周禮·春官·大師》："皆播之以八音：金、石、土、革、絲、木、匏、竹。"鄭玄注："金，鐘鎛也。石，磬也。土，塤（xūn）也。革，鼓鼗（táo）也。絲，琴瑟也。木，柷（zhù）敔（yǔ）也。匏，笙也。竹，管簫也。"

[14] 乂（yì）：治理。《尚書·堯典》："下民其咨，有能俾乂。"孔傳："乂，治也。"

[15] 移：百衲本、殿本、盧弼《集解》本"移"字上均有"故"字，校點本無，今從百衲本等。

[16] 華蓋：皇帝或貴族所乘之車上有華蓋，因以華蓋指車。此指皇帝之車。

[17] 梁丘據：春秋時齊景公的佞臣。《左傳·昭公二十年》，謂齊景公外出田獵，回國都時，國相晏子在遄臺（今山東淄博市東北臨淄鎮東）隨侍景公，梁丘據也驅車趕到，齊景公説："唯據與我和夫！"晏子隨即指出梁丘據的諂媚行爲。

[18] 罷還：趙幼文《校箋》謂《群書治要》（卷二五）引無"罷"字。

[19] 右中郎將：官名。秩比二千石。東漢時領右署中郎、侍郎、郎中，職掌訓練、管理、考核後備官員，出居外朝。曹魏雖不

置五官、左、右三郎署，但仍置其官。第四品。

[20] 御史中丞：官名。秩千石，第四品。爲御史臺長官，掌監察、執法。洪飴孫《三國職官表》云："黃初初改爲宮正，復爲臺主，尋又改曰中丞。"

[21] 治書執法：官名。曹魏置，第六品，隸御史臺，掌奏劾官吏。

[22] 壽春：縣名。治所在今安徽壽縣。

[23] 太守孫邕：吳金華《〈三國志〉待質錄》據嚴可均《全晉文·任城太守孫氏碑》，謂孫邕曾任"勃海太守十餘年，政化大行"，似此"太守"上可能脫落"勃海"二字。按，此文甚明確，"帝從壽春還，屯陳留界。太守孫邕見"。此太守自然是陳留太守，"太守"上無須再冠郡名。至於《孫氏碑》，僅叙其父之主要官職，其中提到次要官職勃海太守，是因在任中"政化大行"，故予以宣揚，碑文不可能全載其父的官職；並且當時的勃海太守也無緣到陳留郡界進見魏文帝，而陳留太守必須進見。

[24] 標埒（liè）：以矮墻爲標志。

[25] 令史：官名。曹魏公府及諸將軍府皆設令史，地位低於諸曹掾。此軍營令史，蓋隨魏文帝大軍軍府中負責籌建軍營之令史。

[26] 法議：胡三省云："法議，引法而議也。正，結正也。五歲刑，髡鉗爲城旦舂。"（《通鑑》卷七〇魏文帝黃初七年注）

[27] 三官：指廷尉所屬的正、監、平三官，即廷尉正、廷尉監、廷尉平，秩皆六百石，第六品。

[28] 刺姦：官名。東漢大將軍等將帥所統營部職吏有刺姦，掌監察執法。建安中曹操又於丞相府置右刺奸掾，掌司法事務。又置刺奸令史以屬之。

[29] 十鼠同穴：比喻集中在一處，可同時捕盡。

[30] 太尉：官名。東漢時，與司徒、司空並爲三公，共同行使宰相職能，而位列三公之首，名位甚重。或與太傅兼錄尚書事，

綜理全國軍政事務。曹魏前期基本如此,第一品。　鎮軍大將軍:官名。第二品,魏文帝黃初六年置,後不常設。

司馬芝字子華,河内溫人也。[1]少爲書生,避亂荆州,於魯陽山遇賊,[2]同行者皆棄老弱走,芝獨坐守老母。賊至,以刃臨芝,芝叩頭曰:"母老,唯在諸君!"賊曰:"此孝子也,殺之不義。"遂得免害,以鹿車推載母。[3]居南方十餘年,躬耕守節。

太祖平荆州,以芝爲菅長。[4]時天下草創,多不奉法。郡主簿劉節,[5]舊族豪俠,賓客千餘家,出爲盜賊,入亂吏治。頃之,芝差節客王同等爲兵,掾史據白:[6]"節家前後未嘗給繇,若至時藏匿,必爲留負。"芝不聽,與節書曰:"君爲大宗,加股肱郡,而賓客每不與役,既衆庶怨望,或流聲上聞。[7]今(條)〔調〕同等爲兵,[8]幸時發遣。"兵已集郡,而節藏同等,因令督郵以軍興詭責縣,縣掾史窮困,乞代同行。芝乃馳檄濟南,具陳節罪。太守郝光素敬信芝,即以節代同行,青州號芝"以郡主簿爲兵"。遷廣平令。[9]征虜將軍劉勳,[10]貴寵驕豪,又芝故郡將,賓客子弟在界數犯法。勳與芝書,不著姓名,而多所屬託,芝不服其書,一皆如法。後勳以不軌誅,交關者皆獲罪,而芝以見稱。〔一〕

〔一〕《魏略》曰:勳字子臺,瑯邪人。[11]中平末,[12]爲沛國建平長,[13]與太祖有舊。後爲廬江太守,[14]爲孫策所破,自歸太祖,封列侯,[15]遂從在散伍議中。勳兄爲豫州刺史,病亡。兄子威，又代從政。勳自恃與太祖有宿，日驕慢，數犯法，又誹謗。爲李申成所白，收治，并免威官。

［1］河内：郡名。治所懷縣，在今河南武陟縣西南。　温：縣名。治所在今河南温縣西南。

［2］魯陽山：在今河南魯山縣西南，接南召縣界。

［3］鹿車：用人力推挽的小車。《太平御覽》卷七七五引《風俗通》："鹿車窄小，裁容鹿也。或云樂車……無牛馬而能行者，獨一人所致耳。"

［4］菅（jiān）：縣名。治所在今山東章丘縣西北。又按，"菅"，殿本、盧弼《集解》本作"管"，百衲本、校點本作"菅"。今從百衲本等。

［5］郡主簿：官名。郡太守之屬吏，職責是典領文書，辦理事務。

［6］掾史：掾與史。縣令、長的屬吏。漢代之縣府，有各曹掾、史，分曹治事。如賊曹掾、史主盜賊事，獄掾、史主罪法事，兵曹掾、史主兵事。

［7］或：盧弼《集解》本作"咸"，百衲本、殿本、校點本均作"或"。今從百衲本等。

［8］調：百衲本、殿本、盧弼《集解》本均作"條"。殿本《考證》云："北宋本作'調'。"校點本即據以改爲"調"。今從之。

［9］廣平：縣名。治所在今河北鷄澤縣東南。

［10］征虜將軍：官名。東漢爲雜號將軍。曹魏時第三品。

［11］琅邪：王國名。治所開陽縣，在今山東臨沂市北。

［12］中平：漢靈帝劉宏年號（184—189）。

［13］建平：縣名。治所在今河南夏邑縣西南馬頭寺。

［14］廬江：郡名。治所本在舒縣，在今安徽廬江縣西南。建

安四年（199）劉勳移於皖縣，在今安徽潛山縣。

[15] 列侯：漢代二十級爵之最高者。金印紫綬，有封邑，食租稅。功大者食縣，小者食鄉、亭。

遷大理正。[1]有盜官練置都廁上者，[2]吏疑女工，收以付獄。芝曰："夫刑罪之失，失在苛暴。今贓物先得而後訊其辭，若不勝掠，或至誣服。誣服之情，不可以折獄。且簡而易從，大人之化也。不失有罪，庸世之治耳。今宥所疑，以隆易從之義，不亦可乎！"太祖從其議。歷甘陵、沛、陽平太守，[3]所在有績。黃初中，入爲河南尹，抑彊扶弱，私請不行。曹內官欲以事託芝，[4]不敢發言，因芝妻伯父董昭。昭猶憚芝，不爲通。芝爲教與羣下曰："蓋君能設教，不能使吏必不犯也。吏能犯教，而不能使君必不聞也。夫設教而犯，君之劣也；犯教而聞，吏之禍也。君劣於上，吏禍於下，此政事所以不理也。可不各勉之哉！"於是下吏莫不自勵。門下循行嘗疑門幹盜簪，[5]幹辭不符，曹執爲獄。芝教曰："凡物有相似而難分者，自非離婁，[6]鮮能不惑。就其實然，循行何忍重惜一簪，輕傷同類乎！其寢勿問。"

明帝即位，賜爵關內侯。頃之，特進曹洪乳母當，[7]與臨汾公主侍者共事無澗神〔一〕繫獄。[8]卞太后遣黃門詣府傳令，[9]芝不通，輒敕洛陽獄考竟，[10]而上疏曰："諸應死罪者，皆當先表須報。前制書禁絕淫祀以正風俗，[11]今當等所犯妖刑，辭語始定，黃門吳達詣臣，傳太皇太后令。臣不敢通，懼有救護，速聞聖聽，若不得已，以垂宿留。由事不早竟，是臣之罪，是以冒犯常科，輒敕縣考竟，擅行刑戮，伏須誅罰。"帝手報曰："省表，明卿至心，欲奉詔書，以權行事，是也。此乃卿奉詔之意，何謝之有？後黃門復往，慎勿通也。"芝居官十一年，數議科條所不便者。其在公卿間，直道而行。會諸王來朝，與京都人交通，坐免。

〔一〕臣松之案：無澗，山名，在洛陽東北。

[1] 大理正：官名。曹操爲魏公後魏國置，掌平決訟獄。魏文帝初又改稱廷尉正。

[2] 練：白色熟絹。

[3] 甘陵：郡名。治所甘陵縣，在今山東臨清市東。　沛：郡名。原爲王國，漢末改爲郡。治所相縣，在今安徽濉溪縣西北。曹魏時又移治所於沛縣，在今江蘇沛縣。　陽平：謝鍾英《三國疆域志疑》云："按《文帝紀》，黃初二年置陽平郡，芝爲太守在黃初前，時無陽平郡，疑字之訛。"魏陽平郡治所館陶縣，在今河北館陶縣。

[4] 曹：百衲本作"曾"，盧弼《集解》本作"曹"，殿本、校點本作"會"。殿本《考證》謂何焯校本作"曹"。梁章鉅《旁證》亦引何焯曰："'會'當作'曹'。"今從《集解》本。趙幼文《校箋》則謂蕭常《續後漢書》此句作"中官嘗欲以事託芝"。疑蕭常所見本"曾"字在"官"下，似當據乙，則文從而意順矣。内官謂宦官有職位者。

[5] 門下循行：吏名。爲郡府低級散吏。又稱循行。東漢河南尹有吏927人，而循行就有230人。魏晉亦沿置。　門幹：吏名。"幹"之一種，擔任傳達。曹魏諸郡皆置。

[6] 離婁：傳說古之明目者。《孟子·離婁》："離婁之明，公

[7] 特進：官名。漢制，凡諸侯大臣功德優盛，朝廷所敬異者，加位特進，朝會時位在三公下，車服俸祿仍從本官。魏晋沿襲之。

[8] 臨汾：縣名。治所在今山西新絳縣東北晋城村。　無澗神：陳寅恪云：「無澗神」疑本作「無間神」，無間神即地獄神，「無間」乃梵文 AViCi 之意譯，音譯則爲「阿鼻」，當時意譯亦作「泰山」。（《金明館叢稿二編·魏志司馬芝傳跋》）

[9] 黄門：指宦官。

[10] 考竟：《釋名·釋喪制》云：「獄死曰考竟。考得其情，竟其命於獄也。」

[11] 前制書：指黄初五年（224）十二月詔。見本書卷二《文帝紀》。　淫祀：不合祀典之祭祀。

　　後爲大司農。先是諸典農各部吏民，[1] 末作治生，[2] 以要利入。芝奏曰：[3]「王者之治，崇本抑末，務農重穀。《王制》：[4]『無三年之儲，國非其國也。』《管子·區言》以積穀爲急。[5] 方今二虜未滅，師旅不息，國家之要，惟在穀帛。武皇帝特開屯田之官，專以農桑爲業。建安中，天下倉廩充實，百姓殷足。自黄初以來，聽諸典農治生，各爲部下之計，誠非國家大體所宜也。夫王者以海內爲家，故《傳》曰：『百姓不足，君誰與足！』[6] 富足之由，在於不失天時而盡地力。今商旅所求，雖有加倍之顯利，然於一統之計，已有不貲之損，不如墾田益一畝之收也。夫農民之事田，自正月耕種，耘鋤條桑，[7]耕熯種麥，[8]穫刈築場，十月乃畢。治廩繫橋，運輸租賦，除道理梁，墐塗室屋，以是終歲，無日不爲農事也。今諸典農，各言'留者爲行者宗田計，[9]課其力，勢不得不爾。不有所廢，則當素有餘力。'臣愚以爲不宜復以商事雜亂，專以農桑爲務，於國計爲便。"明帝從之。

每上官有所召問，常先見掾史，爲斷其意故，教其所以答塞之狀，皆如所度。芝性亮直，不矜廉隅。與賓客談論，有不可意，便面折其短，退無異言。卒於官，家無餘財，自魏迄今爲河南尹者莫及芝。

芝亡，子岐嗣，從河南丞轉廷尉正，[10]遷陳留相。梁郡有繫囚，[11]多所連及，數歲不決。詔書徙獄于岐屬縣，縣請豫治牢具。岐曰："今囚有數十，既巧詐難符，且已倦楚毒，其情易見。豈當復久處囹圄邪！"及囚至，詰之，皆莫敢匿詐，一朝決竟，遂超爲廷尉。是時大將軍爽專權，尚書何晏、鄧颺等爲之輔翼。南陽圭泰嘗以言迕指，考繫廷尉。颺訊獄，將致泰重刑。岐數颺曰："夫樞機大臣，王室之佐，既不能輔化成德，齊美古人，而乃肆其私忿，枉論無辜。使百姓危心，非此焉在？"颺於是慚怒而退。岐終恐久獲罪，以疾去官。居家未朞而卒，年三十五。子肇嗣。〔一〕

〔一〕肇，晉太康中爲冀州刺史、尚書，[12]見（百官志）〔《百官名》〕。[13]

[1] 典農：曹魏施行屯田制，在郡國設置典農中郎將或典農校

尉，諸縣則置典農都尉，管理該屯田區的農業生產、民政和田租，地位相當於郡太守和縣令長，並直屬中央大司農。

［2］末：古代稱農業爲本，工商爲末。此指商事。趙幼文《校箋》又謂"諸典農各部吏民末作治生"句，《北堂書鈔》卷五四引無"各部吏末作"五字，"民"下有"各求"二字。考《合璧事類》後集卷三五、《翰苑新書》卷五引《北堂書鈔》皆作"民各求治生"，與舊抄印合，足訂今本《魏志》之訛。按，以下文司馬芝所奏之言看，不可輕易定"末作"爲訛文。

［3］以要利入芝奏曰：趙幼文《校箋》謂《北堂書鈔》引作"以要利芝入諫曰"。

［4］王制：即《禮記·王制》。今傳本《禮記》"儲"作"蓄"。

［5］區言：沈家本《瑣言》引沈欽韓説，《管子》自《任法》第四十五至《内業》第四十九爲《區言》。《瑣言》又謂《區言》第四《治國篇》言富民積粟事，即司馬芝奏所本。

［6］君誰與足：此語見《論語·顔淵》。今傳本《論語》"誰"作"孰"。

［7］耘：百衲本、盧弼《集解》本作"芸"，殿本、校點本作"耘"。按，二字可通。今從殿本等。　條（tiāo）桑：挑取桑葉，亦即采桑葉。《詩·豳風·七月》："蠶月條桑，取彼斧斨。"鄭箋："條桑，枝落采其葉也。"

［8］熯（hàn）：盧弼《集解》疑作"暵"。《玉篇》"暵"引《埤蒼》云耕麥地。又作"糢"。按，作"熯"亦通。"熯"同"暵"。《説文·火部》："熯，乾皃。"段玉裁注："此與《日部》'暵'同音同義。"又《説文·日部》："暵，乾也。耕暴田曰暵。"

［9］宗田：趙幼文《校箋》云："《左傳·昭公二年》'禮之宗也'注：'宗猶主也。'主有典領之義，見《文選·甘泉賦》注。句謂行者遺留之耕田，由留者典領之，而代其種植也，故曰'留者爲行者宗田'。"

［10］丞：官名。此指河南尹之丞，即河南尹之佐官。曹魏時秩六百石，第八品。

［11］梁郡：治所睢陽縣，在今河南商丘市睢陽區南。

［12］太康：晉武帝司馬炎年號（280—289）。

［13］百官名：百衲本、殿本、盧弼《集解》本均作"百官志"。盧氏引何焯云："北宋本'志'作'名'"。又沈家本《三國志注所引書目》謂《隋書·經籍志》有《魏晉百官名》五卷、《晉百官名》三十卷，無撰人。又《舊唐書·經籍志》有《百官名》四十卷，亦無撰人；又有《晉惠帝百官名》三卷，陸機撰。疑此所引爲《晉百官名》。校點本即從何、沈之說改作"百官名"。今從之。

評曰：徐奕、何夔、邢顒貴尚峻厲，爲世名人。毛玠清公素履，司馬芝忠亮不傾，庶乎不吐剛茹柔。崔琰高格最優，鮑勛秉正無虧，而皆不免其身，惜哉！《大雅》貴"既明且哲"，[1]《虞書》尚"直而能溫"，[2]自非兼才，疇克備諸！[3]

［1］大雅：此指《詩·大雅·烝民》。

［2］虞書：此指《尚書·虞書·堯典》。

［3］疇：《爾雅·釋詁下》："疇，誰也。"

三國志 卷一三

魏書十三

鍾繇華歆王朗傳第十三

鍾繇字元常，潁川長社人也。〔一〕[1]嘗與族父瑜俱至洛陽，[2]道遇相者，曰："此童有貴相，然當厄於水，努力慎之！"行未十里，度橋，馬驚，墮水幾死。瑜以相者言中，益貴繇，而供給資費，使得專學。舉孝廉，〔二〕[3]除尚書郎、陽陵令，[4]以疾去。辟三府，[5]爲廷尉正、黃門侍郎。[6]是時，漢帝在西京，[7]李傕、郭汜等亂長安中，與關東斷絕。[8]太祖領兗州牧，[9]始遣使上書。〔三〕傕、汜等以爲"關東欲自立天子，今曹操雖有使命，非其至實"，議留太祖使，拒絕其意。繇說傕、汜等曰："方今英雄並起，各矯命專制，唯曹兗州乃心王室，而逆其忠款，非所以副將來之望也。"傕、汜等用繇言，厚加答報，由是太祖使命遂得通。太祖既數聽荀彧之稱繇，又聞其說傕、汜，益虛心。後傕脅天子，繇與尚書郎韓斌同策謀。天子得出長安，繇有力焉。拜御史中丞，[10]遷侍中、尚書僕射，[11]并錄前功封東武亭侯。[12]

〔一〕《先賢行狀》曰：鍾皓字季明，溫良篤慎，博學詩、律，教授門生千有餘人，爲郡功曹。[13]時太丘長陳寔爲西門亭長，[14]皓深獨敬異。寔少皓十七歲，常禮待與同分義。[15]會辟公府，臨辭，太守問："誰可代君？"皓曰："明府欲必得其人，西門亭長可用。"寔曰："鍾君似不察人爲意，不知何獨識我？"皓爲司徒掾，[16]公出，道路泥濘，導從惡其相灑，[17]去公車絕遠。公椎軾言：[18]"司徒今日爲獨行耳！"還府向閤，鈴下不扶，[19]令揖掾屬，[20]公奮手不顧。時舉府掾屬皆投劾出，[21]皓爲西曹掾，[22]即開府門分布曉語已出者，曰："臣下不能得自直於君，若司隸舉繩墨，[23]以公失宰相之禮，又不勝任，諸君終身何所任邪？"掾屬以故皆止。都官果移西曹掾，[24]問空府去意，[25]皓召都官吏，以見掾屬名示之，乃止。前後九辟三府，遷南鄉、林慮長，[26]不之官。時郡中先輩爲海內所歸者，[27]蒼梧太守定陵陳稚叔、故黎陽令潁陰荀淑及皓。[28]少府李膺常宗此三人，[29]曰："荀君清識難尚，陳、鍾至德可師。"膺之姑爲皓兄之妻，生子（觀）〔瑾〕，[30]與膺年齊，並有令名。（觀）〔瑾〕又好學慕古，有退讓之行。爲童幼時，瑾祖太尉脩言：[31]"（觀）〔瑾〕似我家性，[32]國有道不廢，[33]國無道免于刑戮者也。"復以膺妹妻之。（觀）〔瑾〕辟州宰，[34]未嘗屈就。膺謂（觀）〔瑾〕曰："孟軻以爲人無好惡是非之心，[35]非人也。弟於人何太無皁白邪！"（觀）〔瑾〕嘗以膺之言白皓，[36]皓曰："元禮[37]祖公在位，[38]諸父並盛，韓公之甥，故得然耳。國武子好招人過，[39]以爲怨本，今豈其時！保身全家，汝道是也。"（觀）〔瑾〕早亡，膺雖荷功名，位至卿佐，[40]而卒隕身世禍。皓年六十九，終於家。皓二子迪、敷，並以黨錮不仕。繇則迪之（孫）〔子〕。[41]

〔二〕謝承《後漢書》曰：南陽陰脩爲潁川太守，[42]以旌賢擢俊爲務，舉五官掾張仲方正，[43]察功曹鍾繇、主簿荀彧、主記掾張禮、賊曹掾杜祐、孝廉荀攸、計吏郭圖爲吏，[44]以光國朝。[45]

〔三〕《世語》曰：太祖遣使從事王必致命天子。

[1] 潁川：郡名。治所陽翟縣，在今河南禹州市。　長社：縣名。治所在今河南長葛縣東北。

[2] 洛陽：縣名。治所在今河南洛陽市東北白馬寺東。

[3] 孝廉：漢代選拔官吏的主要科目。孝指孝子，廉指廉潔之士。原本爲二科，後混同爲一科，也不再限於孝子和廉吏。東漢後期定制爲不滿四十歲者不得察舉；被舉者先詣公府課試，以觀其能。郡國每年要向中央推舉一至二人。

[4] 尚書郎：官名。東漢之制，取孝廉之有才能者入尚書臺，初入臺稱守尚書郎中，滿一年稱尚書郎，三年稱侍郎，統稱尚書郎，秩四百石。凡置三十六員，分隸六曹尚書治事，主要掌文書起草。　陽陵：縣名。治所在今陝西咸陽市東北。

[5] 三府：指太尉、司徒、司空三公府。

[6] 廷尉正：官名。漢代爲廷尉副貳，可代表廷尉參加詔獄會審，或獨立決斷疑獄、平反冤獄，參議案例律條。東漢秩六百石。

黃門侍郎：官名。即給事黃門侍郎，東漢時，秩六百石。掌侍從左右，給事禁中，關通中外。初無員數，漢獻帝定爲六員，與侍中出入禁中，近侍帷幄，省尚書奏事。三國沿置，魏定爲五品。

[7] 西京：即長安，在今陝西西安市西北。

[8] 關東：地區名。函谷關以東之地。

[9] 兗州：刺史治所昌邑縣，在今山東金鄉縣西北。

[10] 御史中丞：官名。秩千石。東漢時爲御史臺長官，名義上屬少府，掌監察執法。

[11] 侍中：官名。秩比二千石。職掌門下衆事，侍從左右，顧問應對。漢靈帝時置侍中寺，不再隸屬少府。獻帝時定員六人，與給事黃門侍郎出入禁中，近侍帷幄，省尚書事。　尚書僕射（yè）：官名。東漢爲尚書臺次官，秩六百石，職權重，若公爲之，增秩至二千石。職掌拆閱封緘章奏文書，參議政事，諫諍駁議，監察百官。令不在，則代理其職。漢獻帝建安四年（199）分置左右。

[12] 亭侯：爵名。漢制，列侯大者食縣邑，小者食鄉、亭。東漢後期遂以食鄉、亭者稱爲鄉侯、亭侯。

[13] 功曹：官名。漢代郡太守下設功曹史，簡稱功曹，爲郡太守之佐吏，除分掌人事外，並得參與一郡之政務。

[14] 太丘：縣名。治所在今河南永城縣東北太丘集。　西門亭：指潁川郡城之亭。《後漢書》卷六二《陳寔傳》云："家貧，復爲郡西門亭長。"

[15] 分義：指朋友。《後漢書》卷六二《鍾皓傳》即云："同郡陳寔，年不及皓，皓引與爲友。"

[16] 司徒掾：官名。司徒之屬官。

[17] 導從：官員出行時的儀仗隊伍，前爲導，後爲從。

[18] 軾：車箱前扶手橫木。

[19] 鈴下：吏名。漢朝官府的侍從小吏，因其在鈴閣之下，有警則掣鈴以呼，故名。

[20] 揖（jí）：通"輯"，會集。　掾屬：屬官之統稱。漢代，三公府與其他重要官府以及郡縣官府皆分曹治事，各曹置掾屬。正曰掾，副曰屬。

[21] 投劾：呈遞自責的辭呈。

[22] 西曹掾：官名。東漢、魏、晉諸公府之僚屬，爲西曹長官，掌府吏署用事。

[23] 司隸：即司隸校尉。官名。秩比二千石。掌糾察京師百官違法者，並治所轄各郡，相當於州刺史。　繩墨：喻法度。

[24] 都官：即司隸都官。司隸校尉之屬官都官從事史，秩僅

百石，而權勢頗重，掌監察舉劾百官。　移：官府文書之一種。

[25] 去：百衲本作"志"，殿本、盧弼《集解》本、校點本作"去"。今從殿本等。

[26] 南鄉：縣名。治所在今河南淅川縣西南舊縣東南丹江南岸。　林慮：縣名。治所在今河南林州市。

[27] 歸：趙幼文《校箋》謂《世說新語·德行篇》注引作"師"。按，《世說》注引乃《海內先賢傳》。

[28] 蒼梧：郡名。治所廣信縣，在今廣西梧州市。　定陵：縣名。治所在今河南舞陽縣北舞陽渡。　黎陽：縣名。治所在今河南浚縣東北。　潁陰：縣名。治所在今河南許昌市。

[29] 少府：官名。漢列卿之一，秩中二千石。東漢時，掌宮中御衣、寶貨、珍膳等。

[30] 瑾：各本皆作"覲"。錢大昭《辨疑》云："'覲'，《後漢書·鍾皓傳》作'瑾'。"盧弼《集解》又引沈家本說："繇族父瑜，字從玉旁，作'瑾'是。"按，錢、沈說是，今據《後漢書》改。本段下同，不再出注。

[31] 太尉：官名。東漢時與司徒、司空並爲三公，共同行使宰相職能，而位列三公之首，名位甚重。或與太傅並錄尚書事，綜理全國軍政事務。

[32] 性：惠棟《後漢書補注》卷一五云："'性'與'姓'通，言似我家子姓也。"

[33] 國有道不廢：《論語·公冶長》："子謂南容，'邦有道不廢，邦無道免于刑戮'。以其兄之子妻之。"

[34] 州宰：指州刺史。潘眉《考證》謂《後漢書·鍾皓傳》"州宰"作"州府"。

[35] 孟軻以爲：《孟子·公孫丑》孟子曰："無羞惡之心，非人也；無辭讓之心，非人也；無是非之心，非人也。"

[36] 嘗：百衲本作"常"，殿本、盧弼《集解》本、校點本作"嘗"。今從殿本等。

[37] 元禮：李膺字元禮。

[38] 祖公在位：《後漢書》卷六七《李膺傳》："祖父修，安帝時爲太尉。父益，趙國相。"

[39] 國武子：春秋時齊國大夫，又稱爲國子、國氏、國佐。惠棟《後漢書補注》卷一五"昔國武子好昭人過"條云："胡三省曰：《國語》，齊國佐見單相公，其語盡。單子曰：立於淫亂之國，而好盡言以招人過，怨之本也。其後齊殺國武子。蘇林曰：招音翹。招，舉也。"按，胡三省所引《國語》，見《周語下》。又按，"招人過"之"招"，百衲本、殿本、《後漢書·鍾皓傳》均作"昭"，盧弼《集解》本、校點本作"招"，《國語·周語下》亦作"招"。今從《集解》本等。

[40] 卿佐：據《後漢書·李膺傳》，李膺曾爲河南尹、司隸校尉、長樂少府等。

[41] 子：各本皆作"孫"。按，《後漢書·鍾皓傳》謂"皓兄子瑾母，膺之姑也"，與此前所云"膺之姑爲皓兄之妻，生子瑾"相合。又此云"皓二子迪、敷"，《後漢書》則謂"皓孫繇"。李賢注引《海内先賢傳》云："繇字元常，郡主簿迪之子也。"是迪爲皓之子，繇之父，繇乃皓之孫。故據《後漢書》及李賢注引改"孫"字爲"子"。

[42] 南陽：郡名。治所宛縣，在今河南南陽市。

[43] 五官掾：官名。漢代之郡國屬吏，地位僅次於功曹，祭祀居諸吏之首，無固定職掌，凡功曹及諸曹員吏出缺，即代理其職務。　方正：漢代選舉人才科目之一，多與賢良並稱爲賢良方正。

[44] 主簿：官名。漢代中央及州郡官府皆置此官，以典領文書，辦理事務。　主記掾：官名。即主記室掾。漢代郡縣府之屬吏。又有主記室史，簡稱主記史、主記、記室史。皆掌記錄、書簿等。　賊曹掾：官名。東漢郡縣官府之屬吏，秩百石，主盜賊事。

計吏：官名。漢代郡國，遣吏至京都向朝廷呈上計簿，彙報本郡國的户口、錢糧、獄訟、盜賊等情況，稱爲上計。所遣之吏稱爲計吏或上計吏。

[45] 國朝：盧弼《集解》引姚範曰："太守郡治，亦稱國朝。"

時關中諸將馬騰、韓遂等，[1]各擁彊兵相與爭。太祖方有事山東，[2]以關右爲憂。[3]乃表繇以侍中守司隸校尉，持節督關中諸軍，[4]委之以後事，特使不拘科制。繇至長安，移書騰、遂等，爲陳禍福，騰、遂各遣子入侍。太祖在官渡，[5]與袁紹相持，繇送馬二千餘匹給軍。[6]太祖與繇書曰："得所送馬，甚應其急。關右平定，朝廷無西顧之憂，足下之勳也。昔蕭何鎮守關中，[7]足食成軍，亦適當爾。"其後匈奴單于作亂平陽，[8]繇帥諸軍圍之，未拔；而袁尚所置河東太守郭援到河東，[9]衆甚盛。諸將議欲釋之去，繇曰："袁氏方彊，援之來，關中陰與之通，所以未悉叛者，顧吾威名故耳。若棄而去，示之以弱，所在之民，誰非寇讎？縱吾欲歸，其得至乎！此爲未戰先自敗也。且援剛愎好勝，必易吾軍，若渡汾爲營，[10]及其未濟擊之，可大克也。"張既說馬騰會擊援，騰遣子超將精兵逆之。援至，果輕渡汾，衆止之，不從。濟水未半，擊，[11]大破之，〔一〕斬援，降單于。語在《既傳》。其後河東衛固作亂，與張晟、張琰及高幹等並爲寇，繇又率諸將討破之。〔二〕自天子西遷，洛陽人民單盡，繇徙關中民，又招納亡叛以充之，數年間民戶稍實，太祖征關中，得以爲資，表繇爲前軍師。[12]

〔一〕司馬彪《戰略》曰：袁尚遣高幹、郭援將兵數萬人，與匈奴單于寇河東，遣使與馬騰、韓遂等連和，騰等陰許之。傅幹說騰曰：[13]"古人有言'順道者昌，逆德者亡'。[14]曹公奉天子誅暴亂，法明國治，上下用命，有義必賞，無義必罰，可謂順道矣。袁氏背王命，驅胡虜以陵中國，寬而多忌，仁而無斷，兵雖彊，實失天下心，可謂逆德矣。今將軍既事有道，不盡其力，陰懷兩端，[15]欲以坐觀成敗，吾恐成敗既定，奉辭責罪，將軍先為誅首矣。"於是騰懼。幹曰："智者轉禍為福，今曹公與袁氏相持，而高幹、郭援獨制河東，曹公雖有萬全之計，不能禁河東之不危也。將軍誠能引兵討援，內外擊之，[16]其勢必舉。是將軍一舉，斷袁氏之臂，解一方之急，曹公必重德將軍。將軍功名，竹帛不能盡載也。唯將軍審所擇！"騰曰："敬從教。"於是遣子超將精兵萬餘人，并將遂等兵，與繇會擊援等，大破之。[17]

〔二〕《魏略》曰：詔徵河東太守王邑。邑以天下未定，心不願徵，而吏民亦戀邑，郡掾衛固及中郎將范先等各詣繇求乞邑。[18]而詔已拜杜畿為太守，畿已入界。繇不聽先等，促邑交符。邑佩印綬，徑從河北詣許自歸。[19]繇時治在洛陽，自以威禁失督司之法，乃上書自劾曰："臣前上言故鎮北將軍領河東太守安陽亭侯王邑巧辟治官，[20]犯突科條，事當推劾，檢實姦詐。被詔書當如所糾。以其歸罪，故加寬赦。又臣上言吏民大小，各懷顧望，謂邑當還，拒太守杜畿，今皆反悔，共迎畿之官。謹案文書，臣以空虛，被蒙拔擢，入充近侍，兼典機衡，悉膺重任，總統偏方。既無德政以惠民物，又無威刑以檢不恪，[21]至使邑違犯詔書，郡掾衛固誑迫吏民，訟訴之言，交驛道路，漸失其禮，不虔王命。今雖反悔，醜聲流聞，咎皆由繇威刑不攝。臣又疾病，前後歷年，氣力日微，尸素重祿，[22]曠廢職任，罪明法正。謹按侍中守司隸校尉東武亭侯鍾繇，幸得蒙恩，以斗筲之才，仍見拔擢，顯從近密，銜命督師。[23]明知詔書深疾長吏政教寬弱，檢下無刑，久病淹滯，眾職荒頓，法令失張。邑雖違科，當必繩正法，既舉文書，操彈失禮，[24]至乃使邑遠詣闕廷。隳忝使命，挫傷爪牙。而固誑迫吏民，拒檄連月，今雖反悔，犯順失正，海內兇赫，罪一由繇咸刑闇弱。又繇久病，不任所職，非繇大臣當所宜爲。[25]繇輕慢憲度，不畏詔令，不與國同心，爲臣不忠，無所畏忌，大爲不敬。又不承用詔書，奉詔不謹。又聰明蔽塞，爲下所欺，弱不勝任。數罪謹以劾，臣請法車徵詣廷尉治繇罪，大鴻臚削爵土。[26]臣久嬰篤疾，涉夏盛劇，命縣呼吸，不任部官。輒以文書付功曹從事馬適議，[27]免冠徒跣，伏須罪誅。"詔不聽。

[1] 關中：地區名。指函谷關以內之地。包括今陝西和甘肅、寧夏、內蒙古的部分地區。

[2] 山東：地區名。指崤山以東之地。

[3] 關右：地區名。指函谷關以西之地，故又稱關西。

[4] 持節：漢朝官吏奉使外出時，由皇帝授予節杖，以提高其威權。漢末三國，則爲皇帝授予出征或出鎮的軍事長官的一種權力。至晉代，此種權力明確爲可殺無官位人，若軍事，可殺二千石以下官員。如皇帝派遣大臣出巡或祭吊等事務時，加持節，則表示權力和尊崇。

[5] 官渡：地名。在今河南中牟縣東北。

[6] 二千：殿本、盧弼《集解》本作"一千"，百衲本、校點本作"二千"。今從百衲本等。

[7] 蕭何：西漢初人，漢高祖劉邦之功臣。當劉邦與項羽爭天下時，蕭何鎮守關中，爲劉邦籌補糧食，立了大功。劉邦封賞功臣時，蕭何爲第一。（見《史記》卷五三《蕭相國世家》）

[8] 平陽：縣名。治所在今山西臨汾市西南。

[9] 河東：郡名。治所安邑縣，在今山西夏縣西北禹王城。

[10] 汾：水名。即今山西汾河。

〔11〕擊：《通鑑》卷六四漢獻帝建安七年敘述此事，"擊"上有"縣"字。

〔12〕前軍師：官名。曹操爲丞相後，所置丞相府之主要僚屬，位在中軍師下，參議軍國大事。

〔13〕傅幹：北地郡（治所在今寧夏吳忠市西南）人。後歸屬曹操。見本書《武帝紀》建安十九年裴注引《九州春秋》。

〔14〕古人有言：《漢書》卷一《高帝紀》漢二年三月："新城三老董公遮說漢王曰：'臣聞順德者昌，逆德者亡。'"（參《通鑑》卷六四漢獻帝建安七年胡三省注）

〔15〕陰懷兩端：胡三省云："謂既附曹公，又與袁氏通也。"（《通鑑》卷六四漢獻帝建安七年注）

〔16〕內外擊之：胡三省云："謂河東之兵擊之於內，而馬騰之兵擊之於外。"（《通鑑》卷六四漢獻帝建安七年注）

〔17〕破：殿本作"敗"，百衲本、盧弼《集解》本、校點本作"破"。今從百衲本等。

〔18〕中郎將：官名。東漢統兵將領之一，位次將軍，秩比二千石。按"中郎將"上殿本無"及"字，百衲本等皆有。今從百衲本等。

〔19〕河北：縣名。治所在今山西芮城縣西。　許：縣名。治所在今河南許昌縣東。

〔20〕鎮北將軍：官名。東漢末建安中置，多領兵出鎮方面。

〔21〕恪：百衲本作"格"，殿本、盧弼《集解》本、校點本作"恪"。今從殿本等。

〔22〕尸素：即尸位素餐。謂在位食祿而不理事。

〔23〕督師：殿本作"督師"，百衲本、盧弼《集解》本、校點本作"督使"。盧氏云："按本傳有持節督關中諸軍之語，以作'師'爲是。"盧氏之說有理，今從殿本。

〔24〕禮：殿本、盧弼《集解》本、校點本作"理"，百衲本作"禮"。按，上文已有"漸失其禮"之言，此作"禮"於義較

[25] 當所宜爲：吳金華《校詁》謂當作"所當宜爲"。

[26] 大鴻臚：官名。漢列卿之一，秩中二千石。掌少數族君長、諸侯王、列侯之迎送、接待、安排朝會、封授、襲爵及奪爵削土之典禮；諸侯王死，則奉詔護理喪事，宣讀誄策謚號；百官朝會，掌贊襄引導；兼管京都之郡國邸舍及郡國上計吏之接待；又兼管少數族之朝貢使節及侍子。

[27] 功曹從事：官名。東漢司隸校尉之屬吏。主州選署及從事，秩百石。

魏國初建，爲大理，[1]遷相國。[2]文帝在東宮，賜繇五熟釜，[3]爲之銘曰："於赫有魏，[4]作漢藩輔。厥相惟鍾，實幹心膂。靖恭夙夜，匪遑安處。百寮師師，楷兹度矩。"〔一〕數年，坐西曹掾魏諷謀反，策罷就第。〔二〕文帝即王位，復爲大理。及踐阼，改爲廷尉，進封崇高鄉侯。[5]遷太尉，[6]轉封平陽鄉侯。時司徒華歆、司空王朗，[7]並先世名臣。文帝罷朝，[8]謂左右曰："此三公者，乃一代之偉人也，後世殆難繼矣！"〔三〕明帝即位，進封定陵侯，增邑五百，并前千八百户，遷太傅。[9]繇有膝疾，拜起不便。時華歆亦以高年疾病，朝見皆使載輿車，[10]虎賁舁上殿就坐。[11]是後三公有疾，遂以爲故事。

〔一〕《魏略》曰：繇爲相國，以五熟釜鼎範因太子鑄之，[12]釜成，太子與繇書曰："昔有黄三鼎，[13]周之九寶，[14]咸以一體使調一味，豈若斯釜五味時芳？蓋鼎之烹飪，以饗上帝，以養聖賢，昭德祈福，莫斯之美。故非大人，莫之能造；故非斯器，莫宜盛德。今之嘉釜，有逾兹美。夫周之尸臣，宋之考父，衞之孔悝，晋之魏顆，彼四臣者，並以功德勒名鍾鼎。今執事寅亮大魏，[15]以隆聖化。堂堂之德，於斯爲盛。誠太常之所宜銘，[16]彝器之所宜勒。故作斯銘，勒之釜口，庶可贊揚洪美，垂之不朽。"

臣松之按《漢書·郊祀志》，孝宣時，美陽得鼎，[17]京兆尹張敞上議曰：[18]"按鼎有刻書曰：'王命尸臣，官此栒邑。[19]尸，主事之臣。栒，音筍，幽地。賜爾鸞旗，[20]黼黻琱戈。尸臣拜手稽首曰敢對揚天子丕顯休命！'[21]此殆周之所以褒賜大臣（子孫），[22]大臣子孫刻銘其先功，藏之于宮廟也。"考父銘見《左氏傳》，[23]孔悝銘在《禮記》，[24]事顯故不載。《國語》曰："昔克潞之役，秦來圖敗晋功，魏顆以其身追秦師于輔氏，親止杜回；其勒銘于景鍾，至于今不遺類，其子孫不可不興也。"[25]太子所稱四銘者也。

《魏略》曰：後太祖征漢中，太子在孟津，[26]聞繇有玉玦，欲得之而難公言。[27]密使臨菑侯轉因人說之，[28]繇即送之。太子與繇書曰：[29]"夫玉以比德君子，[30]見美詩人。[31]晋之垂棘，[32]魯之璵璠，[33]宋之結綠，[34]楚之和璞，價越萬金，貴重都城，有稱疇昔，流聲將來。是以垂棘出晋，虞、虢雙禽；和璧入秦，相如抗節。[35]竊見玉書，[36]稱美玉白若截肪，黑譬純漆，赤擬雞冠，黃侔蒸栗。側聞斯語，未觀厥狀。雖德非君子，義無詩人，高山景行，[37]私所慕仰。然四寶邈焉以遠，秦、漢未聞有良匹。是以求之曠年，未遇厥真，私願不果，飢渴未副。近見南陽宗惠叔稱君侯昔有美玦，[38]聞之驚喜，笑與抃（俱）〔會〕。[39]當自白書，恐傳言未審，是以令舍弟子建因荀仲茂轉言鄙旨。[40]乃不忽遺，厚見周稱，[41]鄴騎既到，[42]寶玦初至，捧跪發匣，[43]爛然滿目。猥以矇鄙之姿，[44]得觀希世之寶，[45]不煩一介之使，不損連城之價，既有秦昭章臺之觀，而無藺生詭奪之詒。嘉貺益腆，[46]敢不欽承！"繇報書曰："昔忝近任，并得賜玦。尚方者老，[47]頗識舊物。名其符采，必得處所。以爲執事有珍此者，是以鄙之，用未奉貢。幸而紓意，實以悅懌。在昔和氏，[48]殷勤忠篤，而繇待命，是懷愧恥。"

〔二〕《魏略》曰：孫權稱臣，斬送關羽。太子書報繇，繇答書曰："臣同郡故司空荀爽言：'人當道情，愛我者一何可愛！憎我者一何可憎！'顧念孫權，了更嫵媚。"[49]太子又書曰："得報，知喜南方。至于荀公之清談，孫權之嫵媚，執書嗢噱，[50]不能離手。若權復黠，當折以汝南許劭月旦之評。[51]權優游二國，俯仰荀、許，亦已足矣。"

〔三〕陸氏《異林》曰：[52]繇嘗數月不朝會，意性異常，或問其故，云："常有好婦來，美麗非凡。"問者曰："必是鬼物，可殺之。"婦人後往，不即前，止戶外。繇問何以，曰："公有相殺意。"繇曰："無此。"乃勤勤呼之，乃入。繇意恨，[53]有不忍之心，然猶斫之傷髀。婦人即出，以新綿拭血竟路。明日使人尋跡之，至一大冢，木中有好婦人，[54]形體如生人，著白練衫，丹繡裲襠，[55]傷左髀，以裲襠中綿拭血。叔父清河太守說如此。清河，陸雲也。

[1] 大理：官名。即漢之廷尉，魏國建立後改稱大理，掌司法刑獄。

[2] 相國：官名。建安十八年（213）魏國建，置丞相，至二十一年改爲相國。職掌不變。

[3] 五熟釜：古代的一種炊具。一釜中分爲數格，可同時烹飪多種食物。

[4] 於（wū）赫：贊嘆詞。《漢書》卷七三《韋賢傳》："於赫有漢，四方是征。"顏師古注："於讀曰烏。烏，嘆辭也。赫，明貌。"

[5] 鄉侯：爵名。漢制，列侯功大者食縣邑，功小者食鄉、亭。東漢後期，遂以食鄉、亭者稱爲鄉侯、亭侯。曹魏因之。

［6］太尉：官名。東漢時，與司徒、司空並爲三公，共同行使宰相職能，而位列三公之首，名位甚重。或與太傅並録尚書事，綜理全國軍政事務。曹魏前期基本如此。第一品。

［7］司徒：官名。曹魏恢復三公制，改相國爲司徒，仍與太尉、司空並爲三公，共同行使宰相職能，位次太尉，本職掌民政。第一品。　司空：官名。除與太尉、司徒並爲三公，共同行使宰相職能外，亦掌土木營建及水利工程。第一品。

［8］文帝：趙幼文《校箋》謂《太平御覽》卷二〇七引無"文"字，是。

［9］太傅：官名。黄初七年始置，爲上公，位在三公上，第一品，掌善導，無常職。不常設。

［10］輿車：小車。《宋書·禮志五》："輿車，今之小輿。"

［11］虎賁（bēn）：官名。即虎賁郎，職掌宿衛，禁衛皇宫。由虎賁中郎將率領。　舁（yú）：抬。

［12］範：模型。《禮記·禮運》："範金合土。"鄭玄注："鑄作器用。"孔穎達疏："範金者，爲形範以鑄金器。"

［13］三鼎：《漢書》卷二五《郊祀志上》載，漢武帝問寶鼎事，有司回答有云："黄帝作寶鼎三，象天地人。禹收九牧之金，鑄九鼎，象九州。皆嘗鬺享上帝鬼神。其空足曰鬲，以象三德，饗承天祜。夏德衰，鼎遷於殷；殷德衰，鼎遷於周。"

［14］九寶：即九鼎。

［15］寅亮：恭敬信奉。偽古文《尚書·周官》："寅亮天地，弼予一人。"偽孔傳："敬信天地之教，以輔我一人之治。"

［16］太常：官名。秩中二千石，第三品。掌禮儀祭祀，選試博士。

［17］美陽：縣名。治所在今陝西武功縣西北。

［18］京兆尹：官名。西漢，在京都長安周圍設置京兆尹、左馮翊、右扶風，合稱三輔，相當於三郡。京兆尹即京兆尹地區的長官，治所在長安，職掌如太守。因其處於京都，又得參與朝政，具

有中央官性質，秩中二千石，位同列卿。

[19] 官：百衲本作"宦"，殿本、盧弼《集解》本、校點本作"官"。今從殿本等。　栒邑：盧弼《集解》本在"栒邑"下注云："原注：'尸，主事之臣（百衲本"臣"下有"也"字）。栒，音荀，豳地也。'宋本無'也'字。宋本此十字與注文相連，誤。"按，盧氏所謂"原注"，當指裴松之注，而校點本將此十字判斷爲"《漢書》注文刻者誤入"。按，《漢書·郊祀志》之注文爲："尸臣，主事之臣也。栒邑，即豳地是也。栒音荀。"與裴注之內容同，而文字不盡相同，非刻書人之誤刻入。吳金華《校詁》亦謂此十字當係裴松之自注文，校點本刪之，似嫌武斷。今從盧弼《集解》本，采用小字注文格式以別之。

[20] 旂：百衲本作"祈"，殿本、盧弼《集解》本、校點本作"旂"。今從殿本等。

[21] 拜手：百衲本、殿本作"拜首"，盧弼《集解》本、校點本作"拜手"。今從《集解》本等。《漢書·郊祀志下》："尸臣拜手稽首曰敢對揚天子丕顯休命。"顏師古注："拜手，首至於手也。"又顧炎武《日知錄·拜稽首》云："古人席地而坐，引身而起則爲長跪，首至手則爲拜手，手至地則爲拜，首至地則爲稽首。"

[22] 褒賜：百衲本"褒賜"上無"所以"二字，殿本、盧弼《集解》本、校點本皆有。今從殿本等。　大臣："大臣"下各本皆有"子孫"二字，而《漢書·郊祀志》無，校點本即據刪。今從之。

[23] 考父：即正考父，春秋宋國臣，孔子之祖先。此銘見《左傳·昭公七年》。

[24] 孔悝：春秋衛國臣。銘見《禮記·祭統》。

[25] 國語：此所引見《國語·晉語七》，僅文字稍有差異。

[26] 孟津：津渡名。在今河南孟津縣東北的黃河上。東漢末又於此地置關隘，爲河南八關之一。

[27] 公言：百衲本無"言"字，殿本、盧弼《集解》本、校

點本有"言"字。今從殿本等。趙幼文《校箋》謂《文選》曹丕《與鍾大理書》李善注引"公"字作"索"。按,李善注並非"公"字作"索",而是"公言"作"公索"。

［28］臨菑侯：即曹植。

［29］與繇書：此書即《昭明文選》所載曹丕《與鍾大理書》。而《魏略》所錄爲節錄,非全文,故此錄無者,不以《文選》補之。

［30］玉以比德君子：《禮記·玉藻》："君子無故,玉不去身,君子於玉比德焉。"

［31］見美詩人：《文選》李善注："《毛詩》曰：'顒顒昂昂,如珪如璋。'"按,此詩見《詩·大雅·卷阿》,原詩"昂"作"卬"。

［32］垂棘：春秋晉國垂棘地所產之美玉。《左傳·僖公二年》："晉荀息請以屈產之乘與垂棘之璧假道于虞以伐虢。公曰：'是吾寶也。'對曰：'得道于虞,猶外府也。'……乃使荀息假道於虞……虞公許之。"又《僖公五年》云："晉滅虢,虢公醜奔京師。師還,館于虞,遂襲虞,滅之。"

［33］璵璠：春秋魯國之寶玉。《說文》："璵璠,魯之寶玉。"又《左傳·定公五年》："季平子行東野。還,未至,丙申,卒于房。陽虎將以璵璠斂,仲梁懷弗與。"杜預注："璵璠,美玉,君所佩。"

［34］結綠：美玉名。《戰國策·秦策三》：范雎獻書秦昭王有云："臣聞周有砥厄,宋有結綠,梁有懸黎,楚有和璞,此四寶者,工之所失也,而爲天下名器。"

［35］相如：指藺相如,戰國趙人。趙惠文王時得楚之和氏璧（即和璞）,秦昭王聞之,願以十五城換璧。趙王與諸大臣計謀,若將璧與秦,恐城不可得；若不與,又恐秦出兵進犯。趙王後聽宦者令繆賢之推薦,派藺相如奉璧入秦。秦王坐於章臺接見相如。相如奉璧與秦王,秦王大喜,而無與趙城之意。相如又詭言璧上有瑕,

奪回玉璧，並以死抗爭，終完璧歸趙。（見《史記》卷八一《藺相如列傳》）

[36] 玉書：當爲古相玉之書，而久已失傳。《文選》李善注引王逸《正部論》曰："或問玉符，曰，赤如雞冠，黃如蒸栗，白如豬肪，黑如純漆，玉之符也。"

[37] 高山景行：《詩·小雅·車舝》："高山仰止，景行行止。"鄭箋："古人有高德者則慕仰之，有明行者則而行之。"

[38] 稱君侯：百衲本"稱"作"深"，殿本、盧弼《集解》本、校點本作"稱"。今從殿本等。

[39] 笑與抃會：會，各本作"俱"。盧弼《集解》謂《文選》"俱"作"會"。趙幼文《校箋》謂《太平御覽》卷六九二引《魏略》亦作"會"。今據盧、趙所引改。抃（biàn），《文選》李善注："《說文》曰：抃，拊手也。"拊手即鼓掌。又《文選》五臣注呂延濟曰："會謂笑手同發，會合喜盡。"

[40] 子建：曹植字子建。　荀仲茂：荀閎字仲茂，荀彧之侄子，爲太子文學掾。見本書《荀彧傳》裴注引《荀氏家傳》。　轉言鄙旨：趙幼文《校箋》謂《太平御覽》卷六九二引《魏略》作"是（實作"時"）從容喻鄙指"，與《文選》同。

[41] 周稱：《文選》李善注："周稱謂繇書也。"

[42] 鄴：縣名。治所在今河北臨漳縣西南鄴鎮東一里半。《文選》李善注："繇在鄴城，太子在孟津也。"

[43] 捧跪發匣：趙幼文《校箋》謂《太平御覽》卷六九二引《魏略》作"捧枊跪五內震駭，繩窮枊開。"

[44] 矇：趙幼文《校箋》謂《太平御覽》引作"蒙"，《文選》同。

[45] 觀：趙幼文《校箋》謂《太平御覽》引作"覩"，《文選》同。

[46] 貺（kuàng）：賜與。《詩·小雅·彤弓》："我有嘉賓，中心貺之。"毛傳："貺，賜也。"

[47] 尚方：官署名。有中、左、右三尚方，各置一人，秩皆六百石，第七品。掌管製造供應皇帝所用器物。

[48] 和氏：又稱卞和，春秋楚人。《韓非子·和氏》："楚人和氏得玉璞楚山中，奉而獻之厲王。厲王使玉人相之，玉人曰'石也'。王以和爲誑，而刖其左足。及厲王薨，武王即位，和又奉其璞而獻之武王。武王使玉人相之，又曰'石也'。王又以和爲誑，而刖其右足。武王薨，文王即位，和乃抱其璞而哭於楚山之下，三日三夜淚盡而繼之以血。王聞之，使人問其故曰：'天下之刖者多矣，子奚哭之悲也？'和曰：'吾非悲刖也，悲夫寶玉而題之以石，貞士而名之以誑，此吾所以悲也。'王乃使玉人理其璞，而得寶焉。遂命曰和氏之璧。"

[49] 斌媚：姿容美好。按，百衲本作"侮媚"，殿本、盧弼《集解》本、校點本作"斌媚"。今從殿本等。

[50] 嗢（wà）噱（jué）：非常歡樂。《文選》嵇康《琴賦》："留連瀾漫，嗢噱終日。"李善注引服虔《通俗篇》曰："樂不勝謂之嗢噱。"

[51] 許劭：字子將，汝南平輿（今河南平輿縣北）人。見本書卷二三《和洽傳》裴注引《汝南先賢傳》等。　月旦：每月初一。《後漢書》卷六八《許劭傳》："劭與（兄）靖俱有高名，好共覈論鄉黨人物，每月輒更其品題，故汝南俗有'月旦評'焉。"

[52] 陸氏異林：隋、唐《志》皆未著錄。丁國鈞《補晉書藝文志》云："按《魏志·鍾繇傳》注引此書有'叔父清河太守'事，裴氏謂'清河，陸雲也'，知書爲士龍（陸雲）之侄所作，惜名無可考。"

[53] 恨：謂悔恨有殺意。吳金華《校詁》則謂"恨"當作"悢"，有眷戀不舍之意。

[54] 木：指棺材。

[55] 裲襠：無袖之衣，即背心。《釋名·釋衣服》："裲襠，其一當胸，其一當背也。"王先謙《疏證補》云："即唐宋時之半

臂，今俗謂之背心。當背當心，亦兩當之義也。"

初，太祖下令，使平議死刑可宮割者。[1]繇以爲"古之肉刑，更歷聖人，宜復施行，以代死刑"。議者以爲非悦民之道，遂寢。及文帝臨饗羣臣，詔謂"大理欲復肉刑，[2]此誠聖王之法。公卿當善共議"。議未定，會有軍事，復寢。太和中，[3]繇上疏曰："大魏受命，繼蹤虞、夏。孝文革法，[4]不合古道。先帝聖德，固天所縱，墳典之業，[5]一以貫之。是以繼世，仍發明詔，思復古刑，爲一代法。連有軍事，遂未施行。陛下遠追二祖遺意，[6]惜斬趾可以禁惡，恨入死之無辜，使明習律令，[7]與羣臣共議。出本當右趾而入大辟者，[8]復行此刑。《書》云：[9]'皇帝清問下民，鰥寡有辭于苗。'此言堯當除蚩尤、有苗之刑，[10]先審問於下民之有辭者也。若今蔽獄之時，訊問三槐、九棘、羣吏、萬民，[11]使如孝景之令，[12]其當棄市欲斬右趾者，許之；其黥、劓、左趾、宮刑者，[13]自如孝文易以髠、笞。[14]能有姦者，率年二十至四五十，雖斬其足，猶任生育。今天下人少於孝文之世，下計所全，歲三千人。張蒼除肉刑，[15]所殺歲以萬計。臣欲復肉刑，歲生三千人。子貢問能濟民可謂仁乎？子曰：[16]'何事於仁，必也聖乎，堯、舜其猶病諸！'又曰：'仁遠乎哉？我欲仁，斯仁至矣。'[17]若誠行之，斯民永濟。"書奏，詔曰："太傅學優才高，留心政事，又於刑理深遠。此大事，公卿羣僚善共平議。"司徒王朗議，以爲"繇欲輕減大辟之條，以增益肉刑之數，此即起僵爲豎，化屍爲人矣。然臣之愚，猶有未合微異之意。夫五刑之屬，[18]著在科律，自有減死一等之法，[19]不死即爲減。施行已久，不待遠假斧鑿于彼肉刑，然後有罪次也。前世仁者，不忍肉刑之慘酷，是以廢而不用。不用已來，歷年數百。今復行之，恐所減之文未彰于萬民之目，而肉刑之問已宣于寇讎之耳，非所以來遠人也。今可按繇所欲輕之死罪，使減死之髡、刖。嫌其輕者，可倍其居作之歲數。[20]內有以生易死不訾之恩，外無以刖易鈇鉞耳之聲。"[21]議者百餘人，與朗同者多。帝以吳、蜀未平，且寢。〔一〕

〔一〕袁宏曰：[22]夫民心樂全而不能常全，[23]蓋利用之物懸於外，而嗜欲之情動於內也。於是有進取貪競之行，希求放肆之事。進取不已，不能充其嗜慾，則苟且僥倖之所生也；希求無厭，無以愜其慾，則姦偽忿怒之所興也。先王知其如此，而欲救其弊，或先德化以陶其心；[24]其心不化，然後加以刑辟。[25]《書》曰：[26]"百姓不親，五品不遜。[27]汝作司徒而敬敷五教。[28]蠻夷猾夏，[29]寇賊姦宄。汝作士，[30]五刑有服。"[31]然則德、刑之設，參而用之者也。三代相因，其義詳焉。《周禮》：[32]"使墨者守門，[33]劓者守關，[34]宮者守內，[35]刖者守囿。"[36]此肉刑之制可得而論者也。荀卿亦云：[37]"殺人者死，傷人者刑，百王之所同，未有知其所由來者也。"夫殺人者死，而相殺者不已，是大辟可以懲未殺，不能使天下無殺也。傷人者刑，而害物者不息，是黥、劓可以懼未刑，不能使天下無刑也。故將欲止之，莫若先以德化。夫罪過彰著，然後入于刑辟，是將殺人者不必死，欲傷人者不必刑。縱而弗化，[38]則陷於刑辟。故刑之所制，在於不可移之地。禮教則不然，明其善惡，所以潛勸其情，消之於未殺也；[39]示之恥辱，所以内愧其心，治之於未傷也。故過微而不至於著，罪薄而不及於刑。終入罪辟者，非教化之所得也，故雖殘一物之生，刑一人之體，是除天下之害，夫何傷哉！率斯道也，風化可以漸淳，刑罰可以漸少，其理然也。苟不能化其心，而專任刑罰，民失義方，動罹刑網，求世休和，焉可得哉？周之成、康，豈按三千之文而致刑錯之美乎？[40] 蓋德化漸漬致，[41] 斯有由也。漢初懲酷刑之弊，務寬厚之論，公卿大夫，相與恥言人過。文帝登朝，加以玄默，[42] 張武受賂，[43] 賜金以愧其心；吳王不朝，[44] 崇禮以訓其失。是以吏民樂業，風流篤厚，[45] 斷獄四百，[46] 幾致刑措，豈非德刑兼用已然之效哉？世之欲言刑罰之用，[47] 不先德教之益，失之遠矣。今大辟之罪，與古同制。免死已下，不過五歲，[48] 既釋鉗鎖，復得齒于人倫。[49] 是以民無恥惡，[50] 數爲姦盜，故刑徒多而亂不治也。苟教之所去，罰當其罪，一離刀鋸，沒身不齒，鄰里且猶恥之，而況于鄉黨乎？[51] 而況朝廷乎？如此，則豗沙、趙高之儔，[52] 無施其惡矣。[53] 古者察其言，觀其行，而善惡彰焉。然則君子之去刑辟，固已遠矣。過誤不幸，[54] 則八議之所宥也。[55] 若夫卞和、史遷之冤，[56] 淫刑之所及也。苟失其道，或不免于大辟，而況肉刑哉！《漢書》："斬右趾及殺人先自言告，[57] 吏坐受賕，[58] 守官物而即盜之，皆棄市。"[59] 此班固所謂當生而令死者也。今不忍刻截之慘，而安翦絕之悲，此最治體之所先，有國所宜改者也。

[1] 宮割：即宮刑，破壞生殖器官之酷刑。

[2] 大理：殿本、盧弼《集解》本作"太祖"，百衲本、校點本作"大理"。殿本《考證》亦云："'太祖'北宋本作'大理'。"徐紹楨《質疑》亦謂當從北宋本作"大理"爲長。文帝臨饗群臣蓋即延康元年（220）秋七月甲午大饗之時，是時鍾繇爲大理。及文帝踐阼，即改爲廷尉，不復稱大理矣。其未踐阼而亦稱詔，則史

臣追尊之文，無足異也。今從百衲本等。

〔3〕太和：魏明帝曹叡年號（227—233）。

〔4〕孝文：指漢文帝。《漢書·文帝紀》及《刑法志》均謂漢文帝前元十三年（前167）廢除肉刑。

〔5〕墳典：三墳、五典，古書名之簡稱。

〔6〕二祖：指太祖武皇帝、世祖文皇帝。

〔7〕使：殿本作"乃"，百衲本、盧弼《集解》本、校點本作"使"。今從百衲本等。

〔8〕右趾：即刖右趾，砍去右足之刑。　大辟：死刑。

〔9〕書：指《尚書·呂刑》。

〔10〕有苗之刑：《尚書·呂刑》："苗民弗用靈，制以刑，惟作五虐之刑曰法。"孔傳："三苗之君習蚩尤之惡，不用善化民，而制以重刑，惟爲五虐之刑，自謂得法。蚩尤，黃帝所滅；三苗，帝堯所誅，言異世而同惡。"

〔11〕三槐九棘：據說周代在宮廷外種有三棵槐樹，朝見時三公面向三槐而立；又在其左、右各種九棵棘樹，爲卿大夫與公侯伯子男所立之處。後世因以三槐、九棘代稱三公、九卿。見《周禮·秋官·朝士》。

〔12〕孝景之令：程樹德《九朝律考》云："《漢書》不載景帝有此令，繇生於漢季，其言當有所本。"

〔13〕黥（qíng）：即墨刑。用刀刺犯人面額後再塗以墨。　劓（yì）：用刀割去犯人鼻子之刑。

〔14〕髠（kūn）：剃去犯人頭髮之刑。　笞（chī）：用木棍或竹板抽打犯人背部或臀部之刑。

〔15〕張蒼：西漢陽武（今河南原陽縣東南）人，漢文帝時曾爲丞相。文帝前元十三年（前167）欲廢肉刑，張蒼與御史大夫馮敬上奏廢肉刑之具體辦法，文帝准奏後施行。《漢書·刑法志》云："是後，外有輕刑之名，內實殺人。斬右止者又當死。斬左止者笞五百，當劓者笞三百，率多死。"

[16] 子曰：趙幼文《校箋》謂《藝文類聚》卷五四、《册府元龜》卷六一六（當作六一四）引"子"上俱有"孔"字，《通志》同。又按，此段引文見《論語·雍也》。

[17] 又曰：此段引文見《論語·述而》。

[18] 五刑：《晉書·刑法志》載《魏律序略》有云："改漢舊律不行於魏者皆除之，更依古義制爲五刑。其死刑有三，髡刑有四，完刑、作刑各三，贖刑十一。"

[19] 自有：殿本、盧弼《集解》本"自有"上有"科律"二字，百衲本、校點本無。殿本《考證》亦謂宋本無"科律"二字。今從之。　減死一等：本應判處死刑，減輕一級，免死不殺。

[20] 居作：犯人在刑期中做勞工。胡三省云："魏制，髡刑居作五歲。"（《通鑑》卷七〇魏明帝太和元年注）

[21] 釱（dài）：加在腳上的刑具。《史記·平準書》："敢私鑄鐵器煮鹽者，釱左趾。"《集解》引韋昭曰："釱，以鐵爲之，著左趾以代刖也。"

[22] 袁宏曰：盧弼《集解》謂此未著書名，當采自《袁宏集》。趙幼文《〈三國志集解〉辨證》則謂裴注采掇史家議論者，惟著作者姓名；徵引史實者，纔著書名。此乃袁宏論刑之文，見袁宏《後漢紀》卷三十《孝獻紀》，非采自《袁宏集》。

[23] 民心：殿本作"人心"，百衲本、盧弼《集解》本、校點本作"民心"。今從百衲本等。

[24] 或：趙幼文《校箋》謂《後漢紀》作"故"。

[25] 刑辟：刑法。

[26] 書曰：此所引之《書》，乃堯分別對契、皋陶之言，見今傳《尚書·舜典》。

[27] 五品不遜：《尚書》蔡沈注："五品，父子、君臣、夫婦、長幼、朋友五者之名位等級也。遜，順也。"

[28] 司徒而敬敷五教：蔡沈注："司徒，掌教之官。敷，佈也。五教，父子有親、君臣有義、夫婦有別、長幼有序、朋友有

信，以五者當然之理，而爲教令也。"

[29] 猾（huá）夏：《尚書》孔傳："猾，亂也。夏，華夏。"

[30] 士：孔傳："士，理官也。"

[31] 五刑有服：孔傳："五刑，墨、劓、剕（fèi）、宮、大辟。服，從也，言得輕重之中正。"蔡沈注："服，服其罪也。"

[32] 周禮：此引《周禮》，見《周禮·秋官·掌戮》。

[33] 墨者守門：鄭玄注："黥者無妨於禁御。"

[34] 劓者守關：鄭玄注："截鼻亦無妨，以貌醜遠之。"

[35] 宮者守内：鄭玄注："以其人道絶也。今世或然。"

[36] 刖者守囿：鄭玄注："斷足驅衛禽獸，無急行。"

[37] 荀卿：即荀子，戰國後期趙國人，名況，時人尊稱爲荀卿。漢時避宣帝劉詢諱，改稱孫卿。儒家學派之重要傳人，著書數萬言。今傳者有《荀子》三十二篇。以下所引見《荀子·正論篇》。

[38] 化：趙幼文《校箋》謂《後漢紀》作"死"。按，《孟子·公孫丑下》："且比化者，無使土親膚。"朱熹注："化者，死者也。"

[39] 殺：趙幼文《校箋》謂《後漢紀》作"然"。

[40] 三千之文：指五刑。《尚書·吕刑》："五刑之屬三千。"刑錯：亦作"刑措"，謂刑法擱置不用。《史記》卷四《周本紀》："成、康之際，天下安寧，刑錯四十年不用。"《集解》引應劭曰："錯，置也。民不犯法，無所置刑。"

[41] 致：趙幼文《校箋》謂《後漢紀》"致"上有"所"字。

[42] 玄默：沉静無爲。《漢書·刑法志》："及孝文即位，躬修玄默勸趣農桑，減省租賦。"

[43] 張武：漢文帝時曾爲郎中令、將軍。《漢書》卷四《文帝紀贊》云："張武等受賂金錢，覺，更加賞賜，以愧其心。"

[44] 吳王：名濞，漢高祖劉邦之兄子，封爲吳王。漢文帝時，吳王對朝廷不滿，稱疾不朝。漢文帝還"賜吳王几杖，老，不朝"。

(《漢書》卷三五《吳王濞傳》)《漢書》卷四《文帝紀贊》亦云："吳王詐病不朝，賜以几杖。"

[45] 流：趙幼文《校箋》謂《後漢紀》作"化"。

[46] 斷獄四百：《漢書·刑法志》云："及孝文即位，躬修玄默勸趣農桑，減省租賦。而將相皆舊功臣，少文多質，懲惡亡秦之政，論議務在寬厚，恥言人之過失。化行天下，告訐之俗易。吏安其官，民樂其業，畜積歲增，户口寖息。風流篤厚，禁罔疏闊。選張釋之爲廷尉，罪疑者予民（師古注：從輕斷），是以刑罰大省，至於斷獄四百（師古注：謂普天之下重罪者也），有刑錯之風。"《漢書·文帝紀贊》又云："專務以德化民，是以海内殷富，興於禮義，斷獄數百，幾至刑措。"

[47] 世之：趙幼文《校箋》謂《後漢紀》"之"下有"論者"二字。

[48] 不過五歲：魏晉刑律，髡刑爲減死之刑；而髡刑後之勞作，最多爲五年，其次有四年、三年、二年者。（本程樹德《九朝律考》）

[49] 齒：次列，並列。

[50] 無：趙幼文《校箋》謂《後漢紀》作"不"。

[51] 況于：百衲本作"況乎"，殿本、盧弼《集解》本、校點本作"況于"。今從殿本等。

[52] 夙沙：即夙沙衛。春秋時齊靈公之幸臣。齊靈公立光爲太子後，其寵妾戎子又請立牙爲太子。靈公許之，遂遷太子光至東部邊境，改立牙爲太子。以高厚爲牙太傅，夙沙衛爲少傅。至齊靈公病危時，齊臣崔杼暗迎光爲太子。齊靈公死，光繼位，即莊公。莊公認爲廢己之謀出於夙沙衛，夙沙衛遂逃至高唐（今山東高唐縣東）叛變。後齊莊公親率軍圍攻高唐城，城破，夙沙衛被處死。（見《左傳·襄公十九年》） 趙高：秦朝宦官。爲中車府令，與秦始皇少子胡亥親近。始皇死，趙高與丞相李斯僞造始皇遺詔立胡亥，逼殺始皇長子扶蘇。趙高遂任郎中令，控制朝政，掌握大權。

［53］無施：趙幼文《校箋》謂《後漢紀》"無"下有"所"字。

［54］過誤不幸：趙幼文《校箋》謂《後漢紀》作"設而不幸"。

［55］八議：古代統治者内部犯罪，可以考慮減刑或免刑的八種條件，即議親、議故、議賢、議能、議功、議貴、議勤、議賓。（見《周禮・秋官・小司寇》）魏晋時正式載入法律。

［56］史遷：即司馬遷。西漢初人，漢武帝時曾爲太史令。因爲李陵被迫降匈奴之事辯護，遭受宮刑，後又爲中書令。遂發憤完成其父遺願，撰成《史記》一百三十卷，爲傳世不朽之作。（見《漢書》卷六二《司馬遷傳》）

［57］先自言告：《漢書・刑法志》無"言"字。顏師古注："殺人先自告，謂殺人而自首，得免罪者也。"

［58］吏坐受賕（qiú）：《漢書・刑法志》作"吏坐受賕枉法"。顏師古注："吏受賕枉法，謂曲公法而受賂者也。"

［59］"漢書"句：此所引見《漢書・刑法志》，文字稍有差異。

太和四年，繇薨。[1]帝素服臨弔，謚曰成侯。〔一〕子毓嗣。初，文帝分毓户邑，[2]封繇弟演及子劭、孫豫列侯。[3]

〔一〕《魏書》曰：有司議謚，以爲繇昔爲廷尉，辨理刑獄，決嫌明疑，民無怨者，猶于、張之在漢也。[4]詔曰："太傅功高德茂，位爲師保，[5]論行賜謚，常先依此，兼敍廷尉于、張之德耳。"乃策謚曰成侯。

[1]繇薨：趙幼文《校箋》謂《世説新語·言語篇》注引《魏志》云："（繇）家貧好學，爲《周易》《老子》訓。"今《志》無此語。

　　[2]分毓户邑：盧弼《集解》云："毓嗣侯當在繇死之後，繇死在明帝太和四年，似無文帝預分毓户之事。疑'毓''繇'二字上下文互倒。或爲：初，文帝分繇户邑封毓弟演云云，庶或近之，繇死年八十，及見孫曾亦爲常事。又或爲：初，文帝分繇户邑封繇弟演云云，如《華歆傳》封歆弟例，亦可通。"按，盧説甚是，然疑不能決，故不改字。

　　[3]列侯：爵名。漢代二十級爵之最高者。金印紫綬，有封邑，食租税。功大者食縣，小者食鄉、亭。曹魏初亦沿襲有列侯。

　　[4]猶：百衲本、盧弼《集解》本、校點本作"由"，殿本作"猶"，《考證》云："'猶'，監本作'由'。'猶''由'古通用，今從宋本作'猶'。"此所謂宋本當爲北宋本，今從殿本。　于、張：指于定國、張釋之。于定國在漢宣帝時爲廷尉，張釋之在漢文帝時爲廷尉，皆以執法公正、斷獄明察著稱。《漢書》卷七一《于定國傳》謂于定國爲廷尉，朝廷稱之曰："張釋之爲廷尉，天下無冤民；于定國爲廷尉，民自以不冤。"

　　[5]師保：師和保，皆古代輔導和協助帝王之官。僞古文《尚書·太甲中》："既往背師保之訓。"

　　毓字稚叔。年十四爲散騎侍郎，[1]機捷談笑，有父風。太和初，蜀相諸葛亮圍祁山，[2]明帝欲〔親〕西征，[3]毓上疏曰："夫策貴廟勝，功尚帷幄，不下殿堂之上，而決勝千里之外。車駕宜鎮守中土，以爲四方威勢之援。今大軍西征，雖有百倍之威，於關中之費，所損非一。且盛暑行師，詩人所重，[4]實非至尊動軔之時也。"[5]遷黃門侍郎。時大興洛陽宮室，車駕便幸許昌，[6]天下當朝正許昌。許昌偪狹，於城南以氊爲殿，備設魚龍曼延，[7]民罷勞役。毓諫，以爲"水旱不時，帑藏空虛，凡此之類，可須豐年"。又上"宜復關内開荒地，使民肆力於農"。事遂施行。正始中，[8]爲散騎（侍郎）〔常侍〕。[9]大將軍曹爽盛夏興軍伐蜀，[10]蜀拒守，軍不得進。爽方欲增兵，毓與書曰："竊以爲廟勝之策，不臨矢石；王者之兵，有征無戰。誠以干戚可以服有苗，[11]退舍足以納原寇，[12]不必縱吳漢于江關，[13]騁韓信於井陘也。[14]見可而進，知難而退，蓋自古之政。惟公侯詳之！"爽無功而還。後以失爽意，徙侍中，[15]出爲魏郡太守。[16]爽既誅，入爲御史中丞、侍中、廷尉。聽君父已没，臣子得爲理謗，及士爲侯，[17]其妻不復配嫁，毓所創也。

　　正元中，[18]毌丘儉、文欽反，毓持節至揚、豫州班行赦令，[19]告諭士民，還爲尚書。[20]諸葛誕反，大將軍司馬文王議自詣壽春討誕。[21]會吳大將孫壹率衆降，或以爲"吳新有釁，必不能復出軍。東兵已多，可須後問"。毓以爲"夫論事料敵，當以己度人。今誕舉淮南之地以與吳國，[22]孫壹所率，口不至千，兵不過三百。吳之所失，蓋爲無幾。若壽春之圍未解，而吳國之内轉安，未可必其不出也"。大將軍曰："善。"遂將毓行。〔一〕淮南既平，爲青州刺史，[23]加後將軍，[24]遷都督徐州諸軍事，[25]假節，[26]又轉都督荆州。[27]景元四年薨，[28]追贈車騎將軍，[29]謚曰惠侯。子駿嗣。毓弟會，自有傳。

〔一〕臣松之以爲諸葛誕舉淮南以與吳，孫壹率三百人以歸魏，謂吳有釁，本非有理之言。毓之此議，蓋何足稱耳！

［1］散騎侍郎：官名。曹魏置，第五品。與散騎常侍、侍中、黃門侍郎等侍從皇帝左右，顧問應對，諫諍拾遺，共平尚書奏事。西晉沿置。

［2］祁山：山名。在今甘肅禮縣東。

［3］欲親西征：各本皆無"親"字。殿本《考證》謂《太平御覽》（見卷二二一）作"欲親西征"。又陳浩云："毓疏皆係止帝親征之辭，疑監本脫落'親'字。"今從陳說增"親"字。

［4］詩人：指《詩·小雅·六月》的作者。此詩寫周宣王盛夏六月北伐獫狁之事。詩開始即云："六月棲棲，戎車既飭。"鄭箋："記六月者，盛夏出兵，明其急也。"

［5］動軔（rèn）：盧弼《集解》引何焯說，謂《太平御覽》作"順動"。軔，剎住車輪之木。

［6］許昌：縣名。治所在今河南許昌縣東。

［7］魚龍曼延：百衲本、殿本"曼"作"蔓"，盧弼《集解》本、校點本作"曼"。今從《集解》本等。魚龍曼延，爲古代百戲之一種。《文選》張衡《西京賦》："巨獸百尋，是爲曼延。"薛綜注："作大獸長八十丈，所謂魚龍曼延也。"又《後漢書·安帝紀》延平元年（106）十二月乙酉，"罷魚龍曼延百戲"。李賢注："《漢官典職》曰：'作九賓樂。舍利之獸從西方來，戲於庭，入前殿，激水化成比目魚，噀水作霧，化成黃龍，長八丈，出水遨戲於庭，炫耀日光。'曼延者，獸名也。"

［8］正始：魏少帝齊王曹芳年號（240—249）。

［9］散騎常侍：百衲本、殿本、盧弼《集解》本皆作"散騎侍郎"。殿本《考證》盧明楷云："按上云毓'年十四爲散騎侍郎'，太和中已遷黃門侍郎矣，此時安得又爲散騎侍郎？《胡昭傳》

云正始中'散騎常侍荀顗、鍾毓'。'侍郎'其'常侍'之誤歟！"盧弼《集解》謂陳景雲説同。校點本即從陳景雲説改"侍郎"爲"常侍"。今從之。散騎常侍，官名。秩比二千石，第三品，爲門下重職。侍從皇帝左右，諫諍得失，應對顧問，與侍中等共平尚書奏事，有異議得駁奏。

［10］大將軍：官名。東漢時，常兼錄尚書事，與太傅、太尉等共同主持政務。漢末，位在三公上。曹魏爲上公，第一品。

［11］干戚：兩種武器，即盾和斧。《韓非子·五蠹》："當舜之時，有苗不服，禹將伐之。舜曰：'不可。上德不厚而行武，非道也。'乃修教三年，執干戚舞，有苗乃服。"

［12］舍：古時行軍每日三十里而宿，故稱三十里爲一舍。原：周代小國名。在今河南濟源縣西北。《左傳·僖公二十五年》："晉侯（文公）圍原，命三日糧。原不降，命去之。諜出，曰：'原將降矣。'軍吏曰：'請待之。'公曰：'信，國之寶也，民之所庇也。得原失信，何以庇之？所亡滋多。'退一舍而原降。"

［13］吳漢：東漢初南陽宛縣（今河南南陽市）人。新莽末年，追隨劉秀，征戰有功。劉秀即帝位後，任之爲大司馬，封廣平侯。建武十一年（35）率岑彭等長驅入江關（又名捍關，在今重慶市奉節縣東長江北岸赤甲山上）伐公孫述。（見《後漢書》卷一八《吳漢傳》）

［14］韓信：秦末淮陰（今江蘇淮陰市西南）人。初隨項羽，繼歸劉邦，任大將。劉邦爲漢王之三年（前204），韓信受命與張耳擊趙王歇與代王陳餘。當破代後，遂東下井陘（今河北井陘縣西北），破趙，擒趙王歇。（見《史記》卷九二《淮陰侯列傳》）

［15］徙侍中：徐紹楨《質疑》引何焯説，謂"徙"字當作"從"，時侍中在常侍上，不應忤爽而反得美遷，當是解其近職出之外郡。不書毓爲侍中於前者，史之省文。徐紹楨則疑"徙侍中"三字當在"正始中爲散騎常侍"之下，後人傳錄誤移於後，非史之省文。

[16] 魏郡：治所鄴縣，在今河北臨漳縣西南鄴鎮東一里半。

[17] 士：兵士。曹魏施行士家制，兵士之家有單獨的士籍（亦稱兵籍），與民籍分開，單獨受政府或軍府的管理；其子孫世代爲兵；家屬婦女也祇能在士家中婚配，如嫁出士家，則由政府强行改配兵士。兵士祇有在立了戰功封侯以後，方可脱離士籍，婦女也不再由政府配嫁。

[18] 正元：魏少帝高貴鄉公曹髦年號（254—256）。

[19] 揚：州名。刺史治所壽春，在今安徽壽縣。 豫州：刺史治所安成縣，在今河南正陽縣東北南汝河西南岸。

[20] 尚書：官名。曹魏置吏部、左民、客曹、五兵、度支等五曹尚書，秩皆六百石，第三品。其中吏部職要任重，徑稱爲吏部尚書，其餘諸曹均稱尚書。

[21] 司馬文王：即司馬昭。 壽春：縣名。治所在今安徽壽縣。

[22] 淮南：郡名。治所壽春，在今安徽壽縣。

[23] 青州：刺史治所臨淄縣，在今山東淄博市東北臨淄鎮北。

[24] 後將軍：官名。東漢時位如上卿，與前、左、右將軍掌京師兵衛與邊防屯警。魏晋亦置，第三品。權位漸低，略高於一般雜號將軍，不典禁兵，不與朝政，僅領兵征戰。

[25] 都督諸軍事：官名。魏文帝黄初中，置都督諸州軍事，或兼領刺史，或統領所督州之軍事，無固定品級，多代將軍名號。 徐州：刺史治所下邳縣，在今江蘇睢寧縣西北。

[26] 假節：漢末三國時期，皇帝賜予臣下的一種權力。至晋代，此種權力明確爲因軍事可殺犯軍令者。

[27] 荆州：魏黄初中，刺史治所在宛縣（今河南南陽市），正始中移至新野縣，在今河南新野縣。

[28] 景元：魏元帝曹奂年號（260—264）。

[29] 車騎將軍：官名。東漢時位比三公，常以貴戚充任。出掌征伐，入參朝政，漢靈帝時常作贈官。魏、晋時位次驃騎將軍，

在諸名號將軍上，多作爲軍府名號，加授大臣、重要州郡長官，無具體職掌，二品。開府者位從公，一品。

　　華歆字子魚，平原高唐人也。[1]高唐爲齊名都，衣冠無不游行市里。歆爲吏，休沐出府，[3]則歸家闔門。議論持平，終不毁傷人。〔一〕同郡陶丘洪亦知名，[4]自以明見過歆。時王芬與豪傑謀廢靈帝，語在《武紀》。〔二〕芬陰呼歆、洪共定計，洪欲行，歆止之曰："夫廢立大事，伊、霍之所難。[5]芬性疏而不武，此必無成，而禍將及族。子其無往！"洪從歆言而止。後芬果敗，洪乃服。舉孝廉，除郎中，[6]病，去官。靈帝崩，何進輔政，徵河南鄭泰、潁川荀攸及歆等。[7]歆到，爲尚書郎。董卓遷天子長安，歆求出爲下邽令，[8]病不行，遂從藍田至南陽。〔三〕[9]時袁術在穰，[10]留歆。歆說術使進軍討卓，術不能用。歆欲棄去，會天子使太傅馬日磾安集關東，日磾辟歆爲掾。東至徐州，[11]詔即拜歆豫章太守，[12]以爲政清静不煩，吏民感而愛之。〔四〕孫策略地江東，[13]歆知策善用兵，乃幅巾奉迎。[14]策以其長者，待以上賓之禮。〔五〕後策死。太祖在官渡，表天子徵歆。孫權欲不遣，歆謂權曰："將軍奉王命，始交好曹公，分義未固，使僕得爲將軍效心，豈不有益乎？今空留僕，是爲養無用之物，非將軍之良計也。"權悦，乃遣歆。賓客舊人送之者千餘人，贈遺數百金。歆皆無所拒，密各題識，至臨去，悉聚諸物，謂諸賓客曰："本無拒諸君之心，而所受遂多。念單車遠行，將以懷璧爲罪，願賓客爲之計。"衆乃各留所贈，而服其德。

〔一〕《魏略》曰：歆與北海邴原、管寧俱游學，[15]三人相善，時人號三人爲"一龍"，歆爲龍頭，[16]原爲龍腹，寧爲龍尾。

臣松之以爲邴根矩之徽猷懿望，不必有愧華公，管幼安含德高蹈，又恐弗當爲尾。《魏略》此言，未可以定其先後也。

〔二〕《魏書》稱芬有大名於天下。

〔三〕華嶠《譜敘》曰：[17]歆少以高行顯名。避西京之亂，與同志鄭泰等六七人，間步出武關。[18]道遇一丈夫獨行，願得俱，皆哀欲許之。[19]歆獨曰："不可。今已在危險之中，禍福患害，義猶一也。無故受人，[20]不知其義。既以受之，若有進退，[21]可中棄乎！"衆不忍，卒與俱行。此丈夫中道墮井，皆欲棄之。歆曰："已與俱矣，棄之不義。"相率共還出之，[22]而後別去。衆乃大義之。

〔四〕《魏略》曰：揚州刺史劉繇死，其衆願奉歆爲主。歆以爲因時擅命，非人臣之宜。衆守之連月，卒謝遣之，不從。

〔五〕胡沖《吳歷》曰：孫策擊豫章，先遣虞翻説歆。歆答曰："久在江表，[23]常欲北歸；孫會稽來，[24]吾便去也。"翻還報策，策乃進軍。歆葛巾迎策，策謂歆曰："府君年德名望，遠近所歸；策年幼稚，宜脩子弟之禮。"便向歆拜。

華嶠《譜敘》曰：孫策略有揚州，盛兵徇豫章，一郡大恐。官屬請出郊迎，教曰：[25]"無然。"策稍進，復白發兵，又不聽。及策至，一府皆造閣，請出避之。乃笑曰："今將自來，何遽避之？"有頃，門下白曰："孫將軍至。"請見，乃前與歆共坐，談議良久，夜乃別去。義士聞之，皆長歎息而心自服也。[26]策遂親執子弟之禮，禮爲上賓。是時四方賢士大夫避地江南者甚衆，皆出其下，人人望風。每策大會，坐上莫敢先發言，歆時起更衣，則論議謹譁。歆能劇飲，至石餘不亂，衆人微察，常以其整衣冠爲異，江南號之曰"華獨坐"。

虞溥《江表傳》曰：孫策在椒丘，[27]遣虞翻說歆。翻既去，歆請功曹劉壹入議。壹勸歆住城，遣檄迎軍。歆曰："吾雖劉刺史所置，[28]上用，猶是剖符吏也。[29]今從卿計，恐死有餘責矣。"壹曰："王景興既漢朝所用，[30]且爾時會稽人衆盛彊，猶見原恕，明府何慮？"於是夜逆作檄，[31]明旦出城，遣吏齎迎。策便進軍，與歆相見，待以上賓，接以朋友之禮。

孫盛曰：夫大雅之處世也，[32]必先審隱顯之期，以定出處之分，否則括囊以保其身，[33]泰則行義以達其道。歆既無夷、皓韜逸之風，[34]又失王臣匪躬之操，[35]故撓心於邪儒之説，[36]交臂於陵肆之徒，[37]位奪於一豎，節墮於當時。昔許、蔡失位，[38]不得列於諸侯；州公寔來，[39]魯人以爲賤恥。方之於歆，咎孰大焉！

[1] 平原：郡名。治所平原縣，在今山東平原縣西南。　高唐：縣名。治所在今山東禹城市西南。

[2] 齊：古國名。平原郡等地，爲周朝齊國之地，故以齊稱這一帶地區。

[3] 休沐：指官吏的休假，例假。《初學記》卷二〇："休假亦曰休沐。漢律：吏五日得一下沐。言休息以洗沐也。"

[4] 陶丘洪：《後漢書》卷六四《史弼傳》李賢注引《青州先賢傳》曰："（陶丘）洪字子林平原人也。清達博辯，文冠當代。舉孝廉，不行，辟太尉府。年三十卒。"本書卷一〇《荀攸傳》裴注引《漢末名士錄》、卷一二《崔琰傳》裴注引《續漢書》、卷四九《劉繇傳》亦提及陶丘洪。

[5] 伊：指伊尹。夏朝末年，伊尹助湯伐桀有功，商朝建立後，爲湯相。湯死後，其孫太甲繼位爲商王。太甲縱欲無道，伊尹放之於桐。居三年，太甲悔過從善，伊尹又迎歸，復爲商王。（見《史記》卷三《殷本紀》）　霍：指霍光。霍光受漢武帝遺命輔昭

帝。昭帝卒，無子，霍光迎立昌邑王劉賀。而昌邑王淫亂無道，霍光廢棄之，另立武帝曾孫劉詢爲宣帝。（見《漢書》卷六八《霍光傳》）

[6] 郎中：官名。秩比三百石。東漢時，分隸五官、左、右三署中郎將，名義上備宿衛，實爲後備官吏人材。

[7] 河南：即河南尹。東漢建都洛陽，將京都附近二十一縣合爲一行政區，稱河南尹，相當於一郡。治所在洛陽。

[8] 下邽：縣名。治所在今陝西渭南市北下邽鎮東南渭河北岸。

[9] 藍田：縣名。治所在今陝西藍田縣西灞河西岸。

[10] 穰（ráng）：縣名。治所在今河南鄧州市。

[11] 徐州：刺史治所本在郯縣（今山東郯城縣北），東漢末移於下邳，在今江蘇睢寧縣西北。（本吳增僅《三國郡縣表附考證》）

[12] 豫章：郡名。治所南昌縣，在今江西南昌市。

[13] 江東：地區名。長江自西向東流，流至今安徽境，則偏北斜流，至江蘇省鎮江市又東流而下，古稱這段江路東岸之地爲江東（即今長江以南的蘇、浙、皖一帶），西岸之地爲江西（即皖北和淮河下游一帶）。

[14] 幅巾：男子不加冠幘，僅以一幅絹束髮，稱爲幅巾。

[15] 北海：王國名。治所劇縣，在今山東昌樂縣西。　游學：趙幼文《校箋》謂《世説新語・德行篇》注引"游學"下無"三人"二字，疑此"三人"二字當删。

[16] 歆爲龍頭：梁章鉅《旁證》引唐庚説，華歆之德遠不及邴原、管寧，不當爲"龍頭"。徐紹楨《質疑》則引洪亮吉説，龍頭、腹、尾之分，蓋由年齡而定。以華歆、管寧之卒年考之，華歆長管寧一歲。邴原之年齡雖無可考，以時人之稱謂及寧傳中三人之次序推測，邴原當小於華歆長於管寧。

[17] 譜敍：沈家本《三國志注所引書目》謂隋、唐《志》均

未著録，此蓋《華氏譜》之叙，或以爲華嶠《後漢書》之自叙，恐非。

[18] 間步：殿本作"閑步"，盧弼《集解》本、校點本作"閒步"，百衲本作"間步"。今從百衲本。《漢書》卷八三《朱博傳》顔師古注："間步，謂步行而伺間隙以去。"王先謙《補注》引王念孫曰："間者私也，謂私步至廷尉也。"按，王氏此釋《朱博傳》完全正確。如用於此，則爲不當。華歆、鄭泰等六七人，爲了避西京之亂出武關，本來就是一種私行，無須再表明"私步"。而在離亂之中行走，必然會遇到障礙，則顔師古所釋"伺間隙以去"是恰當的。　武關：關隘名。在今陝西商州市西南丹江北岸。

[19] 皆哀欲許之：趙幼文《校箋》謂《册府元龜》卷八〇二引作"北衆欲許之"。按，《世説新語·德行篇》注引作"皆哀許之"。

[20] 受人：趙幼文《校箋》謂《世説新語·德行篇》注引"人"字作"之"。

[21] 有進退：吳金華《校詁》云："事有不利，謂之'有進退'，亦當時俗語。"

[22] 相率：趙幼文《校箋》謂《世説新語·德行篇》注引此二字作"卒"。

[23] 久在：校點本"久"上有"歆"字，百衲本、殿本、盧弼《集解》本皆無，今從百衲本等。　江表：古時稱長江以南之地爲江表。

[24] 孫會稽：指孫策。當時孫策自領會稽太守。會稽郡治所在山陰縣，在今浙江紹興市。

[25] 教：殿本、盧弼《集解》本作"歆"；百衲本、校點本作"教"。今從百衲本等。

[26] 心自服也：《通鑑考異》謂華嶠《譜叙》以上之説太不近人情，故不取（見《通鑑》卷六三漢獻帝建安四年）。

[27] 椒丘：地名。在今江西新建縣東北。東漢末，孫策將取

豫章郡，太守華歆於此築城以防禦（本趙一清《注補》引《太平寰宇記》引雷次宗《豫章紀》）。

［28］劉刺史：即劉繇，曾爲揚州刺史。

［29］剖符吏：指朝廷任命的郡太守。《漢書》卷四《文帝紀》：二年九月，"初與郡守爲銅虎符、竹使符"。顏師古注："與郡守爲符者，謂各分其半，右留京師，左以與之。"後遂以剖符爲任命太守之代稱。

［30］王景興：王朗字景興，曾爲會稽太守。

［31］逆：預先。趙幼文《校箋》謂《册府元龜》卷七二二引"逆"字作"遂"。

［32］大雅：謂才德高尚之人。

［33］否（pǐ）：閉塞，不通。與"泰"相反。

［34］夷：指伯夷。商末孤竹君之長子，與弟叔齊互讓位俱投奔周。至周，遇武王伐紂，諫而不從。武王滅商後，二人逃入首陽山，不食周粟而死。（本《史記》卷六一《伯夷列傳》）　皓：指商山四皓。秦末，東園公、綺里季、夏黃公、角里先生隱於商山（今陝西商縣東南），年皆八十餘，時人稱爲"商山四皓"。漢初，仍隱匿不出，不願爲漢臣。（本《史記》卷五五《留侯世家》）

［35］匪躬：謂盡忠而不顧身。《易・蹇卦》："王臣蹇蹇，匪躬之故。"孔穎達疏："盡忠于君，匪以私身之故而不往濟君，故曰匪躬之故。"

［36］邪儒：胡三省云："邪儒，謂虞翻。"（《通鑑》卷六三漢獻帝建安四年）

［37］陵肆：胡三省云："陵肆，謂孫策也。"（《通鑑》卷六三漢獻帝建安四年）

［38］許蔡：皆國名。爲春秋時二小國。許國初都於今河南許昌市東。蔡國初都於上蔡，在今河南上蔡縣西南。

［39］州公寔來：殿本、校點本"寔"作"實"，百衲本、盧弼《集解》本作"寔"。今從百衲本等。州，國名。亦爲春秋時之

小國。都於淳于，在今山東安丘縣東北。故其國君稱州公，又稱淳于公。盧弼《集解》引《左傳·桓公五年》："冬，淳于公如曹（都於陶丘，在今山東定陶縣西南）。度其國危，遂不復。"又《桓公六年》："六年春，（淳于公）自曹來朝。書曰'寔來'，不復其國也。"趙幼文《校箋》又謂《公羊傳·桓公六年》云："春正月，寔來。寔來者何？猶曰是人來也。孰謂？謂州公也。曷為謂之寔來？慢之也。曷為慢之？化我也。"何休注："行過無禮謂之化。"孫盛語或本此。

歆至，拜議郎，[1]參司空軍事，[2]入為尚書，轉侍中，代荀彧為尚書令。[3]太祖征孫權，表歆為軍師。[4]魏國既建，為御史大夫。[5]文帝即王位，拜相國，封安樂鄉侯。及踐阼，改為司徒。〔一〕歆素清貧，祿賜以振施親戚故人，家無擔石之儲。公卿嘗並賜沒入生口，[6]唯歆出而嫁之。帝歎息，〔二〕下詔曰："司徒，國之儁老，所與和陰陽理庶事也。今太官重膳，[7]而司徒疏食，甚無謂也。"特賜御衣，及為其妻子男女皆作衣服。〔三〕[8]三府議："舉孝廉，本以德行，不復限以試經。"歆以為："喪亂以來，六籍墮廢，當務存立，以崇王道。夫制法者，所以經盛衰。今聽孝廉不以經試，恐學業遂從此而廢。若有秀異，可特徵用。患於無其人，何患不得哉？"帝從其言。

〔一〕《魏書》曰：文帝受禪，歆登壇相儀，奉皇帝璽綬，[9]以成受命之禮。

華嶠《譜敍》曰：文帝受禪，朝臣三公已下並受爵位，歆以形色忤時，徙為司徒，而不進爵。魏文帝久不懌，以問尚書令陳羣曰："我應天受禪,[10]百辟羣后,莫不人人悦喜,形于聲色,而相國及公獨有不怡者,何也?"羣起離席長跪曰:[11]"臣與相國曾臣漢朝,[12]心雖悦喜,義形其色,亦懼陛下實應(且)〔見〕憎。"[13]帝大悦,遂重異之。

〔二〕孫盛曰:盛聞慶賞威刑,必宗於主,權宜宥恕,出自人君。子路私饋,[14]仲尼毁其食器;田氏盜施,[15]《春秋》著以爲譏。斯褒貶之成言,已然之顯義也。孥戮之家,[16]國刑所肅,受賜之室,乾施所加,[17]若在哀矜,理無偏宥。歆居股肱之任,同元首之重,則當公言皇朝,以彰天澤,而默受嘉賜,獨爲君子,既犯作福之嫌,[18]又違必去之義,可謂匹夫之仁,蹈道則未也。

《魏書》曰:歆性周密,舉動詳慎。常以爲人臣陳事,務以諷諫合道爲貴,就有所言,不敢顯露,故其事多不見載。[19]

華嶠《譜敍》曰:歆淡於財欲,前後寵賜,諸公莫及,然終不殖產業。陳羣常歎曰:"若華公,可謂通而不泰,清而不介者矣。"

《傅子》曰:敢問今之君子?曰:"邴郎中積德行儉,[20]華太尉積德居順,[21]其智可及也,其清不可及也。事上以忠,濟下以仁,晏嬰、行父何以加諸?"[22]

〔三〕《魏書》曰:又賜奴婢五十人。

[1]議郎:官名。郎官之一種,屬光禄勳,秩六百石,不入直宿衛,得參與朝政議論。

[2]參司空軍事:官名。職責是參與司空府之軍事謀議。

[3]尚書令:官名。東漢時爲尚書臺長官,秩千石。掌奏、下尚書曹文書衆事,選用署置吏;總典臺中綱紀法度,無所不統。名義上仍隸少府。

[4]軍師:官名。建安十三年(208)曹操爲丞相後,於丞相府所置的高級幕僚,有中、前、後、左、右軍師及軍師祭酒等名

目，分掌軍中選舉，刑獄法制、軍務等，地位在長史之上。

[5] 御史大夫：官名。建安十八年魏國初建時置御史大夫，黃初元年改稱司空，掌水土事，與太尉、司徒並爲三公，第一品。

[6] 没入生口：政府掌握的官奴婢。

[7] 太官：百衲本、盧弼《集解》本作"太官"，殿本、校點本作"大官"。按，"大"通"太"。今從百衲本等。太官，官署名。掌宮廷膳食，由令，丞主之。

[8] 爲其：趙幼文《校箋》謂《太平御覽》卷二〇七引無"爲"字。

[9] 璽綬：百衲本、殿本、盧弼《集解》本、校點本均作"璽綬"，殿本《考證》謂北宋本作"璽紱"。今從百衲本等。

[10] 禪：趙幼文《校箋》謂《世説新語·方正篇》注引作"命"。

[11] 長跪：古人席地而坐。坐時兩膝着地，兩腳腳背朝下，臀部落在腳跟上。如將臀部抬起，上身挺直，稱爲長跪，表示敬重。

[12] 臣：趙幼文《校箋》謂《世説新語·方正篇》注引作"事"。

[13] 實應見憎：各本皆作"實應且憎"。吴金華《校詁》云："謂外表佯爲贊同，内心實憎其非。"趙幼文《校箋》謂《世説新語·方正篇》注引"且"字作"見"，是。應據改。今從趙説改。

[14] 子路：孔子弟子，名仲由，字子路。《韓非子·外儲説右上》云："季孫相魯，子路爲郈（在今山東東平縣東南）令。魯以五月起衆爲長溝，當此之爲，子路以其私秩粟爲漿飯，要作溝者於五父之衢而飡之。孔子聞之，使子貢往覆其飯，擊毁其器，曰：'魯君有民，子奚爲乃飡之？'子路怫然怒，攘肱而入請曰：'夫子疾由之爲仁義乎？所學於夫子者仁義也。仁義者，與天下共其所有而同其利者也。今以由之秩粟而飡民，不可何也？'孔子曰：'由之野也。吾以女知之，女徒未及也。女故如是之不知禮也。女之飡

之，爲愛之也。夫禮，天子愛天下，諸侯愛境內，大夫愛官職，士愛其家，過其所愛曰侵，今魯君有民，而子擅愛之，是子侵也。'"

[15]田氏：春秋時田敬仲之後代。田敬仲本陳國之公子，奔齊國後改爲田氏，故史籍中又稱田氏爲陳氏。春秋末期，田氏收買民心，以大斗借出，小斗收回；又將山上之木材及海產之魚鹽等物，運至市場不加價出售，讓利於民。當時晏子即謂田氏將取代齊國。（見《左傳·昭公三年》）

[16]孥戮之家：因犯罪而家屬被没爲奴婢之家。顏師古《匡謬正俗》："案孥戮者，或以爲奴，或加刑戮，無有所赦耳。"

[17]乾施：謂君主的賞賜施與。

[18]作福之嫌：《尚書·洪範》："臣無有作福、作威、玉食。臣之有作福、作威、玉食，其害於而家，凶於而國。"

[19]見載：百衲本、殿本、盧弼《集解》本無"載"字，校點本有。趙幼文《校箋》謂陳仁錫本"見"下有"載"字。今從校點本。

[20]袁郎中：指袁渙。袁渙在魏國初建時曾爲郎中令。

[21]華太尉：華歆在魏明帝太和中曾爲太尉。

[22]晏嬰：春秋齊國人。名嬰，字仲，諡平。歷仕於齊靈公、莊公、景公三世，"以節儉力行重於齊。既相齊，食不重肉，妾不衣帛"。（見《史記·管晏列傳》） 行父：即季孫行父，季文子。春秋魯國人，歷相魯宣公、成公、襄公三世。《春秋·襄公五年》：十二月辛未，"季孫行父卒"。《左傳》："季文子卒。大夫入斂，公在位。宰庀家器爲葬備，無衣帛之妾，無食粟之馬，無藏金玉，無重器備，君子是以知季文子之忠于公室也——相三君矣，而無私積，可不謂忠乎？"

黄初中，[1]詔公卿舉獨行君子，[2]歆舉管寧，帝以安車徵之。[3]明帝即位，進封博平侯，[4]增邑五百户，[5]并前千三百户，轉拜太尉。〔一〕歆稱病乞退，讓位於寧。帝不許。臨當大會，乃遣散騎常侍繆襲奉詔喻指曰："朕新莅庶事，一日萬幾，懼聽斷之不明。賴有德之臣，左右朕躬，而君屢以疾辭位。夫量主擇君，不居其朝，委榮棄祿，不究其位，古人固有之矣，顧以爲周公、伊尹則不然。絜身徇節，常人爲之，不望之於君。君其力疾就會，以惠予一人。將立席几筵，命百官總己，以須君到，朕然後御坐。"又詔襲："須歆必起，乃還。"歆不得已，乃起。

〔一〕《列異傳》曰：[6]歆爲諸生時，嘗宿人門外。主人婦夜產。有頃，兩吏詣門，便辟易卻，相謂曰："公在此。"躊躇良久，一吏曰："籍當定，奈何得住？"乃前向歆拜，相將入。出並行，共語曰："當與幾歲？"一人曰："當三歲。"天明，歆去。後欲驗其事，至三歲，故往問兒消息，果已死。歆乃自知當爲公。
臣松之按《晉陽秋》說魏舒少時寄宿事，亦如之。以爲理無二人俱有此事，將由傳者不同。今寧信《列異》。

[1] 黃初：魏文帝曹丕年號（220—226）。
[2] 獨行君子：漢代舉人才的特別科目，以詔令特舉志節高尚之人，不常設。曹魏亦沿襲。
[3] 安車：一匹馬拉的坐乘小車。
[4] 博平：縣名。治所在今山東茌平縣博平鎮西北。
[5] 五百户：殿本作"三百户"，百衲本、盧弼《集解》本、校點本均作"五百户"。今從百衲本等。按，此與下句皆有"户"字，此"户"字蓋衍。
[6] 列異傳：《隋書·經籍志》史部雜傳類云："魏文帝又作

《列異》，以序鬼物奇怪之事，嵇康作《高士傳》，以叙聖賢之風。因其事類，相繼而作者甚衆，名目轉廣，而又雜以虚誕怪妄之説。"《舊唐書·經籍志》史部雜傳類著録張華《列異傳》三卷。侯康《補三國藝文志》："魏文帝《列異傳》三卷，裴氏注《三國志》凡兩引此書，《華歆傳》引一條，記歆自知當爲公；《蔣濟傳》引一條，記濟亡兒爲泰山録事。惟濟於齊王時始徙領軍將軍，而書中以有濟爲領軍之語，則非出自魏文帝。"

太和中，遣曹真從子午道伐蜀，[1]車駕東幸許昌。歆上疏曰："兵亂以來，過踰二紀。大魏承天受命，陛下以聖德當成、康之隆，[2]宜弘一代之治，紹三王之迹。雖有二賊負險延命，苟聖化日躋，遠人懷德，將襁負而至。夫兵不得已而用之，故戢而時動。臣誠願陛下先留心於治道，以征伐爲後事。且千里運糧，非用兵之利；越險深入，無獨克之功。如聞今年徵役，頗失農桑之業。爲國者以民爲基，民以衣食爲本。使中國無饑寒之患，百姓無離土之心，則天下幸甚，二賊之釁，可坐而待也。臣備位宰相，[3]老病日篤，犬馬之命將盡，恐不復奉望鑾蓋，不敢不竭臣子之懷，唯陛下裁察！"帝報曰："君深慮國計，朕甚嘉之。賊憑恃山川，二祖勞於前世，猶不克平，朕豈敢自多，謂必滅之哉！諸將以爲不一探取，無由自弊，是以觀兵以闚其釁。若天時未至，周武還師，[4]乃前事之鑒，朕敬不忘所戒。"時秋大雨，詔真引軍還。太和五年，歆薨，[5]謚曰敬侯。[一]子表嗣。初，文帝分歆户邑，封歆弟緝列侯。表，咸熙中爲尚書。[二][6]

〔一〕《魏書》云：歆時年七十五。

〔二〕華嶠《譜敘》曰：歆有三子。表字偉容，年二十餘爲散騎侍郎。時同僚諸郎共平尚書事，年少，並兼屬鋒氣，[7]要（君）〔召〕名譽。[8]尚書事至，或有不便，故遺漏不視，及傳書者去，即入深文論駁。惟表不然，事來有不便，[9]輒與尚書共論盡其意，主者固執，不得已，然後共奏議。[10]司空（陳泰）〔陳羣〕等以此稱之。[11]仕晉，歷太子少傅、太常，[12]稱疾致仕，拜光禄大夫。[13]性清淡，常慮天下退理，[14]司徒李胤、司隸（王密）〔王宏〕等常稱曰：[15]"若此人者，不可得而貴，不可得而賤，〔不可得而親〕，[16]不可得而疏。"中子博，歷三縣内史，[17]治有名跡。少子周，黄門侍郎、常山太守，[18]博學有文思。中年遇疾，終于家。表有三子。長子廙，字長駿。

《晉諸公贊》曰：廙有文翰，歷位尚書令、太子少傅，追贈光禄大夫、開府。[19]嶠字叔駿，有才學，撰《後漢書》，世稱爲良史。爲祕書監、尚書。[20]澹字玄駿，最知名，爲河南尹。[21]廙三子。昆字敬倫，[22]清粹有檢，爲尚書。蒼字敬叔。《世語》稱蒼貴正。[23]恒字敬則，以通理稱。昆，尚書；蒼，河南尹；恒，左光禄大夫、開府。澹子軼，字彦夏。有當世才志，爲江州刺史。[24]

[1] 子午道：即子午谷。秦嶺山中的一條谷道，爲古代關中與巴蜀的交通要道之一。北口在今陝西西安市南一百里，南口在陝西洋縣東一百六十里，全長六百六十里。此爲漢魏舊道。南朝梁將軍王念神以舊道艱險，另開南段乾路，出今洋縣東三十里龍亭。因北方稱"子"，南方稱"午"，故稱"子午谷"。（本《元和郡縣志》與《長安志》）

[2] 成康：指周成王、周康王。成、康之時，乃周代盛世。

[3] 宰相：錢大昭《辨疑》："時華歆爲司徒，故得稱宰相。"

[4] 周武還師：殷商之末，周武王載文王木主於車以伐紂，至盟津，諸侯不期而會者八百。武王渡河至中流，白魚躍入舟中；渡過河後，"有火自上復於下，至於王屋，流爲烏，其色赤，其聲魄云"。武王認爲天時未至，遂還師。(見《史記》卷四《周本紀》)

　　[5] 歆薨：本書《明帝紀》載於太和五年十二月戊午(二十日)。

　　[6] 咸熙：魏元帝曹奂年號(264—265)。

　　[7] 兼厲：趙幼文《校箋》謂《太平御覽》卷二二四引無"兼"字。

　　[8] 召：百衲本、殿本、盧弼《集解》本均作"君"。盧氏云："一本校改'君'作'召'。"校點本則從何焯說改"君"爲"召"。今從之。趙幼文《校箋》謂《太平御覽》卷二二四引無"君"字，是也。"厲鋒氣，要名譽"相儷成文。要召名譽，殊不辭矣，疑非。

　　[9] 事來：趙幼文《校箋》謂《太平御覽》引無"來"字。

　　[10] 奏議：趙幼文《校箋》謂《太平御覽》引無"議"字。

　　[11] 陳羣：百衲本、殿本、盧弼《集解》本均作"陳泰"。陳景雲《辨疑》云："案華表以咸熙中爲尚書，則其官散騎侍郎當在文、明之世，是時陳羣爲司空，泰之父也。羣以司空録尚書事，凡散騎奏議，無不綜典，故悉表之爲人而稱之耳。雖諸書亦有緣泰之贈官而稱司空者，然當表爲散騎時，泰方名微位卑，朝士似不假其品藻爲重也。'泰'當作'羣'。"校點本即從此說改"泰"爲"羣"。今從之。

　　[12] 太子少傅：官名。與太子太傅並稱太子二傅。東漢時秩中二千石，掌輔導太子及東宮衆務。曹魏以二傅並攝東宮事務，與尚書東曹並掌太子、諸侯官屬選舉，三品。西晉同。

　　[13] 光禄大夫：官名。秩比二千石，第三品，位次三公。無定員，無固定職守，相當於顧問。諸公告老及在朝重臣加此銜以示優重。

[14] 常慮天下退理：盧弼《集解》云："此句疑有脫誤。"
　　[15] 王宏：百衲本、殿本、盧弼《集解》本均作"王密"。陳景雲《辨誤》云："'密'當從《晉書·表傳》作'宏'，弼之兄也，別見《鍾會傳》注。"今從此說改"密"爲"宏"。又按，盧弼《集解》亦引陳景雲此說，而將"宏"作"弘"。校點本亦謂據《三國志辨誤》改"密"爲"弘"，實據盧氏所引而改，陳景雲原文乃作"宏"；又《晉書·華表傳》、本書《鍾會傳》裴注引《博物記》均作"宏"，盧弼《集解》引作"弘"誤，在《晉書》中還有另一"王弘"。
　　[16] 不可得而親：潘眉《考證》云："脫'不可得而親'五字，《晉書·華表傳》'以爲不可得貴賤而親疏也'。"校點本則從陳景雲說增此五字。今從之。趙幼文《校箋》亦謂《冊府元龜》卷七八七引有"不可得而親"五字，應據補。
　　[17] 内史：官名。晉武帝太康十年（289）改王國相爲内史，職如太守，掌民政。此蓋侯國内史，職如縣令，仍掌民政。
　　[18] 常山：郡名。魏晉時治所真定縣，在今河北正定縣南。
　　[19] 開府：開設府署，辟置僚屬。漢代，許三公、大將軍開府。魏晉以後範圍擴大，同一官銜而開府者，地位較高。
　　[20] 秘書監：官名。魏文帝初，置爲秘書署長官，秩六百石，第三品。掌管藝文圖籍。初屬少府，魏明帝時王肅任此職，上表諫不應屬少府，後遂不屬。晉武帝以秘書并入中書省，罷此職。晉惠帝永平元年（291）復置，爲秘書寺長官，綜理經籍，考校古今，課試署吏，統著作局，掌國史修撰並管理中外三閣圖書。仍爲三品。
　　[21] 河南尹：官名。秩二千石。東漢建都洛陽，將京都附近二十一縣合爲一行政區，稱河南尹。相當於一郡；河南尹的長官亦稱河南尹，地區名與官名相同。魏晉因之，第三品。
　　[22] 昆：《晉書·華表傳》作"混"。
　　[23] 貴正：盧弼《集解》云："一本校改'貴'作'貞'。"
　　[24] 江州：西晉惠帝元康元年（291）置，刺史治所南昌縣，

在今江西南昌市。東晉成帝咸康六年（340），徙治所於尋陽縣，在今湖北黃梅縣西南。

　　王朗字景興，東海（郡）〔郯〕人也。[1]以通經，拜郎中，除菑丘長。[2]師太尉楊賜，賜薨，棄官行服。舉孝廉，辟公府，不應。徐州刺史陶謙察朗茂才。[3]時漢帝在長安，關東兵起，朗爲謙治中，[4]與別駕趙昱等說謙曰：[5]"《春秋》之義，求諸侯莫如勤王。[6]今天子越在西京，宜遣使奉承王命。"謙乃遣昱奉章至長安。天子嘉其意，拜謙安東將軍。[7]以昱爲廣陵太守，[8]朗會稽太守。〔一〕孫策渡江略地，朗功曹虞翻以爲力不能拒，不如避之。朗自以身爲漢吏，宜保城邑，遂舉兵與策戰，敗績，浮海至東冶。[9]策又追擊，大破之。朗乃詣策。策以〔其〕儒雅，[10]詰讓而不害。〔二〕雖流移窮困，朝不謀夕，而收卹親舊，分多割少，行義甚著。

　　〔一〕《朗家傳》曰：[11]會稽舊祀秦始皇，刻木爲像，與夏禹同廟。朗到官，以爲無德之君，不應見祀，於是除之。居郡四年，惠愛在民。

　　〔二〕《獻帝春秋》曰：孫策率軍如閩越討朗。[12]朗泛舟浮海，欲走交州，[13]爲兵所逼，遂詣軍降。策令使者詰朗曰："問逆賊故會稽太守王朗：朗受國恩當官，云何不惟報德，而阻兵安忍？[14]大軍征討，幸免梟夷，不自掃屏，復聚黨衆，屯住郡境。遠勞王誅，卒不悟順。捕得云降，庶以欺詐，用全首領，得爾與不，具以狀對。"朗稱禽虜，對使者曰："朗以瑣才，誤竊朝私，受爵不讓，以遘罪網。前見征討，畏死苟免。因治人物，寄命須吏。又迫大兵，惶怖北引。從者疾患，死亡略盡。獨與老母，共乘一櫨。[15]流矢始交，便棄櫨就俘，稽顙自首於征役之中。朗惶惑不達，自稱降虜。緣前迷謬，被詰慚懼。朗愚淺駑怯，畏威自驚。又無良介，不早自歸。於破亡之中，然後委命下隸。身輕罪重，死有餘辜。申脰就鞅，[16]蹴足入絆，叱咤聽聲，東西惟命。"

[1] 東海：郡名。治所郯縣，在今山東郯城縣北。 郯：百衲本、殿本、盧弼《集解》本作"郡"。殿本《考證》謂北宋本作"郯"，《通志略》同。校點本則從何焯說改"郡"為"郯"。今從之。

[2] 菖丘：縣名。治所在今安徽宿州市東北。

[3] 茂才：即秀才，東漢人避光武帝劉秀諱改，為漢代薦舉人材科目之一。東漢之制，州牧刺史歲舉一人。三國沿之，或稱秀才。

[4] 治中：即治中從事。官名。州牧刺史的主要屬吏，居中治事，主眾曹文書。

[5] 別駕：官名。別駕從事史的簡稱，為州牧刺史的主要屬吏，州牧刺史巡行各地時，別乘傳車從行，故名別駕。 趙昱：事見本書卷八《陶謙傳》裴注引謝承《後漢書》。

[6] 勤王：《左傳·僖公二十五年》："狐偃言于晉侯曰：'求諸侯，莫如勤王。'"楊伯峻注："勤王者，為王事勤勞也。"

[7] 安東將軍：官名。東漢末始置。為出鎮某地區的軍事長官，或為州牧刺史兼理軍務的加官。

[8] 廣陵：郡名。東漢治所廣陵縣，在今江蘇揚州市西北蜀岡上。

[9] 東冶：縣名。治所在今福建福州市。

[10] 以其：百衲本、殿本、盧弼《集解》本"以"下無"其"字。盧氏云："沈家本曰：'以'下當有'朗'字。"校點本

即從沈説增"朗"字。趙幼文《校箋》則謂《通志》引"以"下有"其"字,是也。"其"字即"朗"之代詞。今從趙説據《通志》增"其"字。

[11] 朗家傳:《隋書·經籍志》史部雜傳類著録《王朗王肅家傳》一卷,無撰人。

[12] 閩越:地區名。相當於今福建一帶。古代這一地區聚居着閩族人,《周禮·夏官·職方氏》有七閩。後來又爲越人所居。秦并天下,以其地爲閩中郡。漢高祖劉邦又封其首領爲閩越王,都東冶。

[13] 交州:建安八年(203)置,刺史治所龍編縣,在今越南河内東天德江北岸;同年又移治所於廣信縣,在今廣西梧州市;建安十五年又移治所於番禺縣,在今廣東廣州市。

[14] 阻兵安忍:語出《左傳·隱公四年》。阻兵,謂依仗兵力以求勝。安忍,謂安於殘殺之事。

[15] 欚(lǐ):《玉篇·木部》:"欚,小船也。"

[16] 申:通"伸"。 脰(dòu):頸項。 靷:套在馬頸上用以拉車的皮帶。

太祖表徵之,朗自曲阿展轉江海,[1]積年乃至。〔一〕拜諫議大夫,[2]參司空軍事。〔二〕魏國初建,以軍祭酒領魏郡太守,[3]遷少府、奉常、大理。[4]務在寬恕,罪疑從輕。鍾繇明察當法,俱以治獄見稱。〔三〕

〔一〕朗被徵未至。[5]孔融與朗書曰:"世路隔塞,情問斷絶,感懷增思。前見章表,知尋湯武罪己之迹,[6]自投東裔同鯀之罰,[7]覽省未周,涕隕潸然。主上寬仁,貴德宥過。曹公輔政,思賢並立。策書屢下,殷勤款至。知櫂舟浮海,息駕廣陵,不意黄能突出羽淵也。[8]談笑有期,勉行自愛!"

《漢晉春秋》曰：孫策之始得朗也，譴讓之。使張昭私問朗，朗誓不屈，策忿而不敢害也，留置曲阿。建安三年，[9]太祖表徵朗，策遣之。太祖問曰："孫策何以得至此邪？"朗曰："策勇冠一世，有儁才大志。張子布，[10]民之望也，北面而相之。[11]周公瑾，[12]江淮之傑，攘臂而爲其將。謀而有成，所規不細，終爲天下大賊，非徒狗盜而已。"

〔二〕《朗家傳》曰：朗少與沛國名士劉陽交友。[13]陽爲莒令，[14]年三十而卒，故後世鮮聞。初，陽以漢室漸衰，知太祖有雄才，恐爲漢累，意欲除之而事不會。及太祖貴，求其嗣子甚急。其子惶窘，走伏無所。陽親舊雖多，莫敢藏者。朗乃納受積年，及從會稽還，又數開解。太祖久乃赦之，陽門户由是得全。

〔三〕《魏略》曰：太祖請同會，嘲朗曰：[15]"不能效君昔在會稽折秔米飯也。"[16]朗仰而歎曰："宜適難值！"[17]太祖問："云何？"朗曰："如朗昔者，未可折而折；如明公今日，可折而不折也。"太祖以孫權稱臣遣貢諮朗，朗答曰："孫權前踐，自詭躬討虜以補前愆，後疏稱臣，以明無二。牙獸屈膝，[18]言鳥告歡，明珠、南金，遠珍必至。情見乎辭，效著乎功。三江五湖，[19]爲沼於魏，[20]西吳東越，化爲國民。鄢、郢既拔，[21]荆門自開，[22]席卷巴、蜀，[23]形勢已成。重休累慶，雜沓相隨。承旨之日，撫掌擊節。情之畜者，辭不能宣。"

[1] 曲阿：縣名。治所在今江蘇丹陽市。

[2] 諫議大夫：官名。秩六百石。屬光禄勳，掌議論，無定員。

[3] 軍祭酒：官名。即軍師祭酒，參謀軍事之官。

[4] 少府：官名。漢列卿之一，秩中二千石。東漢時，掌宫中御衣、寶貨、珍膳等。　奉常：官名。秦朝置奉常，漢代改稱太常，建安二十一年（216）又復稱奉常，爲列卿之首，秩中二千石，

掌禮儀祭祀。

[5] 朗被徵未至：趙幼文《校箋》謂郝經《續後漢書》苟宗道注引句上有"裴松之曰"四字，疑此脱。按，苟注引必須有"裴松之曰"語，不然即爲苟之説。

[6] 湯武：即成湯。《太平御覽》卷八三引《帝王世紀》，謂成湯伐桀後，大旱七年，湯乃"齋戒剪髮斷爪，以己爲牲，禱於桑林之社曰：'唯予小子履，敢用玄牡告於上天后土曰：萬方有罪，罪在朕躬，朕躬有罪，無及萬方，無以一人之不敏，使上帝鬼神傷民之命。'言未已，而大雨至方數千里"。

[7] 鯀：禹之父，堯時受命治水，不成被誅。《尚書·舜典》："殛鯀於羽山。"孔傳："羽山，東裔，在海中。"殛，誅殺。

[8] 黄能：百衲本、殿本、盧弼《集解》本均作"黄能"。盧氏云："各本皆作'黄能'，吴本、毛本作'黄熊'，俗字。"校點本作"黄熊"。《説文》："能，熊屬，足似鹿。"徐灝注箋："能，古熊字。"今從百衲本等。《左傳·昭公七年》：子産對韓宣子曰："昔堯殛鯀于羽山，其神化爲黄熊，以入于羽淵。"楊伯峻注："羽山亦有數説，江永《考實》云：'要之，此山在沂州（今山東臨沂縣）之東南，海州（今江蘇海州，即東海縣舊治）之西北，贛榆（江蘇贛榆縣新治西北之贛榆城）之西南，郯城（今山東郯城縣）之東北，實一山跨四州縣境。'而四縣之間實無此大山。《寰宇記》謂在今山東蓬萊縣東南三十里。然此本傳説，不必實指何處。"楊氏又注"羽淵"："羽山流水匯爲淵。"

[9] 建安：漢獻帝劉協年號（196—220）。

[10] 張子布：張昭字子布。

[11] 北面：向人稱臣。

[12] 周公瑾：周瑜字公瑾。

[13] 沛國：王國名。治所相縣，在今安徽濉溪縣西北。

[14] 莒：縣名。治所在今山東莒縣。

[15] 啁（tiáo）：通"嘲"，譏笑。

[16] 折：吳金華《校詁》云："爲求精米而脱去米之粗皮，謂之'折'。"趙幼文《校箋》則謂"折"爲"淅"字之形誤。《説文·水部》："淅，汰米也。"猶今之淘米。《南齊書·崔祖思傳》："王景興以淅米見誚。"是其證。按，標點本《南齊書》校勘記又謂"淅米"《南史》作"析米"，《册府元龜》卷五二九作"折米"。

[17] 宜適：趙幼文《校箋》謂《初學記》卷二六引作"適宜"。吳金華《校詁》謂"宜適"云："同義之字並列，適亦宜也，此謂合乎事宜之舉動。"

[18] 牙獸：獸名。即騶虞，又名騶牙。《詩·召南·騶虞》："彼茁者葭，壹發五豝，于嗟乎騶虞。"毛傳："騶虞，義獸也，白虎黑文，不食生物，有至信之德則應之。"

[19] 三江五湖：指古吳、越之地，即今江浙一帶。《國語·越語上》伍子胥謂吳、越二國"三江環之"，韋昭注，以吳江、錢塘江、蒲陽江爲三江。又《國語·越語下》謂吳、越"戰於五湖"，韋昭注，以太湖爲五湖。

[20] 沼：校點本作"治"，百衲本、殿本、盧弼《集解》本皆作"沼"。今從百衲本等。《左傳·哀公元年》：伍員退而告人曰："越十年生聚，而十年教訓，二十年之外，吳其爲沼乎！"杜預注："謂吳宮室廢壞，當爲污池。"

[21] 鄢：古邑名。春秋戰國時楚都之一，在今湖北宜城市南。 郢：古邑名。春秋時之楚都，在今湖北荊州市江陵區西北。

[22] 荊門：山名。在今湖北枝城市西北長江西南岸，東北與虎牙山隔江相望。孫吳時在今枝城市西北又有荊門城。

[23] 巴：郡名。治所江州縣，在今重慶市渝中區。 蜀：郡名。治所成都市，在今四川成都市舊東西城區。

文帝即王位，遷御史大夫，封安陵亭侯。上疏勸育民省刑曰："兵起已來三十餘年，四海盪覆，萬國殄瘁。賴先王芟除寇賊，扶育孤弱，遂令華夏復有綱紀。鳩集兆民，于茲魏土，使封鄙之內，雞鳴狗吠，達於四境，蒸庶欣欣，喜遇升平。今遠方之寇未賓，兵戎之役未息，誠令復除足以懷遠人，[1]良宰足以宣德澤，阡陌咸修，四民殷熾，必復過於曩時而富於平日矣。《易》稱敕法，[2]《書》著祥刑，[3]一人有慶，兆民賴之，慎法獄之謂也。昔曹相國以獄市爲寄，[4]路溫舒疾治獄之吏。[5]夫治獄者得其情，則無冤死之囚；丁壯者得盡地力，則無饑饉之民；窮老者得仰食倉廩，則無餧餓之殍；嫁娶以時，則男女無怨曠之恨；胎養必全，則孕者無自傷之哀；新生必復，則孩者無不育之累；壯而後役，則幼者無離家之思；二毛不戎，[6]則老者無頓伏之患。醫藥以療其疾，寬繇以樂其業，威罰以抑其強，恩仁以濟其弱，賑貸以贍其乏。十年之後，既笄者必盈巷。[7]二十年之後，勝兵者必滿野矣。"

及文帝踐阼，改爲司空，進封樂平鄉侯。〔一〕時帝頗出游獵，[8]或昏夜還宮。朗上疏曰："夫帝王之居，外則飾周衛，內則重禁門，將行則設兵而後出幄，稱警而後踐墀，張弧而後登輿，清道而後奉引，遮列而後轉轂，靜室而後息駕，皆所以顯至尊，務戒慎，垂法教也。近日車駕出臨捕虎，日昃而行，[9]及昏而反，違警蹕之常法，[10]非萬乘之至慎也。"帝報曰："覽表，雖魏絳稱虞箴以諷晉悼，[11]相如陳猛獸以戒漢武，[12]未足以喻。方今二寇未殄，將帥遠征，故時入原野以

習戎備。至於夜還之戒，已詔有司施行。"〔二〕[13]

〔一〕《魏名臣奏》載朗節省奏曰："詔問所宜損益，必謂東京之事也。若夫西京雲陽、汾陰之大祭，[14]千有五百之犂，祀通天之臺，[15]入阿房之宮，[16]齋必百日，養犧五載，牛則三千其重，玉則七千其器；文綺以飾重席，童女以蹈舞綴；釀酎必貫三時而後成，樂人必三千四百而後備；內宮美人數至近千，學官博士弟子七千餘人；[17]中廄則騑騄駙馬六萬餘匹，[18]外牧則慮養三萬而馬十之；[19]執金吾從騎六百，[20]走卒倍焉；太常行陵赤車千乘，[21]太官賜官奴婢六千，[22]長安城內治民為政者三千，中二千石蔽罪斷刑者二十有五獄。[23]政充事猥，威儀繁富，隆於三代，近過禮中。夫所以極奢者，[24]大抵多受之於秦餘。既違蘭栗懇誠之本，[25]掃地簡易之指，[26]又失替質而損文、避泰而從約之趣。[27]豈夫當今隆興盛明之時，祖述堯舜之際，割奢務儉之政，除繁崇省之令，詳刑慎罰之教，所宜希慕哉？及夫寢廟日一太牢之祀，[28]郡國並立宗廟之法，丞相御史大夫官屬吏從之數，若此之輩，既已屢改於哀、平之前，不行光武之後矣。謹按圖牒所改奏，[29]在天地及五帝、六宗、宗廟、社稷，[30]既已因前代之兆域矣。[31]夫天地則掃地而祭，其餘則皆壇而埒之矣。明堂所以祀上帝，[32]靈臺所以觀天文，[33]辟雍所以脩禮樂，[34]太學所以集儒林，高禖所以祈休祥，[35]又所以察時務，揚教化。稽古先民，開誕慶祚，舊時皆在國之陽，並高棟夏屋，足以（肆）〔肄〕饗射，[36]望雲物。七郊雖尊祀尚質，[37]猶皆有門宇便坐，足以避風雨。可須軍罷年豐，以漸脩治。舊時虎賁、羽林、五營兵，[38]及衛士并合，雖且萬人，或商賈惰游子弟，[39]或農野謹鈍之人；雖有乘制之處，[40]不講戎陣，既不簡練，又希更寇，雖名實不副，[41]難以備急。有警而後募兵，軍行而後運糧，或乃兵既久屯，而不務營佃，不脩器械，無有貯聚，一隅馳羽檄，[42]則三面並荒擾,此亦漢氏近世之失而不可式者也。當今諸夏已安,而巴蜀在畫外。雖未得偃武而弢甲,[43]放馬而戢兵,宜因年之大豐,遂寄軍政於農事。吏士小大,並勤稼穡,止則成井里於廣野,動則成校隊於六軍,[44]省其暴繇,贍其衣食。《易》稱'悅以使民,民忘其勞;悅以犯難,民忘其死',[45]今之謂矣。糧畜於食,勇畜於勢,雖坐曜烈威而衆未動,畫外之蠻,必復稽顙以求改往而效用矣。[46]若畏威效用,不戰而定,則賢於交兵而後威立,接刃而後功成遠矣。若姦凶不革,遂迷不反,猶欲以其所虐用之民,待大魏投命報養之士,然後徐以前歌後舞樂征之衆,臨彼倒戟折矢樂服之羣,伐腐摧枯,未足以爲喻也。"[47]

〔二〕《王朗集》載朗爲大理時上"主簿趙郡張登,[48]昔爲本縣主簿,值黑山賊圍郡,[49]登與縣長王雋帥吏兵七十二人直往赴救,[50]與賊交戰,吏兵散走。雋殆見害,登手格二賊,[51]以全雋命。又守長夏逸,[52]爲督郵所枉,[53]登身受考掠,理逸之罪。義濟二君,宜加顯異"。太祖以所急者多,未遑擢敍。[54]至黃初初,朗又與太尉鍾繇連名表聞,兼稱登在職勤勞。詔曰:"登忠義彰著,在職功勤。名位雖卑,直亮宜顯。饗膳近任,當得此吏。今以登爲太官令。"

[1] 復除:謂免除賦役。

[2] 敕法:刑法正確。《易·噬嗑卦》象傳云:"雷電噬嗑,先王以明罰敕法。"

[3] 祥刑:用刑詳審謹慎。《尚書·呂刑》:"有邦有土,告爾祥刑。"孔傳:"有國土諸侯,告汝以善用刑之道。"

[4] 曹相國:即曹參。漢高祖劉邦之功臣,曾爲齊國相九年,以清静不擾民著稱。漢相國蕭何去世後,曹參遂繼爲相國。《漢書》卷三九《曹參傳》:"參去(離去齊相),屬後相曰:'以齊獄市爲寄,慎勿擾也。'後相曰:'治無大於此者乎?'參曰:'不然。夫

獄市者，所以並容也，今君擾之，姦人安所容乎？吾是以先之。'"顏師古注引孟康曰："夫獄市者，兼受善惡，若窮極姦人，姦人無所容竄，久且爲亂。秦人極刑而天下畔，孝武峻法而獄繁，此其效也。"

[5] 路溫舒：漢昭帝時曾爲奏曹掾、守廷尉史。"宣帝初即位，溫舒上書，言宜尚德緩刑。"其辭有云："《書》曰：'與其殺不辜，寧失不經。'今治獄之吏則不然，上下相驅，以刻爲明；深者獲公名，平者多後患。故治獄之吏皆欲人死，非憎人也，自安之道在人之死。是以死人之血流離於市，被刑之徒比肩而立，大辟之計歲以萬數，此仁聖之所以傷也。"（《漢書》卷五一《路溫舒傳》）

[6] 二毛：指老年人。老年人頭髮往往有白有黑，是爲二毛。

[7] 笄（jī）：古代用以固定髮髻或弁冕之物，似簪。女子十五歲即結髮加笄，謂已成年。

[8] 頗：趙幼文《校箋》謂《太平御覽》卷四五三引作"頻"。

[9] 日昃（zè）：太陽開始偏西，即過中午之時。

[10] 警蹕：帝王出入稱警蹕。左右侍衛戒備爲警，清道禁止行人通行爲蹕。

[11] 魏絳：即魏莊子。春秋時晉國大夫，曾力主與諸戎和好，得晉悼公采納。在一次諫晉悼公和戎時，魏絳提到周朝虞人之箴，以諫晉悼公之好田獵。（見《左傳·襄公四年》）虞人，掌田獵之官。

[12] 相如：指司馬相如。相如長於辭賦，爲漢武帝所賞識，曾爲郎、中郎將、孝文園令等。《史記》卷一一七《司馬相如列傳》謂相如"常從上至長楊獵，是時天子方好自擊熊豕，馳逐野獸，相如上疏諫之"。其辭有云："今陛下好陵阻險，射猛獸，卒然遇軼材之獸，駭不存之地，犯屬車之清塵，輿不及還轅，人不暇施巧，雖有烏獲、逄蒙之伎，力不得用，枯木朽株盡爲害矣。"

[13] 已詔：趙幼文《校箋》謂《群書治要》卷二五引"已"

字作"輒"。

［14］雲陽：縣名。治所在今陝西淳化縣西北。漢武帝於此立泰畤，祭於宮南。（見《漢書》卷二五下《郊祀志下》） 汾陰：縣名。治所在今山西萬榮縣西南廟前村北古城。漢武帝於此立后土祠祭祀。（見《漢書》卷二五上《郊祀志上》）

［15］通天之臺：臺名。在今陝西淳化縣西北甘泉山故甘泉宮中。《漢書》卷六《武帝紀》謂：元封二年"作甘泉通天臺"。顏師古注："通天臺者，言此臺高，上通於天也。《漢舊儀》云高三十丈，望見長安城。"

［16］阿房：宮殿名。前殿始築於秦始皇三十五年（前212），全部工程至秦亡仍未完成。項羽入關後全部焚毀，僅遺夯土臺基，在今陝西西安市西南阿房村、古城村與胊家莊一帶。

［17］博士弟子：百衲本、殿本、盧弼《集解》本均無"弟子"二字。錢大昭《辨疑》云："'博士'下當有'弟子'二字。"校點本即從錢說增。今從之。

［18］中廄（jiù）：帝王宮中負責管理車馬牛畜的機構。 騑騄：駿馬。

［19］三萬：殿本作"二萬"，百衲本、盧弼《集解》本、校點本作"三萬"。盧氏又云："元本'三'作'二'。"趙幼文《〈三國志集解〉辨證》則謂《漢舊儀》："太僕牧師苑分養三十萬頭，擇取給六廄。"是馬爲三十萬頭。下文云"而馬十之"。馬爲扈養者之十倍，則扈養者爲"三萬"無疑。元本"三"作"二"，實誤。今從百衲本等。

［20］執金吾：官名。秩中二千石，掌宮外及京都警衛，皇帝出行，則充護衛及儀仗。

［21］赤車：殿本、盧弼《集解》本、校點本作"幸車"，百衲本作"赤車"。盧弼云："元本'幸'作'赤'。何校同。"趙幼文《校箋》謂《北堂書鈔》卷五三、《藝文類聚》卷四九、《白孔六帖》卷七四、《册府元龜》卷三一二引俱作"赤車"。今從

百衲本。

[22] 太官：官署名。漢代有太官署，掌宮廷膳食，由令、丞主之，屬少府。

[23] 二十有五獄：梁章鉅《旁證》引沈欽韓説，《漢書》卷六〇《杜周傳》周爲廷尉，詔獄益多，"逮至六七萬人，吏所增加十有餘萬"。西京詔獄之數，有都司空獄、上林獄、内官獄、導官獄、保官獄、請室獄、郡邸獄、都船獄、暴室獄、若盧獄、掖廷獄、共工獄。按，郡邸之獄不止一邸，又有三輔諸官署獄，統而計之殆不止二十五獄也。

[24] 奢者：百衲本"者"作"吝"，殿本、盧弼《集解》本、校點本作"者"。今從殿本等。

[25] 繭栗：指幼獸初生之角，如繭如栗。故又指小牛。古代祭禮用牛，以小爲貴。《禮記·王制》："祭天地之牛角繭栗，宗廟之牛角握。"握，謂長不出膚。

[26] 掃地：《禮記·禮器》："有以下爲貴者，至敬不壇，埽地而祭。"

[27] 替：趙幼文《校箋》謂《册府元龜》卷三一二引作"贊"。

[28] 太牢：古時祭祀，以牛、羊、豕三牲具全者稱太牢；也有單稱牛爲太牢者。此即指一牛。

[29] 奏：百衲本作"秦"，殿本、盧弼《集解》本、校點本均作"奏"。今從殿本等。

[30] 五帝：古代祭祀的五天帝。《史記》卷一二《孝武帝本紀》"泰一佐曰五帝"張守節《正義》："五天帝也。《國語》云'蒼帝靈威仰，赤帝赤熛怒，白帝白招矩，黑帝叶光紀，黃帝含樞紐'。《尚書帝命驗》云'蒼帝名靈威仰，赤帝名文祖，黃帝名神斗，白帝名顯紀，黑帝名玄矩'。佐者，謂配祭也。" 六宗：古代尊祀的六位神。《尚書·堯典》："肆類於上帝，禋於六宗。"孔傳："精意以享謂之禋。宗，尊也。所尊祭者，其祀有六，謂四時也，

寒暑也，日也，月也，星也，水旱也。"

[31] 兆域：此指祭祀所在之界域。

[32] 明堂：古代帝王宣明政教之處所。或以爲即太廟、辟雍、太學。

[33] 靈臺：漢朝觀測天文之臺稱靈臺，在長安西北。見《三輔黃圖》五《臺榭》。

[34] 辟雍：周朝爲貴族子弟所設之太學。

[35] 高禖（méi）：帝王祀以求子之媒神。《禮記·月令》仲春之月"玄鳥至。至之日，以太牢祠於高禖，天子親往"。鄭玄注："高辛氏之出，玄鳥遺卵，娀簡吞之而生契。後王以爲媒官嘉祥而立其祠焉。變媒言禖，神之也。"

[36] 肆：百衲本、殿本、盧弼《集解》本皆作"肆"。趙一清《注補》云："'肆'當作'肆'。"校點本即從趙說改"肆"爲"肆"。今從之。　饗射：古禮儀名。《周禮·春官·司服》："享先公饗射，則鷩冕。"鄭玄注："饗射，饗食賓客，與諸侯射也。"

[37] 七郊：周代的七種祭祀。《禮記·祭法》："王爲群姓立七祀，曰司命，曰中霤，曰國門，曰國行，曰泰厲，曰户，曰竈。王自爲立七祀。"

[38] 羽林：皇帝禁衛軍。漢武帝置，屬光禄勳，掌禁衛皇宫。東漢時由羽林中郎將統率。　五營：指東漢宿衛京師的五校尉營，即屯騎校尉、越騎校尉、步兵校尉、長水校尉、射聲校尉等五營。

[39] 惰：百衲本作"憛"，殿本、盧弼《集解》本、校點本作"惰"。今從殿本等。

[40] 乘制之處：盧弼《集解》引沈家本曰："'乘制'未詳。《續漢·禮儀志》立秋之日，'兵官皆肄孫、吴兵法六十四陣，名曰乘之'。疑此文有訛，當云'乘之'。"又按，此段《禮儀志》李賢注引《魏書》曰："建安二十一年三月，曹公親耕籍田。有司奏：'四時講武於農隙。漢承秦制，三時不講，唯十月車駕幸長安水南門，會五營士，爲八陣進退，名曰乘之。'"沈說有理，故吴金

華《校詁》疑此原文爲"乘之之制",抄刻者未曉其義,臆改爲"乘制之處"。

〔41〕雖:百衲本、殿本、盧弼《集解》本、校點本均作"雖"。盧氏又引沈家本曰:"'雖'字於上下文語意不合,疑有誤。"吳金華《校詁》又謂古籍中"雖""難"互訛者頗多。此"雖"字當作"難",而"寇難"連文爲古來習用。如此,則文從字順,略無疑滯。按,吳說雖有理,但無文獻根據,因仍不改。

〔42〕羽檄:緊急軍事文書。古代在軍事文書上插上鳥羽表示緊急之書,須飛速遞送。

〔43〕弢:通"韜",掩藏。

〔44〕六軍:即軍隊。古代天子有六軍,後世因以指軍隊。

〔45〕"《易》稱"句:此《易·兌卦》之彖辭。"使民"今本《周易》作"先民"。

〔46〕稽(qǐ)顙:叩拜降服。

〔47〕喻也:殿本、盧弼《集解》本、校點本無"也"字,百衲本有。今從百衲本。

〔48〕王朗集:《隋書·經籍志》著錄"魏司徒《王朗集》三十四卷,梁三十卷"。《舊唐書·經籍志》著錄爲"《王朗集》三十卷"。《新唐書·藝文志》同。 趙郡:治所邯鄲縣,在今河北邯鄲市西南。

〔49〕黑山賊:東漢末與黃巾軍同時起義的一支農民軍。以今河北、山西、河南三省的太行山區爲根據地。黑山在今河南浚縣西北太行山脈中。

〔50〕王雋:百衲本、殿本作"王儁",盧弼《集解》本、校點本作"王雋"。按,本書《武帝紀》建安十三年裴注引皇甫謐《逸士傳》有王儁,乃逸士。今從《集解》本等。

〔51〕二:百衲本作"二",殿本、盧弼《集解》本、校點本均作"一"。趙幼文《校箋》謂《太平御覽》卷二二九、《冊府元龜》卷一三七引俱作"二",郝經《續後漢書》同。今從百衲本。

[52] 守長：校點本1982年7月第二版誤作"守見"。

[53] 督郵：官名。本名督郵書掾（或督郵曹掾），省稱督郵掾、督郵。漢置，郡府屬吏，秩六百石。主要職掌除督送郵書外，又代表郡守督察屬縣，宣達教令，並兼司獄訟捕亡等。每郡督郵皆分部，有二部、三部、四部、五部不等。

[54] 擢敘：趙幼文《校箋》謂《册府元龜》卷一三七引作"獎擢"。

初，建安末，孫權始遣使稱藩，而與劉備交兵。詔議"當興師與吳并取蜀不"？朗議曰："天子之軍，重於華、岱，[1]誠宜坐曜天威，不動若山。假使權親與蜀賊相持，搏戰曠日，智均力敵，兵不速決，當須軍興以成其勢者，然後宜選持重之將，承寇賊之要，相時而後動，擇地而後行，一舉可無餘事。[2]今權之師未動，則助吳之軍無爲先征。且雨水方盛，非行軍動衆之時。"帝納其計。黃初中，鵜鶘集靈芝池，[3]詔公卿舉獨行君子。朗薦光禄大夫楊彪，且稱疾，讓位於彪。帝乃爲彪置吏卒，位次三公。詔曰："朕求賢於君而未得，君乃翻然稱疾，非徒不得賢，更開失賢之路，增玉鉉之傾。[4]無乃居其室出其言不善，見違於君子乎！君其勿有後辭。"朗乃起。

孫權欲遣子登入侍，不至。是時車駕徙許昌，大興屯田，欲舉軍東征。朗上疏曰："昔南越守善，嬰齊入侍，[5]遂爲冢嗣，還君其國。康居驕黠，[6]情不副辭，都護奏議以爲宜遣侍子，以黜無禮。且吳濞之禍，[7]萌於子入，隗囂之叛，[8]亦不顧子。往者聞權有遣子之言而未至,今六軍戒嚴,臣恐輿人未暢聖旨,[9]當謂國家愠於登之逋留,是以爲之興師。設師行而登乃至,則爲所動者至大,所致者至細,猶未足以爲慶。設其傲很,[10]殊無入志,懼彼輿論之未暢者,並懷伊邑。臣愚以爲宜敕別征諸將,各明奉禁令,以慎守所部。外曜烈威,內廣耕稼,使泊然若山,澹然若淵,勢不可動,計不可測。"是時,帝以成軍遂行,權子不至,車駕臨江而還。〔一〕[11]

〔一〕《魏書》曰:車駕既還,詔三公曰:"三世爲將,道家所忌。窮兵黷武,古有成戒。況連年水旱,士民損耗,而功作倍於前,勞役兼於昔,進不滅賊,退不和民,[12]夫屋漏在上,知之在下,然迷而知反,失道不遠,過而能改,謂之不過。今將休息,櫨備高山,沉權九淵,割除擯棄,投之畫外。車駕當以今月中旬到譙,[13]淮、漢衆軍,亦各還反,不臘西歸矣。"[14]

[1] 華岱:指華山與泰山,比喻甚重。

[2] 可:百衲本、殿本、盧弼《集解》本作"可"。盧氏云:"北宋本'可'作'更'。"標點本即作"更"。今從百衲本等。

[3] 鵜(tí)鶘(hú):水鳥名。《爾雅·釋鳥》"鵜,鴮鸅"郭璞注:"今之鵜鶘也,好群飛,沉水食魚,故名洿澤,俗呼之爲淘河。" 靈芝池:魏黃初三年(222),在魏晉洛陽城中。

[4] 玉鉉:《易·鼎卦》:"上九,鼎玉鉉,大吉,無不利。象曰:玉鉉在上,剛柔節也。"鉉,鼎耳上的吊環,在鼎的最高處,後世以喻處高位之大臣。

[5] 嬰齊:西漢初南粵王趙眜之子。漢武帝建元六年(前135),閩粵興兵犯南粵;南粵守藩臣之分,未擅興兵還擊,僅上報

漢廷。漢武帝遂遣兩將往討閩粵，未至，閩粵即降而罷兵。南粵王胡爲報漢德，遂遣太子嬰齊入宿衛。"後十餘歲，胡實病甚，太子嬰齊請歸。胡薨，謐曰文王。嬰齊嗣立。"（見《漢書》卷九五《南粵傳》）

[6] 康居：西域國名。與大月氏同俗，游牧於今哈薩克斯坦南部及錫爾河中下游一帶。漢成帝時，"康居遣子侍漢，貢獻，然自以絕遠，獨驕嫚，不肯與諸國相望。都護（即西域都護，主管西域地區軍政事務）郭舜數上言"，謂"康居驕黠"，"宜歸其侍子，絕勿復使，以章漢家不通無禮之國"。（見《漢書》卷九六上《西域傳》）

[7] 吳濞：即西漢初吳王劉濞。劉濞乃漢高祖劉邦兄仲之子，被封爲吳王。漢文帝時，"吳太子入見，得侍皇太子飲博。吳太子師傅皆楚人，輕悍，又素驕。博爭道，不恭，皇太子引博局提吳太子，殺之"，"吳王由是怨望，稍失藩臣禮，稱疾不朝"。終於起兵反叛。（見《漢書》卷三五《吳王濞傳》）

[8] 隗囂：東漢初天水成紀（今甘肅秦安縣）人。新莽末，爲當地豪強擁立，據有天水、武都、金城等郡。一度依附劉玄，後又歸附漢光武帝劉秀，并遣長子隗恂入漢，朝廷以爲胡騎校尉。而隗囂仍據隴右，又聽信其部屬王元等人之説，終於叛投公孫述。漢遂興兵討伐，並誅其子恂。（見《後漢書》卷一三《隗囂傳》）

[9] 輿人：衆人。

[10] 很：殿本、校點本作"狠"，百衲本、盧弼《集解》本作"很"。按二字同。今從百衲本等。

[11] 而：各本皆作"而"，盧弼《集解》云："北宋本'而'作'西'。"

[12] 和民：趙幼文謂《册府元龜》卷一四二"和"字作"利"。按，宋本《册府元龜》亦作"和"。

[13] 譙：縣名。治所在今安徽亳州市。

[14] 臘：祭名。歲終祭祖先稱臘。盧弼《集解》謂此詔當在

黄初三年十一月。

明帝即位，進封蘭陵侯，[1]增邑五百，并前千二百户。使至鄴省文昭皇后陵，見百姓或有不足。是時方營修宫室，朗上疏曰："陛下即位已來，恩詔屢布，百姓萬民莫不欣欣。臣頃奉使北行，往反道路，聞衆徭役，其可得蠲除省减者甚多。願陛下重留日昃之聽，以計制寇。昔大禹將欲拯天下之大患，[2]故乃先卑其宫室，儉其衣食，用能盡有九州，弼成五服。句踐欲廣其禦兒之疆，〔一〕[3]戡夫差於姑蘇，[4]故亦約其身以及家，儉其家以施國，用能囊括五湖，席卷三江，取威中國，定霸華夏。[5]漢之文、景亦欲恢弘祖業，[6]增崇洪緒，故能割意於百金之臺，昭儉於弋綈之服，内减太官而不受貢獻，外省徭賦而務農桑，用能號稱升平，幾致刑錯。孝武之所以能奮其軍勢，拓其外境，誠因祖考蓄積素足，故能遂成大功。霍去病，[7]中才之將，猶以匈奴未滅，不治第宅。明卹遠者略近，事外者簡内。自漢之初及其中興，皆於金革略寢之後，[8]然後鳳闕猥閱，[9]德陽並起。[10]今當建始之前足用列朝會，[11]崇華之後足用序内官，[12]華林、天淵足用展游宴，[13]若且先成閶闔之象魏，[14]使足用列遠人之朝貢者，脩城池，使足用絶踰越，成國險，其餘一切，且須豐年。一以勤耕農爲務，習戎備爲事，則國無怨曠，户口滋息，民充兵彊，而寇戎不賓，緝熙不作，[15]未之有也。"轉爲司徒。[16]

〔一〕禦兒，吳界邊戍之地名。[17]

[1] 蘭陵：縣名。治所在今山東蒼山縣西南蘭陵鎮。

[2] 大禹將欲拯天下之大患：《史記》卷二《夏本紀》謂禹受舜命治水，"禹傷先人父鯀功之不成受誅，乃勞身焦思，居外十三年，過家門不敢入。薄衣食，致孝於鬼神。卑宮室，致費於溝淢（通"洫"）"；"左準繩，右規矩，載四時，以開九州，通九道，陂九澤，度九山"；"於是九州攸同，四奧既居"；"令天子之國以外五百里甸服"，"甸服外五百里侯服"，"侯服外五百里綏服"，"綏服外五百里要服"，"要服外五百里荒服"。

[3] 句踐：春秋末越國國君。曾被吳王夫差打敗，屈服求和，經臥薪嘗膽，刻苦圖強，十年生聚，十年教訓，終於強盛，滅亡吳國。 禦兒：地名。位於句踐失敗求和後越國之北境，在今浙江桐鄉市南。

[4] 馘（guó）：古代戰爭中割取敵人左耳以計功稱馘。《爾雅·釋詁下》："馘，獲也。"郭璞注："今以獲賊耳爲馘。" 姑蘇：臺名。春秋時吳王夫差所築，在今江蘇吳縣西姑蘇山上。

[5] 定霸華夏：句踐滅吳後，"乃以兵北渡淮，與齊、晉諸侯會於徐州，致貢於周。周元王使人賜句踐胙，命爲伯"。"當是時，越兵橫行於江、淮東，諸侯畢賀，號稱霸王。"（見《史記》卷四一《越王句踐世家》）

[6] 漢之文景亦欲恢弘祖業：《漢書》卷四《文帝紀贊》謂"孝文皇帝即位二十三年，宮室苑囿車騎服御無所增益。有不便，輒弛以利民。嘗欲作露臺，召匠計之，直百金。上曰：'百金，中人十家之產也。吾奉先帝宮室，常恐羞之，何以臺爲！'身衣弋綈，（顏師古注：弋，黑色也。綈厚繒。）所幸慎夫人衣不曳地，帷帳無文繡，以示敦朴，爲天下先"。"專務以德化民，是以海內殷富，興於禮義，斷獄數百，幾致刑措。"《漢書·景帝紀贊》亦云："漢興，掃除煩苛，與民休息。至於孝文，加之以恭儉，孝景遵業，五

六十載之間，至於移風易俗，黎民醇厚。周云成、康，漢言文、景，美矣！"

[7] 霍去病：西漢名將。漢武帝時，官至驃騎將軍，封冠軍侯。元狩二年（前121）兩次大敗匈奴，控制了河西地區，打通了西域通道。元狩四年又與衛青共同擊敗匈奴主力。漢武帝曾爲其造府第，答曰："匈奴不滅，無以家爲也。"更得漢武帝之愛重。（見《漢書》卷五五《霍去病傳》）

[8] 金革：猶謂"甲兵"，指戰爭。

[9] 鳳闕：漢代宮闕名。《史記》卷一二《孝武本紀》："於是作建章宮，度爲千門萬户。前殿度高未央。其東則鳳闕，高二十餘丈。"後世因之泛指宮殿。 猰閌（kàng）：門多而高的樣子。趙幼文《校箋》謂《册府元龜》卷三二六引"閌"字作"開"。

[10] 德陽：漢宗廟名。《史記》卷一一《孝景本紀》："中四年三月，置德陽宮。"裴駰《集解》瓚曰："是景帝廟也，帝自作之，諱不言廟，故言宮。"

[11] 建始：魏洛陽宮殿名。

[12] 崇華：魏洛陽宮殿名。胡三省云："建始、崇華二殿，皆在洛陽北宮。"（《通鑑》卷七〇魏明帝太和元年注）

[13] 華林：宮苑名。本東漢之芳林苑，魏正始初避齊王芳諱改，在當時之洛陽城内。 天淵：池名。在華林園内。

[14] 閶闔：皇宮之正門。 象魏：宮門前之觀闕。胡三省云："象魏，觀闕也。象者，法象也。魏者，高巍也。"（《通鑑》卷七〇魏明帝太和元年注）

[15] 緝熙：指光明。《詩·大雅·文王》："穆穆文王，於緝熙敬止。"毛傳："緝熙，光明也。" 作：盧弼《集解》本、校點本作"足"，百衲本、殿本作"作"。郝經《續後漢書》亦作"作"。今從百衲本等。

[16] 司徒：盧弼《集解》謂本書卷三《明帝紀》王朗爲司徒在黄初七年（226）十二月，立文昭皇后寢廟在太和元年（227）

二月，是轉爲司徒在前，省陵在後。

［17］趙幼文《校箋》謂郝經《續後漢書》苟宗道注引有"裴松之曰"四字，疑此奪"臣松之案"一句。按，苟注郝書，必須有"裴松之曰"語，不然即爲苟說。通觀裴松之注，凡注釋字音、字義、地名、人名、典故等皆無"臣松之案"之語。若辨別評論史事人物等，即有"臣松之案"之語。

時屢失皇子，而後宮就館者少，朗上疏曰："昔周文十五而有武王，[1]遂享十子之祚，[2]以廣諸姬之胤。[3]武王既老而生成王，[4]成王是以鮮於兄弟。此二王者，各樹聖德，無以相過，比其子孫之祚，則不相如。蓋生育有早晚，所產有衆寡也。陛下既德祚兼彼二聖，春秋高於姬文育武之時矣，而子發未舉於椒蘭之奧房，[5]藩王未繁於掖庭之衆室。以成王爲喻，雖未爲晚，取譬伯邑，則不爲夙。《周禮》六宮內官百二十人，[6]而諸經常説，咸以十二爲限，至於秦漢之末，或以千百爲數矣。然雖彌猥，而就時於吉館者或甚鮮，明'百斯男'之本，[7]誠在於一意，不但在於務廣也。老臣憷憷，願國家同祚於軒轅之五五，[8]而未及周文之二五，[9]用爲伊邑。[10]且少小常苦被褥泰溫，泰溫則不能便柔膚弱體，是以難可防護，而易用感慨。若常令少小之縕袍不至於甚厚，則必咸保金石之性，而比壽於南山矣。"帝報曰："夫忠至者辭篤，愛重者言深。君既勞思慮，又手筆將順，三復德音，欣然無量。朕繼嗣未立，以爲君憂，欽納至言，思聞良規。"朗著《易》《春秋》《孝經》《周官》傳，[11]奏議論記，咸傳於世。〔一〕太和二年薨，謚曰成侯。子肅嗣。初，文帝分朗户邑，封一子列侯，朗乞封兄子詳。

〔一〕《魏略》曰：朗本名嚴，後改爲朗。《魏書》曰：朗高才博雅，而性嚴整慷慨，多威儀，恭儉節約，自婚姻中表禮贄無所受。常譏世俗有好施之名，而不卹窮賤，故用財以周急爲先。

[1] 周文：周文王。《史記》卷四《周本紀》"武王上祭於畢"張守節《正義》引《大戴禮》云："文王十五而生武王。"

[2] 十子：《史記·管蔡世家》云："武王同母兄弟十人。母曰太姒，文王正妃也。其長子曰伯邑考，次曰武王發，次曰管叔鮮，次曰周公旦，次曰蔡叔度，次曰曹叔振鐸，次曰成叔武，次曰霍叔處，次曰康叔封，次曰冉季載。"

[3] 姬：周族姓姬。

[4] 武王既老而生成王：《禮記·文王世子》云："文王九十七乃終，武王九十三而終。"孔穎達疏："案鄭注《金縢》云，文王崩後明年生成王，則武王崩時成王年十歲。"據此，武王生成王時已八十三歲。

[5] 椒蘭之奧房：指帝王后妃所居之深宮。

[6] 六宮：百衲本"宮"作"官"，殿本、盧弼《集解》本、校點本作"宮"。今從殿本等。

[7] 明：各本皆作"明"，盧弼《集解》云："北宋本'明'作'則'。" 百斯男：《詩·大雅·思齊》；"大姒嗣徽音，則百斯男。"毛傳："大姒，文王之妃也。大姒十子，衆妾則宜百子也。"

[8] 國家：指皇帝。 五五：二十五。《史記》卷一《五帝本紀》謂軒轅"黄帝二十五子，其得姓者十四人"。

[9] 二五：十。指周文王妃太姒之十子。

[10] 伊邑：憂愁。

[11] 易：侯康《補三國藝文志》："王朗《易傳》，《齊王芳紀》正始六年詔故司徒王朗作《易傳》令學者得以課試，則當時甚重其書。又《北魏書・闞駰傳》，稱駰注王朗《易傳》，學者藉以通經，則其學並行於數百年後矣。" 春秋：《隋書・經籍志》著録"《春秋左氏傳》十二卷，魏司徒王朗撰"；又謂梁有"《春秋左氏釋駁》一卷，王朗撰。亡"。

肅字子雍。年十八，從宋忠讀《太玄》，[1]而更爲之解。[一]黃初中，爲散騎、黃門侍郎。太和三年，拜散騎常侍。四年，大司馬曹真征蜀，[2]肅上疏曰："前志有之，'千里饋糧，士有飢色，樵蘇後爨，師不宿飽'，[3]此謂平塗之行軍者也。又況於深入阻險，鑿路而前，則其爲勞必相百也。今又加之以霖雨，[4]山坂峻滑，衆逼而不展，糧縣而難繼，實行軍者之大忌也。聞曹真發已踰月而行裁半谷，[5]治道功夫，戰士悉作。是賊偏得以逸而待勞，乃兵家之所憚也。言之前代，則武王伐紂，出關而復還；[6]論之近事，則武、文征權，臨江而不濟。豈非所謂順天知時，通於權變者哉！兆民知聖上以水雨艱劇之故，休而息之，後日有釁，乘而用之，則所謂悅以犯難，民忘其死者矣。"於是遂罷。又上疏："宜遵舊禮，爲大臣發哀，[7]薦果宗廟。"事皆施行。又上疏陳政本曰："除無事之位，損不急之禄，止因食之費，并從容之官；使官必有職，職任其事，事必受禄，禄代其耕，乃往古之常式，當今之所宜也。官寡而禄厚，則公家之費鮮，進仕之志勸，[8]各展才力，莫相倚杖。[9]敷奏以言，明試以功，能之與否，簡在帝心。是以唐、虞之設官分職，申命公卿，各以其事，然後惟龍爲納言，[10]猶今尚書也，以出内帝命而已。夏、殷不可得而詳。《甘誓》曰'六事之人'，[11]明六卿亦典事者也。《周官》則備矣，五日視朝，公卿大夫並進，而司士辨其位焉。[12]其《記》曰：[13]'坐而論道，謂之王公；作而行之，謂之士大夫。'及漢之初，依擬前代，公卿皆親以事升朝。故高祖躬追反走之周昌，[14]武帝遥可奉奏之汲黯，[15]宣帝使公卿五日一朝，[16]成帝始置尚書五人。[17]自是陵遲，朝禮遂闕。可復五日視朝之儀，使公卿尚書各以事進。廢禮復興，光宣聖緒，誠所謂名美而實厚者也。"

〔一〕肅父朗與許靖書云：肅生於會稽。

［1］宋忠：字仲子。見本書卷六《劉表傳》裴注引《英雄記》。太玄：揚雄撰。《隋書·經籍志》著録"揚子《太玄經》九卷，宋衷注。梁有揚子《太玄經》九卷，揚雄自作章句，亡"。又載"揚子《太玄經》十卷，陸績、宋衷注"。宋衷即宋忠。《隋書·經籍志》又謂梁有"揚子《太玄經》七卷，王肅注。亡"。

［2］大司馬：官名。魏文帝黄初二年（221）置，爲上公，位在三公上，第一品，掌武事。

［3］師不宿飽：以上四句，爲黄石公《三略》中《上略》之言（參盧弼《集解》引沈欽韓説）。又見《漢書》卷三四《韓信傳》載李左車之説成安君。顏師古注："樵，取薪也。蘇，取草也。"

［4］今又：百衲本作"又今"，殿本、盧弼《集解》本、校點本作"今又"。今從殿本等。

[5] 曹真發已踰月：此事見本書卷九《曹真傳》太和四年（230）八月曹真奉命從子午谷南下伐蜀。

　　[6] 關：指盟津，在今河南孟津縣東北黄河上，東漢末在此置關。武王第一次伐紂，渡過盟津而還師。（見《史記》卷四《周本紀》）

　　[7] 大臣：此指曹真。本書《明帝紀》謂曹真死於太和五年三月。《通典》卷八一載有王肅爲曹真薨舉哀表。（參盧弼《集解》）

　　[8] 進仕之志勸：百衲本、殿本、盧弼《集解》本皆有此兩句，盧氏謂馮本祇有一句，校點本亦祇一句。趙幼文《校箋》謂《群書治要》引"進仕之志勸"句不重。《季漢書》同。疑此當刪。今從校點本。

　　[9] 杖：盧弼《集解》本、校點本作"仗"，百衲本、殿本作"杖"。按，二字義同，皆憑倚、依靠之義。今從百衲本等。

　　[10] 龍：舜臣。《尚書·舜典》："帝曰：'龍，朕塈讒説殄行，震驚朕師，命汝作納言，夙夜出納朕命。'"孔傳："納言，喉舌之官，聽下言納於上，受上言宣於下。"

　　[11] 甘誓：《尚書》中的一篇。

　　[12] 司士：《周禮》官名。掌群臣名籍、爵禄、正朝儀之位等。《周禮·夏官司馬·司士》："正朝儀之位，辨其貴賤之等。"

　　[13] 記：即《周禮·冬官考工記》。

　　[14] 周昌：西漢初人。漢高帝時曾爲御史大夫。《漢書》卷四二《周昌傳》云："昌爲人強力，敢直言，自蕭（何）、曹（參）等皆卑下之。昌嘗燕入奏事，高帝方擁戚姬，昌還走，高帝逐得。"

　　[15] 汲黯：西漢人。漢武帝時曾爲主爵都尉。爲人正直，敢於犯顔直諫。《漢書》卷五〇《汲黯傳》："上嘗坐武帳，黯前奏事，上不冠，望見黯，避帷中，使人可其奏。其見敬禮如此。"

　　[16] 五日一朝：《漢書》卷八《宣帝紀》：地節二年（前68），"上始親政事，又思報大將軍功德，乃復使樂平侯（霍）山

領尚書事，而令群臣得奏封事，以知下情。五日一聽事，自丞相以下各奉職奏事"。

[17] 尚書五人：《漢書》卷一〇《成帝紀》："（建始）四年（前29）春，罷中書宦官，初置尚書員五人。"顏師古注："《漢舊儀》云尚書四人爲四曹：常侍尚書主丞相御史事，二千石尚書主刺史二千石事，户曹尚書主庶人上書事，主客尚書主上國事。成帝置五人，有三公曹，主斷獄事。"

青龍中，[1]山陽公薨，[2]漢主也。肅上疏曰："昔唐禪虞，虞禪夏，皆終三年之喪，然後踐天子之尊。是以帝號無虧，君禮猶存。今山陽公承順天命，允答民望，進禪大魏，退處賓位。公之奉魏，不敢不盡節，魏之待公，優崇而不臣。既至其薨，櫬斂之制，[3]輿徒之飾，皆同之於王者，是故遠近歸仁，以爲盛美。且漢總帝皇之號，號曰皇帝。有別稱帝，無別稱皇，則皇是其差輕者也。故當高祖之時，土無二王，其父見在而使稱皇，[4]明非二王之嫌也。況今以贈終，可使稱皇以配其謚。"明帝不從使稱皇，[5]乃追謚曰漢孝獻皇帝。〔一〕

〔一〕孫盛曰：化合神者曰皇，德合天者曰帝。是故三皇創號，五帝次之。然則皇之爲稱，妙於帝矣。肅謂爲輕，不亦謬乎！臣松之以爲上古謂皇皇后帝，次言三、五，先皇后帝，誠如盛言。然漢氏諸帝，雖尊父爲皇，其實則貴而無位，高而無民，比之於帝，得不謂之輕乎！魏因漢禮，名號無改。孝獻之崩，豈得遠考古義？肅之所云，蓋就漢制而爲言耳。謂之爲謬，乃是譏漢，非難肅也。

［1］青龍：魏明帝曹叡年號（233—237）。

［2］山陽公：即漢獻帝劉協，魏文帝曹丕代漢後，封之爲山陽公。山陽，縣名。治所在今河南焦作市東南。

［3］櫬（chèn）：棺木。

［4］使稱皇：《漢書》卷一下《高帝紀下》高帝七年詔，謂高帝父"太公未有號，今上尊太公曰太上皇"。顏師古注："太上，極尊之稱也，皇，君也。天子之父，故號曰皇。不預治國，故不言帝也。"

［5］使稱皇：殿本作"使稱帝"，百衲本、盧弼《集解》本、校點本作"使稱皇"。今從百衲本等。

後肅以常侍領秘書監，兼崇文觀祭酒。[1]景初間，[2]宮室盛興，[3]民失農業，期信不敦，刑殺倉卒。肅上疏曰："大魏承百王之極，[4]生民無幾，干戈未戢，誠宜息民而惠之以安靜遐邇之時也。夫務畜積而息疲民，在於省徭役而勤稼穡。今宮室未就，功業未訖，運漕調發，轉相供奉。是以丁夫疲於力作，農者離其南畝，[5]種穀者寡，食穀者衆，舊穀既沒，新穀莫繼。斯則有國之大患，而非備豫之長策也。今見作者三四萬人，九龍可以安聖體，[6]其內足以列六宮，顯陽之殿，又向將畢，惟泰極已前，功夫尚大，方向盛寒，疾疢或作。[7]誠願陛下發德音，下明詔，深愍役夫之疲勞，厚矜兆民之不贍，取常食廩之士，非急要者之用，選其丁壯，擇留萬人，使一期而更之，咸知息代有日，則莫不悅以即事，勞而不怨矣。計一歲有三百六十萬夫，亦不爲少。當一歲成者，聽且三年。分遣其餘，使皆即農，無窮之計也。倉有溢粟，民有餘力；以此興功，何功不立？以此行化，何化不成？夫信之於民，國家大寶也。仲尼曰：'自古皆有死，民非信不立。'[8]夫區區之晉國，微微之重耳，[9]欲用其民，先示以信，是故原雖將降，顧信而歸，用能一戰而霸，于今見稱。前車駕當幸洛陽，發民爲營，有司命以營成而罷。既成，又利其功力，不以時遣。有司徒營其目前之利，不顧經國之體。[10]臣愚以爲自今以後，[11]儻復使民，宜明其令，使必如期。若有事以次，寧復更發，無或失信。凡陛下臨時之所行刑，[12]皆有罪之吏，宜死之人也。然衆庶不知，謂爲倉卒。故願陛下之於吏而暴其罪。鈞其死也，無使汙于宮掖而爲遠近所疑。且人命至重，難生易殺，氣絶而不續者也，是以聖賢重之。[13]孟軻稱殺一無辜以取天下，[14]仁者不爲也。漢時有犯蹕驚乘輿馬者，廷尉張釋之奏使罰金，[15]文帝怪其輕，而釋之曰：'方其時，上使誅之則已。今下廷尉。廷尉，天下之平也，一傾之，天下用法皆爲輕重，民安所措其手足？'[16]臣以爲大失其義，非忠臣所宜陳也。廷尉者，天子之吏也，猶不可以失平，而天子之身，反可以惑謬乎？斯重於爲己，而輕於爲君，不忠之甚也。周公曰：'天子無戲言；言則史書之，工誦之，士稱之。'[17]言猶不戲，而況行之乎？故釋之之言不可不察，周公之戒不可不法也。"又陳"諸鳥獸無用之物，而有芻穀人徒之費，皆可蠲除"。

　　帝嘗問曰："漢桓帝時，白馬令李雲上書言：[18]

'帝者,諦也。是帝欲不諦。'當何得不死?"肅對曰:"但爲言失逆順之節。原其本意,皆欲盡心,念存補國。且帝者之威,過於雷霆,殺一匹夫,無異螻蟻。寬而宥之,可以示容受切言,廣德宇於天下。故臣以爲殺之未必爲是也。"帝又問:"司馬遷以受刑之故,內懷隱切,[19]著《史記》非貶孝武,令人切齒。"對曰:"司馬遷記事,不虛美,不隱惡。劉向、揚雄服其善敘事,[20]有良史之才,謂之實錄。[21]漢武帝聞其述《史記》,取孝景及己本紀覽之,於是大怒,削而投之。於今此兩紀有錄無書。[22]後遭李陵事,遂下遷蠶室。[23]此爲隱切在孝武,而不在於史遷也。"

正始元年,出爲廣平太守。[24]公事徵還,拜議郎。頃之,爲侍中,遷太常。時大將軍曹爽專權,任用何晏、鄧颺等。肅與太尉蔣濟、司農桓範論及時政,[25]肅正色曰:"此輩即弘恭、石顯之屬,[26]復稱説邪!"爽聞之,戒何晏等曰:"當共慎之!公卿已比諸君前世惡人矣。"坐宗廟事免。後爲光禄勳。[27]時有二魚長尺,集于武庫之屋,有司以爲吉祥。肅曰:[28]"魚生於淵而亢於屋,[29]介鱗之物失其所也。[30]邊將其殆有棄甲之變乎?"其後果有東關之敗。[31]徙爲河南尹。嘉平六年,[32]持節兼太常,奉法駕,迎高貴鄉公于元城。[33]是歲,白氣經天,大將軍司馬景王問肅其故,[34]肅答曰:"此蚩尤之旗也,[35]東南其有亂乎?君若脩己以安百姓,則天下樂安者歸德,唱亂者先亡矣。"明年春,鎮東將軍毌丘儉、揚州刺史文欽反,[36]

景王謂肅曰："霍光感夏侯勝之言,[37]始重儒學之士,良有以也。安國寧主,其術焉在?"肅曰:"昔關羽率荆州之衆,降于禁於漢濱,遂有北向爭天下之志。後孫權襲取其將士家屬,羽士衆一旦瓦解。今淮南將士父母妻子皆在内州,[38]但急往禦衛,[39]使不得前,必有關羽土崩之勢矣。"景王從之,遂破儉、欽。後遷中領軍,[40]加散騎常侍,增邑三百,并前二千二百户。甘露元年薨,[41]門生縗絰者以百數。[42]追贈衛將軍,[43]諡曰景侯。子惲嗣。惲薨,無子,國絕。景元四年,封肅子恂爲蘭陵侯。咸熙中,開建五等,[44]以肅著勳前朝,改封恂爲丞子。〔一〕[45]

〔一〕《世語》曰:恂字(子良大)〔良夫〕,[46]有通識,在朝忠正。歷河南尹、侍中,所居有稱。乃心存公,有匪躬之節。[47]嗣令袁毅饋以駿馬,[48]知其貪財,不受。毅竟以贓貨而敗。建立二學,[49]崇明五經,皆恂所建。卒時年四十餘,贈車騎將軍。肅女適司馬文王,即文明皇后,生晉武帝、齊獻王攸。

《晉諸公贊》曰:恂兄弟八人。其達者,虔字恭祖,[50]以功幹見稱,位至尚書。弟愷,字君夫,少有才力而無行檢,與衞尉石崇友善,[51]俱以豪侈競於世,終於後將軍。虔子康、隆,[52]仕亦宣達,[53]爲後世所重。

[1] 崇文觀祭酒:官名。主管崇文觀的長官。本書卷三《明帝紀》青龍四年"夏四月,置崇文觀,徵善屬文者以充之"。

[2] 景初:魏明帝曹叡年號(237—239)。

[3] 盛興:盧弼《集解》本作"盛美",百衲本、殿本、校點本均作"盛興"。今從百衲本等。

［4］極：謂極弊。

［5］其：趙幼文《校箋》謂《群書治要》作"於"。 南畝：田地。

［6］九龍：洛陽宮殿名。魏明帝青龍三年（235）七月崇華殿火災，復建後改名九龍殿。見本書《明帝紀》。

［7］疢疹（chèn）：病害。趙幼文《校箋》謂郝經《續後漢書》"疢"作"疾"。

［8］民非信不立：此語見《論語·顏淵》。而今傳本《論語》此句作"民無信不立"。徐紹楨《質疑》謂《吕氏春秋·季秋紀》注引《論語》作"非信不立"，正與王肅同；皇侃《義疏》本又作"民不信不立"。蓋"無"與"不"，"不"與"非"古訓本可相通。民無信不立者，言民非信即不能立，即衆情離背，雖有兵食而國亦亡，見治國者尤當以信爲重。

［9］重耳：晋文公之名。《左傳·僖公二十五年》："冬，晋侯圍原（在今河南濟源縣西北），命三日之糧。原不降，命去之。諜出，曰：'原將降矣。'軍吏曰：'請待之。'公曰：'信，國之寶也，民之所庇也。得原失信，何以庇之？所亡滋多。'退一舍而原降。"

［10］不顧：趙幼文《校箋》謂《群書治要》引"不"上有"而"字。

［11］以後：盧弼《集解》本作"之後"，百衲本作"已後"，殿本、校點本作"以後"。今從殿本等。

［12］臨時：盧弼《集解》本作"臨事"，百衲本、殿本、校點本作"臨時"。今從百衲本等。

［13］聖賢：趙幼文《校箋》謂《群書治要》引"賢"字作"王"。

［14］孟軻：孟子名軻。《孟子·公孫丑上》孟子曰："行一不義，殺一不辜，而得天下，皆不爲也。"

［15］張釋之：西漢人。漢文帝時曾爲公車令、中大夫、中郎

將、廷尉等。以下所敘之事見《漢書》卷五九《張釋之傳》。

[16] 手足：趙幼文《校箋》謂《群書治要》引"足"下有"哉"字。

[17] 周公曰：周公此語見《吕氏春秋·審應覽·重言》，其文云："成王與唐叔虞燕居，援梧葉以爲珪而授唐叔虞曰：'余以此封女。'叔虞喜，以告周公。周公以請曰：'天子其封虞邪！'成王曰：'余一人與虞戲也。'周公對曰：'臣聞之，天子無戲言。天子言，則史書之，工誦之，士稱之。於是遂封叔虞於晋。"又按，《史記》卷三九《晋世家》亦載此事，而將周公之言書爲史佚之言。

[18] 李雲：東漢後期人，漢桓帝時爲白馬（在今河南滑縣東南城關鎮東）令。桓帝誅大將軍梁冀後，宦官單超等皆以功封列侯，專權選舉。桓帝又立亳氏爲皇后，大封賞后家。李雲對此爲國憂慮，遂公開上書。書中有云："孔子曰：'帝者，諦也。'今官位錯亂，小人諂進，財貨公行，政化日損，尺一拜用不經御省。是帝欲不諦乎？"桓帝閲後大怒，逮李雲下黄門北寺獄。雲遂死獄中。（見《後漢書》卷五七《李雲傳》）。又李賢注"帝者，諦也"云："《春秋運斗樞》曰：'五帝修名立功，修德成化，統調陰陽，招類使神，故稱帝。帝之言諦也。'鄭玄注云：'審諦於物也。'"

[19] 隱切：猶怨恨。

[20] 劉向：西漢宗室楚元王之後裔，自漢宣帝至成帝時，曾任郎中、光禄大夫、中壘校尉等。成帝時，受命主持整理校訂秘府圖書。（見《漢書》卷三六《楚元王傳》）　揚雄：西漢成都（今四川成都市）人。漢成帝時，曾爲給事黄門郎。王莽時，爲大夫，曾校書天禄閣。（見《漢書》卷八七《揚雄傳》）

[21] 實録：《漢書》卷六二《司馬遷傳贊》有云："劉向、揚雄博極群書，皆稱遷有良史之才，服其善序事理，辨而不華，質而不俚，其文直，其事核，不虚美，不隱惡，故謂之實録。"

[22] 有録無書：《史記》卷一三〇《太史公自序》："太史公曰：余述歷黄帝以來至太初而訖，百三十篇。"裴駰《集解》："駰

案:《漢書音義》曰:'十篇缺,有錄無書。'張晏曰:'遷没之後,亡《景紀》《武紀》《禮書》《樂書》《律書》《漢興已來將相年表》《日者列傳》《三王世家》《龜策列傳》《傅靳蒯列傳》。元、成之間,褚先生補闕,作《武帝紀》《三王世家》《龜策》《日者列傳》,言辭鄙陋,非遷本意也。"司馬貞《索隱》又云:"案:《景紀》取班書補之,《武紀》專取《封禪書》,《禮書》取荀卿《禮論》,《樂》取《禮·樂記》,《兵書》亡,不補,略述律而言兵,遂分曆述以次之。"

[23] 蠶室:謂腐刑。《漢書·司馬遷傳》"僕又茸以蠶室"顏師古注:"蠶室,初腐刑所居温密之室也。"

[24] 廣平:郡名。魏黄初二年置,治所曲梁縣,在今河北永年縣東南。

[25] 司農:即大司農。官名。秩中二千石,第三品。掌國家的財政收支及諸郡縣管理屯田之典農官。

[26] 弘恭石顯:二人皆因少年時受腐刑,入宫爲宦官。漢宣帝時,弘恭爲中書令(掌詔令章奏之傳達)、石顯爲中書僕射(中書令之副)。漢元帝即位後,弘恭、石顯秉勢用事,權傾内外。名儒前將軍蕭望之也被弘恭、石顯讒毁,被迫自殺。(見《漢書》卷九三《佞幸傳》、卷七八《蕭望之傳》)

[27] 光禄勳:官名。秩中二千石,第三品。掌宿衛宫殿門户,朝會則皆禁止,及主諸郎之在殿中侍衛者。

[28] 肅曰:趙幼文《校箋》謂《初學記》卷一二、《册府元龜》卷六二四引作"肅辯之曰",此脱。

[29] 亢:趙幼文《校箋》謂《北堂書鈔》卷五三、《初學記》卷一二、《太平御覽》卷二九引作"見"。

[30] 介鱗:趙幼文《校箋》謂《太平御覽》卷二二九、《册府元龜》卷六三三(當作六三四)引作"鱗介"。

[31] 東關:地名。在今安徽巢湖市東南裕溪河東岸。詳解見本書卷四《三少帝紀》齊王芳嘉平四年"東關"注。

[32] 嘉平：魏少帝齊王曹芳年號（249—254）。

[33] 元城：縣名。治所在今河北大名縣東。

[34] 司馬景王：即司馬師。魏元帝咸熙初司馬昭封爲晉王，追尊師爲景王。

[35] 蚩尤之旗：即彗星。《晉書·天文志中》："蚩尤旗，類彗而後曲，象旗……主伐枉逆，主惑亂，所見之方下有兵，兵大起；不然有喪。"

[36] 鎮東將軍：官名。曹魏時第二品，位次四征將軍，領兵如征東將軍。多爲持節都督，出鎮方面。

[37] 霍光：西漢平陽（今山西臨汾市西南）人。漢武帝時，爲奉車都尉。昭帝年幼即位，光與桑弘羊等同受武帝遺詔輔政，任大司馬、大將軍。昭帝去世無子，光等迎立昌邑王劉賀繼位。而賀無道，光等廢之，迎立宣帝。（見《漢書》卷六九《霍光傳》）夏侯勝：西漢東平（治所在今山東東平縣東）人，長於儒學，尤善《尚書》。《漢書》卷七五《夏侯勝傳》云："徵爲博士、光祿大夫。會昭帝崩，昌邑王嗣立，數出。勝當乘輿前諫曰：'天久陰而不雨，臣下有謀上者，陛下出欲何之？'王怒，謂勝爲祅言，縛以屬吏。吏白大將軍霍光，光不舉法。是時，光與車騎將軍張安世謀欲廢昌邑王。光讓安世以爲泄語，安世實不言。乃問勝，勝對言：'在《洪範傳》曰皇之不極，厥罰常陰，時則下人有伐上者。惡察察言，故云臣下有謀。'光、安世大驚，以此益重經術士。"

[38] 皆在内州：胡三省云："魏制，諸將出征及鎮守方面，皆留質任。時淮南將士皆自内州出戍，故家屬皆留内。"（《通鑑》卷七六魏高貴鄉公正元二年注）

[39] 禦衛：胡三省云："禦儉、欽之衆，使不得進；又衛其家屬。"（《通鑑》卷七六魏高貴鄉公正元二年注）

[40] 中領軍：官名。第三品，掌禁軍，主五校、中壘、武衛三營。

[41] 甘露：魏少帝高貴鄉公曹髦年號（256—260）。

[42] 縗（cuī）绖（dié）：喪服。縗，被於胸前的麻布條。绖，結於頭上或腰間的麻帶。

[43] 衛將軍：官名。東漢時位次大將軍、驃騎將軍、車騎將軍，位亞三公。開府置官屬。魏、晉沿置，位在諸名號將軍之上，多作爲軍府名號，加授大臣、重要州郡長官，無具體職掌，二品。開府者位從公，一品。

[44] 五等：公、侯、伯、子、男五等封爵。

[45] 丞（zhèng）：百衲本、殿本、盧弼《集解》本均作"承"。趙一清《注補》云："《前漢書·地理志》承屬東海郡，應劭音證。字本作'丞'，以丞水所經而名，今本作'承'，非也。"校點本即作"丞"。今從之。丞縣治所在今山東棗莊市東南嶧城鎮西。

[46] 良夫：百衲本作"良大"，殿本、盧弼《集解》本作"子良大"。潘眉《考證》云："'子良'，《晉書》作'良夫'，疑此'子'字衍文。'大'字即'夫'字之訛。"校點本即從潘說，改"子良大"爲"良夫"。今從之。

[47] 匪躬：謂盡忠而不顧身。《易·蹇卦》："六二，王臣蹇蹇，匪躬之故。"孔穎達疏："盡忠於君，匪以私身之故而不往濟君，故曰匪躬之故。"

[48] 鬲：縣名。治所在今山東平原縣北。

[49] 二學：指太學與國子學。西晉承魏制，立有太學；晉武帝咸寧二年（276）又立國子學（此據《晉書》卷三《武帝紀》，《晉書·職官志》則謂"咸寧四年武帝初立國子學"）。

[50] 虔：王虔、王愷之事，均附見《晉書》卷九三《王恂傳》。

[51] 衛尉：官名。秩中二千石，第三品，掌宫門及宫中警衛。西晉時尚兼管武庫、冶鑄。　石崇：西晉功臣石苞之子，晉武帝及惠帝時，爲散騎常侍、侍中、荆州刺史、大司農、衛尉等，豪富而奢侈。與王愷鬥富事，見《晉書》卷三三《石苞附崇傳》，又見

《世說新語·汰侈篇》。

　　[52] 隆：《晉書》卷八三《王雅傳》謂雅"魏衛將軍肅之曾孫也。祖隆，後將軍"。則王隆應爲王肅子，與此所載不同。（參潘眉《考證》、沈家本《瑣言》）

　　[53] 宦：百衲本作"官"，殿本、盧弼《集解》本、校點本作"宦"。今從殿本等。

　　初，肅善賈、馬之學，[1]而不好鄭氏，[2]采會同異，爲《尚書》《詩》《論語》《三禮》《左氏》解，[3]及撰定父朗所作《易傳》，皆列於學官。其所論駁朝廷典制、郊祀、宗廟、喪紀、輕重，凡百餘篇。[4]時樂安孫叔然，〔一〕受學鄭玄之門，人稱東州大儒。徵爲秘書監，不就。肅集《聖證論》以譏短玄，叔然駁而釋之，及作《周易》《春秋例》，[5]《毛詩》《禮記》《春秋三傳》《國語》《爾雅》諸注，又著書十餘篇。[6]自魏初徵士燉煌周生烈，〔二〕[7]明帝時大司農弘農董遇等，[8]亦歷注經傳，[9]頗傳於世。〔三〕

　　〔一〕臣松之案叔然與晉武帝同名，故稱其字。

　　〔二〕臣松之案此人姓周生，名烈。何晏《論語集解》有烈《義例》，[10]餘所著述，見晉武帝《中經簿》。[11]

　　〔三〕《魏略》曰：遇字季直，性質訥而好學。興平中，[12]關中擾亂，與兄季中依將軍段煨。采稆負販，[13]而常挾持經書，投閒習讀。[14]其兄笑之而遇不改。及建安初，王綱小設，郡舉孝廉，稍遷黃門侍郎。是時，漢帝委政太祖，遇旦夕侍講，爲天子所愛信。至二十二年，許中百官矯制，[15]遇雖不與謀，猶被錄詣鄴，轉爲冗散。常從太祖西征，道由孟津，過弘農王冢。[16]太祖疑欲謁，顧問左右，左右莫對，遇乃越第進曰："《春秋》之義，國君即位未踰年而卒，未成爲君。弘農王即阼既淺，又爲暴臣所制，降在藩國，不應謁。"太祖乃過。黃初中，出爲郡守。明帝時，入爲侍中、大司農。數年，病亡。初，遇善治《老子》，爲《老子》作訓注。又善《左氏傳》，更爲作朱墨別異。人有從學者，遇不肯教，而云"必當先讀百徧"。言"讀書百遍而義自見"。從學者云："苦渴無日。"遇言"當以三餘"。或問三餘之意，遇言"冬者歲之餘，夜者日之餘，陰雨者時之餘也"。[17]由是諸生少從遇學，無傳其朱墨者。

《世語》曰：遇子綏，位至秘書監，亦有才學。齊王同功臣董艾，[18]即綏之子也。

《魏略》以遇及賈洪、邯鄲淳、薛夏、隗禧、蘇林、樂詳等七人爲儒宗，其序曰："從初平之元，[19]至建安之末，天下分崩，人懷苟且，綱紀既衰，儒道尤甚。至黃初元年之後，新主乃復始，掃除太學之灰炭，補舊石碑之缺壞，[20]備博士之員錄，依漢甲乙以考課。[21]申告州郡，有欲學者，皆遣詣太學。太學始開，有弟子數百人。至太和、青龍中，中外多事，人懷避就。[22]雖性非解學，多求詣太學。太學諸生有千數，而諸博士率皆麤疎，無以教弟子。弟子本亦避役，竟無能習學，冬來春去，歲歲如是。又雖有精者，而臺閣舉格太高，[23]加不念統其大義，而問字指墨法點注之間，百人同試，度者未十。是以志學之士，遂復陵遲，而末求浮虛者各競逐也。[24]正始中，有詔議圜丘，[25]普延學士。是時郎官及司徒領吏二萬餘人，[26]雖復分布，見在京師者尚且萬人，而應書與議者略無幾人。又是時朝堂公卿以下四百餘人，其能操筆者未有十人，多皆相從飽食而退。嗟夫！學業沈隕，乃至於此。是以私心常區區貴乎數公者，各處荒亂之際，而能守志彌敦者也。"

賈洪字叔業，京兆新豐人也。[27]好學有才，[28]而特精於《春秋左傳》。[29]建安初，仕郡，舉計掾，[30]應州辟。時州中自參軍事以下百餘人，[31]唯洪與馮翊嚴苞（交）〔文〕通材學最高。[32]洪歷守三縣令，所在輒開除廄舍，親授諸生。後馬超反，超劫洪，將詣華陰，[33]使作露布。洪不獲已，爲作之。司隸鍾繇在東，[34]識其文，曰："此賈洪作也。"及超破走，太祖召洪署軍謀掾。[35]猶以其前爲超作露布文，故不即敍。晚乃出爲陰泉長。[36]延康中，[37]轉爲白馬王相。[38]善能談戲。王彪亦雅好文學，常師宗之，過於三卿。[39]數歲病亡，亡時年五十餘，時人爲之恨仕不至二千石。而嚴苞亦歷守二縣，黃初中，以高才入爲秘書丞，[40]數奏文賦，文帝異之。出爲西平太守，[41]卒官。

薛夏字宣聲，天水人也。[42]博學有才。天水舊有姜、閻、任、趙四姓，常（推）〔雄〕於郡中，[43]而夏爲單家，[44]不爲降屈。四姓欲共治之，夏乃游逸，東詣京師。太祖宿聞其名，甚禮遇之。後四姓又使囚遙引夏，關移潁川，[45]收捕繫獄。時太祖已在冀州，[46]聞夏爲本郡所質，撫掌曰："夏無罪也。漢陽兒輩直欲殺之耳！"[47]乃告潁川使理出之，召署軍謀掾。文帝又嘉其才，黃初中爲秘書丞，帝每與夏推論書傳，未嘗不終日也。每呼之不名，而謂之薛君。夏居甚貧，帝又顧其衣薄，解所御服袍賜之。[48]其後征東將軍曹休來朝，[49]時帝方與夏有所咨論，而外啓休到，帝引入。坐定，帝顧夏言之於休曰：[50]"此君，秘書丞天水薛宣聲也，宜共談。"其見遇如此。尋欲用之，會文帝崩。至太和中，嘗以公事移蘭臺。[51]蘭臺白以臺也，而秘書署耳，謂夏爲不得移也，[52]推使當有坐者。夏報之曰："蘭臺爲外臺，秘書爲內閣，臺、閣，一也，何不相移之有？"蘭臺屈無以折〔之〕。[53]自是之後，遂以爲常。後數歲病亡，敕其子無還天水。

隗禧字子牙，京兆人也。世單家。[54]少好學。初平中，三輔亂，[55]禧南客荊州，不以荒擾，擔負經書，每以採稆餘日，[56]則誦習之。太祖定荊州，召署軍謀掾。黃初中，爲譙王郎中。[57]王宿聞其儒者，常虛心從學。禧亦敬恭以授王，由是大得賜遺。以病還，拜郎中。年八十餘，以老處家，就之學者甚多。禧既明經，又善星官，[58]常仰瞻天文，歎息謂魚豢曰："天下兵戈尚猶未息，如之何？"豢又常從問《左氏傳》，禧答曰："欲知幽微莫若《易》，人倫之紀莫若《禮》，多識山川草木之名莫若《詩》，《左氏》直相斫書耳，不足精意也。"豢因從問《詩》，禧說齊、韓、魯、毛四家義，[59]不復執文，有如諷誦。又撰作諸經解數十萬言，未及繕寫而得聾，[60]後數歲病亡也。

其邯鄲淳事在《王粲傳》，蘇林事在《劉邵》《高堂隆傳》，樂詳事在《杜畿傳》。

魚豢曰：學之資於人也，其猶藍之染於素乎！故雖仲尼，猶曰"吾非生而知之者"，[61]況凡品哉！且世人所以不貴學者，必見夫有"誦詩三百而不能專對於四方"故也。余以為是則下科耳，不當顧中庸以上，材質適等，而加之以文乎！今此數賢者，略余之所識也。檢其事能，誠不多也。但以守學不輟，乃上為帝王所嘉，下為國家名儒，非由學乎？由是觀之，學其胡可以已哉！

[1] 賈馬：指賈逵、馬融，皆東漢後期之經學家。

[2] 鄭氏：鄭玄，東漢末之大經學家。

[3] 尚書：有關王肅以下著作，《隋書·經籍志》載有"《尚書》十一卷王肅注""《尚書駁議》五卷王肅撰，梁有《尚書義問》三卷鄭玄、王肅及晉五經博士孔晁撰""《周易》十卷魏衛將軍王肅注""《毛詩》二十卷王肅注，梁有《毛詩》二十卷鄭玄、王肅合注""《毛詩義駁》八卷王肅撰，《毛詩奏事》一卷王肅撰，（梁）有《毛詩問難》二卷王肅撰，亡""《周官禮》十二卷王肅注""《儀禮》十七卷王肅注""《喪服經傳》一卷王肅注""《喪服要記》一卷王肅注""《禮記》三十卷王肅注，梁有王肅《禮記音》一卷、梁有"《祭法》五卷、《明堂議》三卷王肅撰""《春秋左氏

傳》三十卷王肅注""《春秋外傳章句》一卷王肅撰""《孝經》一卷王肅解"、梁有王肅注《論語》十卷、"梁有《論語釋駁》三卷王肅撰""《孔子家語》二十一卷王肅解""《聖證論》十二卷王肅撰"。陸德明《經典釋文序錄》又謂王肅撰《三禮音》各一卷、王肅注《論語》十卷。

[4] 百餘篇：《隋書·經籍志》著録"魏衛將軍《王肅集》五卷，梁有録一卷""《王子正論》十卷王肅撰"。

[5] 周易：孫炎（字叔然）之著作，已多不見傳世之目録著作，僅《隋書·經籍志》著録"《禮記》三十卷魏秘書監孫炎注""《爾雅》七卷孫炎注"（《經典釋文序録》作"三卷音一卷"）。侯康《補三國藝文志》對孫炎之著作有如下論述："孫炎《周易例》，《宋史·張洎傳》引《易例》曰：初九爲元士，九二爲大夫，九三爲諸侯。《古經解鉤沉》以爲出此書……孫炎《毛詩注》，叔然注，今絶無傳，其旁見《爾雅注》者，多與毛傳合，蓋毛公本以《雅》訓釋詩者也。"

[6] 著：校點本作"注"，百衲本、殿本、盧弼《集解》本作"著"。今從百衲本等。

[7] 徵士：不應朝廷徵聘之士。　燉煌：郡名。治所敦煌縣，在今甘肅敦煌市西。

[8] 弘農：郡名。治所弘農縣，在今河南靈寶縣東北。

[9] 注經傳：《隋書·經籍志》謂"梁有魏大司農卿董遇注《周易》十卷"，亡。《經典釋文序録》又云："董遇《（易）章句》十二卷，（遇）字季直，弘農華陰人，魏侍中、大司農。《七志》《七録》并云十卷。"《舊唐書·經籍志》亦謂董遇注《周易》十卷，是董書唐時猶存。《隋書·經籍志》又謂"《春秋左氏傳》三十卷董遇章句"，《舊唐書·經籍志》則作"《春秋左氏經傳章句》三十卷董遇注"。

[10] 義例：姚振宗《三國藝文志》謂何晏《論語集解序》曰："近故司空陳群，博士周生烈皆爲義説。"邢昺曰："此二人皆

爲《論語》作注而説其義，故曰義説。"馬國翰輯本《序》曰："周生烈《義説》，隋、唐《志》皆不著録，惟何晏《集解》采之凡十有四節，皇侃疏明標周生烈，而邢疏並作周曰。"

［11］中經簿：荀勗所撰之目録書。《晉書》卷三九《荀勗傳》云："及得汲郡冢中古文竹書，詔勗撰次之，以爲《中經》，列在秘書。"又《隋書·經籍志序》云："魏秘書郎鄭默始制《中經》，秘書監荀勗又因《中經》更著《新簿》，分爲四部，總括群書。"又史部目録類著録"《晉中經》十四卷，荀勗撰"。《舊唐書·經籍志》則作"《中書簿》十四卷荀勗撰"，"書"字蓋誤，《新唐書·藝文志》即作"《晉中經簿》十四卷"。（參沈家本《三國志注所引書目》）

［12］興平：漢獻帝劉協年號（194—195）。

［13］秬（lǚ）：同"穭"。野生禾。《後漢書》卷九《獻帝紀》建安元年："尚書郎以下自出采秬。"李賢注："秬音呂。《埤蒼》曰：'穭自生也。''秬'與'穭'同。"

［14］閑：盧弼《集解》本、校點本作"間"，百衲本、殿本作"閑"。按，"間"即"閑"。今從百衲本等。

［15］許中百官矯制：此事當即本書《武帝紀》建安二十三年（218）吉本、耿紀、韋晃等起兵反曹操，攻丞相長史王必營之事，《後漢書·獻帝紀》所載亦同。而此作"二十二年"，實誤。（參盧弼《集解》引姚振宗説）

［16］弘農王：漢靈帝子劉辯。靈帝死，劉辯即皇帝位。董卓入京後，廢劉辯爲弘農王，立劉協爲帝，即漢獻帝。其後又酖殺劉辯。

［17］時：趙幼文《校箋》謂《藝文類聚》卷三引作"晴"。

［18］齊王冏：晉武帝之姪、齊獻王司馬攸之子。事見《晉書》卷五九《齊王冏傳》。

［19］初平：漢獻帝劉協年號（190—193）。

［20］補舊石碑之缺：侯康《補三國藝文志》"今字石經《毛詩》三卷"條引全祖望説，謂黄初中邯鄲淳補修有一字石經。"今

［21］甲乙：漢代太學生考試分甲科、乙科等。《漢書》卷八八《儒林傳序》謂漢平帝時，"歲課甲科四十人爲郎中，乙科二十人爲太子舍人，丙科四十人補文學掌故"。

［22］避就：謂避役而至太學。漢魏之制，太學生免除徭役。

［23］臺閣：指尚書臺。

［24］末求：百衲本"末"作"未"，殿本、盧弼《集解》本、校點本皆作"末"。今從殿本等。

［25］圜丘：祭天的圓形高壇。

［26］是時：百衲本無"是"字，殿本、盧弼《集解》本、校點本有。今從殿本等。　郎官：泛稱郎。西漢光祿勳的屬官郎中、中郎、侍郎、議郎等皆可稱爲郎，無定員，多至千餘人；東漢於光祿勳下又設有五官、左、右中郎將署，合稱三署，主管諸中郎、侍郎、郎中等，亦無定員，多達二千餘人；又尚書、黃門等機構亦設專職郎官。光祿勳下之郎官，掌守衛皇宮殿廊門户，出充車騎扈從，備顧問應對，守衛陵園寢廟等，任滿一定期限，即可遷補内外官職，故郎官機構，實爲儲備官吏的機構。東漢時，舉孝廉者多爲郎官。

［27］京兆：東漢稱京兆尹，曹魏改稱京兆郡。治所長安縣，在今陝西西安市西北。　新豐：縣名。治所在今陝西臨潼縣東北。

［28］好學：盧弼《集解》謂何焯校本"好學"上增"家貧"二字，從《太平御覽》增補。

［29］春秋左傳：趙幼文《校箋》謂《册府元龜》卷五九八引"左"下有"氏"字，是也。應據增。

［30］計掾：官名。即上計掾，漢代的郡國，在年終遣官吏至京都向朝廷呈上計簿，彙報本郡國的户口、錢糧、獄訟、盜賊等情況。此事稱爲上計，所遣之官吏稱爲上計掾或上計吏。

［31］參軍事：官名。本爲東漢末車騎將軍府參謀軍事之幕僚。州中所置，蓋爲仿效。

[32] 馮（píng）翊（yì）：郡名。即左馮翊，漢代所謂"三輔"之一。馮翊原治所在高陵，在今陝西高陵縣西南。東漢獻帝"建安初，關中始開，詔分馮翊西數縣爲左內史郡，治高陵；以東數縣爲本郡，治臨晉"。（見本書卷二三《裴潛傳》裴注引《魏略》）臨晉縣在今陝西大荔縣。 文通：百衲本、殿本、盧弼《集解》本均作"交通"。殿本《考證》云："'嚴苞交通'《太平御覽》作'嚴苞字文通'；'材學最高'下多'故衆爲之語曰：州中曄曄賈叔業，辨論汹汹嚴文通'二十字。"校點本即據此《考證》改"交通"爲"文通"。今從之。而其下百衲本、殿本、盧弼《集解》本均作"材學"，校點本作"才學"，今從百衲本等。

[33] 詣：百衲本作"諸"，殿本、盧弼《集解》本、校點本作"詣"。今從殿本等。 華陰：縣名。在今陝西華陰市東南。

[34] 司隸：校點本作"司徒"，百衲本、殿本、盧弼《集解》本均作"司隸"。按，馬超起兵關中時，鍾繇正爲司隸校尉鎮長安，以後也未任過司徒，僅在魏文帝、明帝時任過太尉、太傅。今從百衲本等。

[35] 軍謀掾：官名。東漢末曹操置爲司空、丞相府之僚屬，以參議軍政。

[36] 陰泉：按，漢魏無此縣名。盧弼《集解》引沈家本說，"陰泉"或爲"陽泉"之誤。陽泉治所在今安徽霍丘縣西北。

[37] 延康：漢獻帝劉協年號（220）。

[38] 相：官名。王國之相，由朝廷直接委派，執掌王國行政大權，相當於郡太守。按，本書卷二〇《楚王彪傳》，曹彪建安二十一年封壽春侯，黃初二年（221）進封汝陽公，七年始徙封白馬王。此謂延康中爲"白馬王相"，實誤。

[39] 三卿：漢魏時期諸侯王國之三卿爲郎中令、中尉、大農。

[40] 秘書丞：官名。魏文帝黃初初，置秘書署管理藝文圖籍，初屬少府，魏明帝時獨立。長官爲秘書監，下設秘書丞、秘書郎、秘書校書郎等。

[41] 西平：郡名。漢獻帝建安中，分金城郡置西平郡；又分臨羌縣置西都縣，爲西平郡治所，在今青海西寧市。

[42] 天水：郡名。治所冀縣，在今甘肅甘谷縣東。

[43] 雄：各本作"推"。吳金華《校詁》引郁松年《續後漢書札記》，謂"推"當是"雄"之形誤。《校詁》又云，稱霸一方謂之"雄"，郁氏謂爲"雄"字之誤，甚合情理。按，郁、吳説有理，今從改。

[44] 單家：孤寒之家。與豪族大姓相對而言。

[45] 關：文書名。周壽昌《注證遺》云："今有司越境拘人謂之關捕，其文書謂之關文。" 移：亦文書名。多用於平行官府之間。

[46] 冀州：東漢末，州牧刺史治所常設在鄴，在今河北臨漳縣西南鄴鎮東一里半。

[47] 漢陽：郡名。即天水郡。西漢稱天水郡，東漢改稱漢陽郡，建安末仍改名天水郡。上謂薛夏爲天水人，在郡改名之後；此曹操説"漢陽兒輩"，在郡改名之前。（本沈家本《瑣言》）

[48] 所御服袍：趙幼文《校箋》謂《太平御覽》卷六九二（當作六九三）引"御"下無"服"字。按，《太平御覽》卷二三三引既無"所"字，又無"服"字。

[49] 征東將軍：官名。秩二千石，第二品。黄初中位次三公，資深者爲大將軍。

[50] 言：趙幼文《校箋》謂《太平御覽》卷二三三、《册府元龜》卷六二二引俱作"曰"。

[51] 嘗以公事：趙幼文《校箋》謂《北堂書鈔》卷五七、《太平御覽》卷二三三引"嘗"下有"秘書"二字，應據補。按，《太平御覽》之文，當云"嘗"上有"秘書"二字。《太平御覽》之文云："時秘書嘗以公事移蘭臺。" 蘭臺：御史臺。

[52] 移：百衲本、殿本作"儀"，盧弼《集解》本、校點本作"移"。趙幼文《校箋》謂《北堂書鈔》卷五七作"移"。今從

《集解》本等。

[53] 折之：各本無"之"字。盧弼《集解》云："何校本'折'下增'之'字。"趙幼文《校箋》謂《北堂書鈔》卷七〇、《太平御覽》卷二三三引"折"下有"之"字，何校是。今從何校、趙説增。

[54] 單家：趙幼文《校箋》謂《太平御覽》卷八二九、《册府元龜》卷七九八引"家"下有"貧"字。按，宋本《册府元龜》有"貧"字，無"家"字。

[55] 三輔：地區名。西漢都城在長安，遂以長安爲中心置京兆尹、右扶風、左馮翊，合稱三輔。東漢定都洛陽，以三輔陵廟所在，不改其號，仍稱三輔。轄區在今陝西渭水流域一帶。

[56] 秆：百衲本、殿本作"栟"，盧弼《集解》本、校點本作"秆"。今從《集解》本等。

[57] 譙王：即曹林。本書卷二〇《沛穆王林傳》謂黄初三年"爲譙王"。　郎中：郎中令之省稱。王國郎中令爲王國三卿之一，侍從左右，地位頗重。

[58] 星官：星象。指天文。

[59] 四家義：秦始皇焚書後，漢初傳《詩經》者有魯、齊、韓、毛四家。陸德明《經典釋文序録》云，"魯人申公受《詩》於浮丘伯，以《詩經》爲訓故，以教無傳，疑者則闕不傳，號曰《魯詩》"；"齊人轅固生作《詩傳》，號曰《齊詩》"；"燕人韓嬰推《詩》之意作内、外《傳》數萬言，號曰《韓詩》"；"《毛詩》者，出自毛公"，"毛公爲《詩故訓傳》於家以授趙人小毛公"。"前漢，魯、齊、韓三家《詩》列於學官，平帝世《毛詩》始立，《齊詩》久亡，《魯詩》不過江東，《韓詩》雖在，人無傳者，唯《毛詩》鄭箋獨立國學，今所遵用"。

[60] 而得聾：盧弼《集解》謂《北堂書鈔》卷九九引"聾"下有"疾"字。

[61] 猶曰：殿本作"稱曰"，百衲本、盧弼《集解》本、校

點本均作"猶曰"。今從百衲本等。《論語·述而》子曰:"我非生而知之者,好古,敏以求之者也。"

評曰:鍾繇開達理幹,華歆清純德素,王朗文博富贍,誠皆一時之俊偉也。魏氏初祚,肇登三司,盛矣夫!王肅亮直多聞,能析薪哉![一][1]

〔一〕劉寔以爲肅方於事上而好下佞己,[2]此一反也。性嗜榮貴而不求苟合,此二反也。吝惜財物而治身不穢,此三反也。

[1] 能析薪哉:百衲本、殿本、盧弼《集解》本在此句之下緊接以下一段裴注,作爲陳壽"評曰"之文。陳景雲《辨疑》云:"《肅傳評》附劉寔語,當是裴注,如《譙周傳評》後注引張璠以爲云云,與此正同。肅既名臣,又晉武外王父,史臣於本傳略無貶辭,豈應於評中反摭其短乎?況陳評二句辭意已足,其下不容更贅他語,尤易了也。"錢大昕《十駕齋養新錄》卷六亦云:"予考承祚諸評,文簡而要,從未引他人説,少章之言是也。"校點本即從陳氏此説,將"劉寔"以下一段作爲裴注。今從之。

[2] 劉寔:西晉高唐(今山東禹城縣西南)人。魏末曾爲尚書郎、廷尉正。晉武帝咸寧中又爲太常、尚書。晉惠帝時官至太保、太傅。見《晉書》卷四一《劉寔傳》。 方:趙幼文《校箋》謂《白孔六帖》卷四三引作"忠"。

三國志 卷一四

魏書十四

程郭董劉蔣劉傳第十四

程昱字仲德，東郡東阿人也。[1]長八尺三寸，美鬚髯。黃巾起，縣丞王度反應之，[2]燒倉庫。縣令踰城走，吏民負老幼東奔渠丘山。[3]昱使人偵視度，度等得空城不能守，出城西五六里止屯。昱謂縣中大姓薛房等曰："今度等得城郭不能居，其勢可知。此不過欲虜掠財物，非有堅甲利兵攻守之志也。今何不相率還城而守之？且城高厚，多穀米，今若還求令，共堅守，度必不能久，攻可破也。"房等以為然。吏民不肯從，曰："賊在西，但有東耳。"昱謂房等："愚民不可計事。"乃密遣數騎舉幡于東山上，令房等望見，大呼言"賊已至"，便下山趣城，吏民奔走隨之，求得縣令，遂共城守。度等來攻城，不能下，欲去。昱率吏民開城門急擊之，度等破走。東阿由此得全。

初平中，[4]兗州刺史劉岱辟昱，[5]昱不應。是時岱與袁紹、公孫瓚和親，紹令妻子居岱所，瓚亦遣從事范方將騎助岱。[6]後紹與瓚有隙。瓚擊破紹軍，乃遣使語岱，令遣紹妻子，使與紹絕。別敕范方："若岱不遣紹家，將騎還。吾定紹，將加兵于岱。"岱議連日不決，別駕王彧白岱：[7]"程昱有謀，能斷大事。"岱乃召見昱，[8]問計，昱曰："若棄紹近援而求瓚遠助，此假人於越以救溺子之說也。夫公孫瓚，非袁紹之敵也。今雖壞紹軍，然終爲紹所禽。[9]夫趣一朝之權而不慮遠計，將軍終敗。"岱從之。范方將其騎歸，未至，瓚大爲紹所破。岱表昱爲騎都尉，[10]昱辭以疾。

劉岱爲黃巾所殺。太祖臨兖州，辟昱。昱將行，其鄉人謂曰："何前後之相背也！"昱笑而不應。太祖與語，說之，以昱守壽張令。[11]太祖征徐州，[12]使昱與荀彧留守鄄城。[13]張邈等叛迎呂布，郡縣響應，唯鄄城、范、東阿不動。[14]布軍降者，言陳宮欲自將兵取東阿，又使氾嶷取范，[15]吏民皆恐。或謂昱曰："今兖州反，唯有此三城。宮等以重兵臨之，非有以深結其心，三城必動。君，民之望也，歸而說之，殆可！"昱乃歸，過范，說其令靳允曰：[16]"聞呂布執君母弟妻子，孝子誠不可爲心！[17]今天下大亂，英雄並起，必有命世，能息天下之亂者，此智者所詳擇也。得主者昌，失主者亡。陳宮叛迎呂布而百城皆應，似能有爲，然以君觀之，布何如人哉！夫布，麤中少親，剛而無禮，匹夫之雄耳。宮等以勢假合，不能相君也。兵雖衆，終必無成。曹使君智略不世出，殆天所授！

君必固范,我守東阿,則田單之功可立也。[18]孰與違忠從惡而母子懼亡乎?唯君詳慮之!"允流涕曰:"不敢有貳心。"[19]時氾嶷已在縣,允乃見嶷,伏兵刺殺之,歸勒兵守。〔一〕昱又遣別騎絕倉亭津,[20]陳宮至,不得渡。昱至東阿,東阿令棗祗已率屬吏民,[21]拒城堅守。又兗州從事薛悌與昱協謀,卒完三城,以待太祖。太祖還,執昱手曰:"微子之力,吾無所歸矣。"乃表昱爲東平相,[22]屯范。〔二〕

〔一〕徐衆《評》曰:允於曹公,未成君臣。母,至親也,於義應去。昔王陵母爲項羽所拘,[23]母以高祖必得天下,因自殺以固陵志。明心無所係,然後可得成事人盡死之節。衛公子開方仕齊,[24]積年不歸,管仲以爲不懷其親,安能愛君,不可以爲相。是以求忠臣必於孝子之門,允宜先救至親。徐庶母爲曹公所得,[25]劉備乃遣庶歸,欲爲天下者恕人子之情也。曹公亦宜遣允。

〔二〕《魏書》曰:昱少時常夢上泰山,[26]兩手捧日。昱私異之,以語荀彧。及兗州反,賴昱得完三城。於是彧以昱夢白太祖。太祖曰:"卿當終爲吾腹心。"昱本名立,太祖乃加其上"日",更名昱也。

[1] 東郡:治所濮陽縣,在今河南濮陽縣西南。 東阿:縣名。治所在今山東陽谷縣東北阿城鎮。

[2] 縣丞:官名。縣令之副佐。漢代,職掌文書及倉獄事宜,秩四百石至二百石。

[3] 渠丘山:在東阿縣境。

[4] 初平:漢獻帝劉協年號(190—193)。

[5] 兗州:州牧刺史治所昌邑縣,在今山東金鄉縣西北。

［6］從事：官名。漢代州牧刺史的佐吏，有別駕從事史、治中從事史、兵曹從事史、部從事史等，均可簡稱爲從事。

［7］別駕：官名。別駕從事史的簡稱，爲州牧刺史的主要屬吏，州牧刺史巡行各地時，別乘傳車從行，故名別駕。

［8］召見：百衲本無"召"字，殿本、盧弼《集解》本、校點本有。今從殿本等。

［9］然：殿本無"然"字，百衲本、盧弼《集解》本、校點本有。今從百衲本等。

［10］騎都尉：官名。屬光禄勳，秩比二千石，掌羽林騎兵。

［11］壽張：縣名。治所在今山東東平縣西南。

［12］徐州：刺史治所本在郯縣（今山東郯城縣北），東漢末移於下邳，在今江蘇睢寧縣西北。（本吳增僅《三國郡縣表附考證》）

［13］鄄城：縣名。治所在今山東鄄城縣北。曹操爲兗州牧，治所在此。

［14］范：縣名。治所在今山東梁山縣西北范城。

［15］氾：百衲本、殿本、盧弼《集解》本作"汎"，校點本作"氾"。按，二字通，今從校點本。《通志・氏族略》云："氾氏，本亦作汎。周大夫食采於氾，因以爲氏。"

［16］靳允：校點本1982年7月第2版誤作"勒允"。

［17］不可爲心：周一良《札記》云："不可爲心即難堪、難忍，亦即今日口語之受不了。"

［18］田單：戰國時齊將。齊湣王時，爲市吏。燕將樂毅破齊時，田單與宗人逃至即墨（今山東平度市東南），被衆所推，爲將軍，遂堅守即墨城。田單後用反間計，使燕惠王用騎劫代樂毅爲將，並用火牛陣擊敗燕軍，一舉收復七十餘城。齊襄王遂封之爲安平君。（見《史記》卷八三《田單列傳》）

［19］貳心：殿本、盧弼《集解》本、校點本作"二心"，百衲本作"貳心"。盧弼云："一本校改'二'作'貳'。"按，"二"

通"貳"。今從百衲本。《爾雅·釋詁下》：" 貳，疑也。"邢昺疏："貳者，心疑不一也。"

［20］倉亭津：古黃河渡口，在今山東陽谷縣境。

［21］棗祗：事見本書卷一六《任峻傳》及裴注。

［22］東平：王國名。治所無鹽縣，在今山東東平縣東。　相：官名。王國的相，由朝廷直接委派，執掌王國行政大權，相當於郡太守。

［23］王陵：秦末沛（今江蘇沛縣）人。漢高祖劉邦起兵後，不肯屬劉邦。劉邦與項羽對抗後，乃率衆歸劉邦。項羽得陵母置軍中，欲以招陵。陵使至羽軍，其母私送使者，泣囑陵善從漢王，爲堅定其心，遂自殺而死。（見《漢書》卷四〇《王陵傳》）

［24］開方：春秋時衛國公子，長期在齊國爲官。《韓非子·難一》云：管仲有病，齊桓公往問後繼之相。管仲曰："願君去豎刁，除易牙，遠衛公子開方……聞開方事君十五年，齊衛之間，不容數日，行棄其母，久宦不歸，其母不愛，安能愛君？"

［25］徐庶：見本書卷三五《諸葛亮傳》及裴注引《魏略》。

［26］上：趙幼文《校箋》謂《太平御覽》卷四、卷三六二、《事類賦》卷一引"上"字作"登"。按，《太平御覽》引皆題曰《魏志》。

太祖與吕布戰于濮陽，[1]數不利。蝗蟲起，乃各引去。於是袁紹使人說太祖連和，欲使太祖遣家居鄴。[2]太祖新失兖州，軍食盡，將許之。時昱使適還，引見，因言曰："竊聞將軍欲遣家，與袁紹連和，誠有之乎？"太祖曰："然。"昱曰："意者將軍殆臨事而懼，不然何慮之不深也！夫袁紹據燕、趙之地，[3]有并天下之心，而智不能濟也。將軍自度能爲之下乎？將軍以龍虎之威，可爲韓、彭之事邪？[4]今兖州雖殘，尚有三

城。能戰之士，不下萬人。以將軍之神武，與文若、昱等，[5]收而用之，霸王之業可成也。願將軍更慮之！"太祖乃止。〔一〕

〔一〕《魏略》載昱説太祖曰："昔田橫，[6]齊之世族，兄弟三人更王，據千里之（齊）〔地〕，[7]擁百萬之衆，與諸侯並南面稱孤。既而高祖得天下，而横顧爲降虜。當此之時，横豈可爲心哉！"太祖曰："然。此誠丈夫之至辱也。"昱曰："昱愚，不識大旨，以爲將軍之志，不如田橫。田橫，齊一壯士耳，猶羞爲高祖臣。今聞將軍欲遣家往鄴，將北面而事袁紹。夫以將軍之聰明神武，而反不羞爲袁紹之下，竊爲將軍恥之！"其後語與本傳略同。

[1] 濮陽：縣名。治所在今河南濮陽縣西南。
[2] 遣：校點本作"遷"，百衲本、殿本、盧弼《集解》本皆作"遣"。今從百衲本等。　鄴：縣名。治所在今河北臨漳縣西南鄴鎮東一里半。
[3] 燕趙之地：指廣大的河北地區。因其係春秋戰國時燕國、趙國之地。
[4] 韓彭：指韓信、彭越，秦末漢初皆在漢高祖劉邦麾下爲將，後雖封王，皆被誅殺。（見《史記》卷九二《淮陰侯列傳》、卷九〇《彭越列傳》）
[5] 文若：荀彧字文若。
[6] 田橫：秦末狄縣（今山東高青縣東南）人。原齊國貴族。秦末，從兄田儋起兵，重建齊國，自稱齊王。田儋爲秦將章邯所破，被殺。田橫兄榮收集儋餘衆立儋子市爲齊王，榮爲相，横爲將。項羽滅秦後徙齊王市爲膠東王，田榮遂殺市自立爲齊王。田榮被項羽敗死後，田橫又收集餘衆立榮子廣爲齊王，自爲相。立三年，漢王劉邦使酈生往説之，遂歸順漢。而漢將韓信擊齊，齊王廣

與田橫以爲被酈生出賣，因烹殺酈生。齊王廣被虜殺後，田橫遂自立爲齊王，又被漢將灌嬰所破，因奔梁地投彭越。漢王劉邦稱帝後，封彭越爲梁王。田橫懼誅，與其徒屬五百餘人逃入海島中。漢高帝在洛陽招之。田橫被迫前往，將至洛陽，謂其客曰："橫始與漢王俱南面稱孤，今漢王爲天子，而橫乃亡虜而北面事之，其耻固已甚矣。且吾亨人之兄，與其弟（指酈商）并肩而事其主，縱彼畏天子之詔，不敢動我，我獨不愧於心乎？"遂自剄而死，令客持其頭見高帝。高帝曰："嗟乎，有以也夫！起自布衣，兄弟三人更王，豈不賢乎哉！"（見《史記》卷九四《田儋列傳》）

[7] 地：百衲本、殿本、盧弼《集解》本均作"齊"。殿本《考證》謂北宋本作"地"。校點本則從何焯說改"齊"爲"地"。今從之。

天子都許，[1]以昱爲尚書。[2]兗州尚未安集，[3]復以昱爲東中郎將，[4]領濟陰太守，[5]都督兗州事。劉備失徐州，來歸太祖。昱說太祖殺備，太祖不聽。語在《武紀》。後又遣備至徐州要擊袁術，昱與郭嘉說太祖曰："公前日不圖備，昱等誠不及也。今借之以兵，必有異心。"太祖悔，追之不及。會術病死，備至徐州，遂殺車胄，舉兵背太祖。頃之，昱遷振威將軍。[6]袁紹在黎陽，[7]將南渡。時昱有七百兵守鄄城，太祖聞之，使人告昱，欲益二千兵。昱不肯，曰："袁紹擁十萬衆，自以所向無前。今見昱兵少，必輕易不來攻。若益昱兵，過則不可不攻，攻之必克，徒兩損其勢。願公無疑！"太祖從之。紹聞昱兵少，果不往。太祖謂賈詡曰："程昱之膽，過于賁、育。"[8]昱收山澤亡命，得精兵數千人，乃引軍與太祖會黎陽，討袁譚、袁尚。

譚、尚破走，拜昱奮武將軍，[9]封安國亭侯。[10]太祖征荊州，[11]劉備奔吳。論者以爲孫權必殺備，昱料之曰：「孫權新在位，[12]未爲海內所憚。曹公無敵於天下，初舉荊州，威震江表，權雖有謀，不能獨當也。劉備有英名，關羽、張飛皆萬人敵也，[13]權必資之以禦我。難解勢分，備資以成，又不可得而殺也。」權果多與備兵以禦太祖。是後中夏漸平，太祖拊昱背曰：「兗州之敗，不用君言，吾何以至此？」宗人奉牛酒大會，昱曰：「知足不辱，吾可以退矣。」乃自表歸兵，闔門不出。〔一〕

〔一〕《魏書》曰：太祖征馬超，文帝留守，使昱參軍事。田銀、蘇伯等反河間，[14]遣將軍賈信討之。賊有千餘人請降，議者皆以爲宜如舊法，昱曰：「誅降者，謂在擾攘之時，天下雲起，故圍而後降者不赦，以示威天下，開其利路，使不至於圍也。今天下略定，且在邦域之中，[15]此必降之賊，殺之無所戚懼，非前日誅降之意。臣以爲不可誅也；縱誅之，宜先啓聞。」眾議者曰：「軍事有專，無請。」昱不答。文帝起入，特引見昱曰：「君有所不盡邪？」昱曰：「凡專命者，謂有臨時之急，呼吸之間者耳。今此賊制在賈信之手，無朝夕之變，故老臣不願將軍行之也。」文帝曰：「君慮之善。」即白太祖，太祖果不誅。太祖還，聞之甚說，謂昱曰：「君非徒明於軍計，[16]又善處人父子之間。」

[1] 許：縣名。治所在今河南許昌縣東。
[2] 尚書：官名。東漢有六曹尚書，即三公曹、民曹、客曹、二千石曹、吏曹、中都官曹等。秩皆六百石，皆稱尚書，不加曹號。（本《晉書·職官志》）

〔3〕尚未：百衲本、盧弼《集解》本作"未苦"，殿本、校點本作"尚未"。今從殿本等。

〔4〕東中郎將：官名。東漢靈帝時所置四中郎將之一，主率軍征伐。魏晉亦沿襲。

〔5〕濟陰：郡名。治所定陶縣，在今山東定陶縣西北。

〔6〕振威將軍：官名。東漢置，爲雜號將軍，統兵出征。

〔7〕黎陽：縣名。治所在今河南浚縣東北，是東漢以來的軍事重鎮。

〔8〕賁（bēn）育：指孟賁、夏育。《史記》卷一〇一《袁盎列傳》："雖賁、育之勇不及陛下。"《集解》孟康曰："孟賁、夏育，皆古勇者也。"《索隱》：《尸子》云"孟賁水行不避蛟龍，陸行不避兕虎"。《戰國策》曰"夏育叱呼駭三軍，身死庸夫"。

〔9〕奮武將軍：官名。漢雜號將軍之一。

〔10〕亭侯：爵名。漢制，列侯大者食縣邑，小者食鄉、亭。東漢後期遂以食鄉、亭者稱爲鄉侯、亭侯。

〔11〕荆州：刺史的治所本在漢壽縣，在今湖南常德市東北。劉表爲刺史，移治所於襄陽縣，在今湖北襄陽市襄州區。

〔12〕孫權新在位：殿本《考證》謂《太平御覽》作"孫權新立"。徐紹楨《質疑》云："孫權甫據江東，乃云在位，於義似有未安。當從《太平御覽》作'孫權新立'爲是。"

〔13〕萬人敵：殿本、盧弼《集解》本作"萬人之敵"，百衲本、校點本作"萬人敵"。今從百衲本等。

〔14〕河間：王國名。治所樂成縣，在今河北獻縣東南。田銀、蘇伯反在建安十六年，見本書卷一一《國淵傳》、卷二三《常林傳》。

〔15〕且在：盧弼《集解》本無"且"字，百衲本、殿本、校點本皆作"且在"。今從百衲本等。

〔16〕軍計：趙一清《注補》謂何焯云"計"下宋本有"也"字。

昱性剛戾，與人多忤。人有告昱謀反，太祖賜待益厚。魏國既建，爲衛尉，[1]與中尉邢貞爭威儀，[2]免。文帝踐阼，復爲衛尉，進封安鄉侯，增邑三百户，并前八百户。分封少子延及孫曉列侯。[3]方欲以爲公，會薨，帝爲流涕，追贈車騎將軍，[4]諡曰肅侯。〔一〕子武嗣。武薨，子克嗣。克薨，子良嗣。

〔一〕《魏書》曰：昱時年八十。

《世語》曰：初，太祖乏食，昱略其本縣，供三日糧，頗雜以人脯，由是失朝望，故位不至公。

[1] 衛尉：官名。秩中二千石，第三品，掌宮門及宮中警衛。

[2] 中尉：官名。漢代諸侯王國的軍事長官，秩二千石。掌王國治安，督察軍吏。建安十八年（213）魏國亦置。

[3] 列侯：爵名。漢代二十級爵之最高者。金印紫綬，有封邑，食租税。功大者食縣邑，小者食鄉、亭。曹魏初亦沿襲有列侯。

[4] 車騎將軍：官名。東漢時位比三公，常以貴戚充任。出掌征伐，入參朝政，漢靈帝時常作贈官。魏、晉時位次驃騎將軍，在諸名號將軍上，多作爲軍府名號，加授大臣、重要州郡長官，無具體職掌，二品。開府者位從公，一品。

曉，嘉平中爲黃門侍郎。〔一〕[1]時校事放横，[2]曉上疏曰：“《周禮》云：‘設官分職，以爲民極。’《春秋傳》曰：‘天有十日，[3]人有十等。’[4]愚不得臨賢，賤不得臨貴。於是並建聖哲，樹之風聲。明試以功，九載考績。[5]各脩厥業，思不出位。故欒書欲拯晉侯，[6]

其子不聽；死人橫於街路，邴吉不問。[7]上不責非職之功，下不務分外之賞，吏無兼統之勢，民無二事之役，斯誠爲國要道，治亂所由也。遠覽典志，近觀秦漢。雖官名改易，職司不同，至于崇上抑下，顯分明例，[8]其致一也。初無校事之官干與庶政者也。昔武皇帝大業草創，衆官未備，而軍旅勤苦，民心不安，乃有小罪，不可不察，故置校事，取其一切耳，然檢御有方，不至縱恣也。此霸世之權宜，非帝王之正典。其後漸蒙見任，復爲疾病，轉相因仍，莫正其本。遂令上察宮廟，[9]下攝衆司，官無局業，職無分限，隨意任情，唯心所適。法造於筆端，不依科詔；獄成於門下，不顧覆訊。其選官屬，以謹慎爲粗疏，以譀訶爲賢能。[10]其治事，以刻暴爲公嚴，以循理爲怯弱。外則託天威以爲聲勢，内則聚羣姦以爲腹心。大臣恥與分勢，含忍而不言，小人畏其鋒芒，鬱結而無告。至使尹模公于目下肆其奸慝；[11]罪惡之著，行路皆知，纖惡之過，積年不聞。既非《周禮》設官之意，又非《春秋》十等之義也。今外有公卿、將校總統諸署，内有侍中、尚書綜理萬機，[12]司隸校尉督察京輦，[13]御史中丞董攝宮殿，[14]皆高選賢才以充其職，申明科詔以督其違。若此諸賢猶不足任，校事小吏，益不可信。若此諸賢各思盡忠，校事區區，亦復無益。若更高選國士以爲校事，則是中丞、司隸重增一官耳。若如舊選，尹模之奸今復發矣。進退推算，無所用之。昔桑弘羊爲漢求利，[15]卜式以爲獨烹弘羊，[16]天乃可雨。若使政治得失必感天地，臣恐水旱之災，未必非校事之由也。曹恭公遠君子，[17]近小人，《國風》託以爲刺。[18]衛獻公舍大臣，[19]與小臣謀，定姜謂之有罪。[20]縱令校事有益於國，以禮義言之，尚傷大臣之心，況姦回暴露，[21]而復不罷，是衮闕不補，[22]迷而不返也。"於是遂罷校事官。曉遷汝南太守，[23]年四十餘薨。〔二〕

〔一〕《世語》曰：曉字季明，有通識。
〔二〕《曉別傳》曰：[24]曉大著文章多亡失，[25]今之存者不能十分之一。

[1] 嘉平：魏少帝齊王曹芳年號（249—254）。　黃門侍郎：官名。即給事黃門侍郎，東漢時，秩六百石。掌侍從左右，給事禁中，關通中外。初無員數，漢獻帝定爲六員，與侍中出入禁中，近侍帷幄，省尚書奏事。三國沿置，魏定爲五品。

[2] 校事：官名。建安中曹操置，以身邊地位較低的親信充任，負責監察百官及吏民，直接隸屬於曹操，威權甚大。曹魏沿置，亦稱撫軍校事。

[3] 天有十日：謂一晝夜有十時。這是古人最早的分時法。

[4] 人有十等：王、公、大夫、士（衛士之長）、皂（衛士無爵而有員額者）、輿（衛士無爵又無員額者）、隸（罪人）、僚（罪人作苦工者）、僕（罪人爲奴者）、臺（罪人爲奴逃亡，又被捕獲者）十等（以上兩句見《左傳·昭公七年》，解釋俱本楊伯峻注）。

[5] 九載考績：《尚書·舜典》："三載考績，三考，黜陟幽明。"孔穎達疏："三載乃考其功績，經三考，則九載。黜陟幽明，明者升之，暗者退之。"

[6]樂書：春秋時晉臣。魯成公十六年（前575），晉楚鄢陵（今河南鄢陵縣北）之戰中，晉厲公之戰車陷入泥沼，中軍統帥樂書想把晉厲公接到自己的車上。其子樂鍼爲晉厲公之車右（職責是護衛主者以備非常）卻阻止說：『國家有大事，你怎麼一人包攬？而且侵犯了別人的職權，這是冒犯；丟棄自己的職責，這是怠慢；離開自己的部屬，這是擾亂。有三罪焉，不可犯也。』於是就掀起晉厲公的戰車離開泥沼。（見《左傳·成公十六年》）

　　[7]邴吉：《漢書》作"丙吉"。漢宣帝時曾爲丞相。一次丙吉外出，見一群鬥殿者死傷於道，丙吉不過問，仍驅車前行。後見一人馳逐牛，牛喘氣吐舌，丙吉便停車，使騎吏問："逐牛行幾里矣？"隨同的掾史不解丙吉前後的舉動，而問吉，丙吉說："民鬥相殺傷，長安令、京兆尹職所當禁備逐捕，歲竟丞相課其殿最，奏行賞罰而已。宰相不親小事，非所當於道路問也。方春少陽用事，未可大熱，恐牛近行，用暑故喘，此時氣失節，恐有所傷害也。三公典調和陰陽，職當憂，是以問之。"掾史乃服，以吉知大體。（見《漢書》卷七四《丙吉傳》）

　　[8]顯分明例：殿本、盧弼《集解》本、校點本皆如此，百衲本作"顯明分例"。按，二者意義同，皆言顯明分與例。今從殿本等。

　　[9]廟：盧弼《集解》云"廟"疑作"寮"。趙幼文《校箋》云："宮寮似不能謂之上察，仍以作宮廟爲是。"

　　[10]謥(còng)詞(dòng)：誇誕，言過其實。玄應《一切經音義》卷八《阿彌陀經》下卷：謥詞，"《通俗文》言過謂之謥詞"。

　　[11]尹模：百衲本、殿本作"尹摸"，盧弼《集解》本、校點本作"尹模"。今從《集解》本等。

　　[12]侍中：官名。曹魏時，第三品。爲門下侍中寺長官。職掌門下衆事，侍從左右，顧問應對，拾遺補闕，與散騎常侍、黃門侍郎等共平尚書奏事。晉沿置，爲門下省長官。

［13］司隸校尉：官名。秩比二千石，第三品。掌糾察京師百官違法者，並治所轄各郡，相當於州刺史。

［14］御史中丞：官名。秩千石，第四品，爲御史臺長官，掌監察、執法。

［15］桑弘羊：百衲本"弘"作"洪"（下文又作"弘"），殿本、盧弼《集解》本、校點本皆作"弘"。今從殿本等。桑弘羊，西漢洛陽人，出自商賈之家，長於心計。漢武帝時任治粟都尉，領大司農。制訂並推行鹽鐵酒之專賣，又設平均、均輸機構控制全國商品，從而增加了漢政府之財政收入。（見《史記》卷三〇《平準書》）

［16］卜式：西漢河南人。以畜牧致富，屢以家財捐助政府。漢武帝任之爲郎，後任齊王太傅，又任御史大夫。因反對鹽鐵專賣，又被貶爲太子太傅（見《漢書》卷五八《卜式傳》）。又《史記·平準書》云："是歲小旱，上令官求雨。卜式言曰：'縣官當食租衣稅而已，今弘羊令吏坐市列肆，販物求利。亨弘羊，天乃雨。'"

［17］曹恭公：春秋時曹國國君，在位三十五年（前652—前618）。

［18］國風：指曹風。此詩見《詩·曹風·候人》。《詩序》云："候人，刺近小人也。共公遠君子而好近小人焉。"

［19］衛獻公：春秋時衛國國君，公元前576年立，前559年爲孫林父、寧殖所逐，立殤公。前547年歸國復位，前544年卒。

［20］定姜：春秋時衛定公夫人，衛獻公之嫡母。《左傳·襄公十四年》謂衛獻公被孫林父等攻逐，向齊國逃奔，到達邊境時，獻公命祝宗向宗廟告亡，並説自己没有罪過。定姜曰："無神，何告？若有，不可誣也。有罪，若何告無？舍大臣而與小臣謀，一罪也。先君有冢卿以爲師保（指孫林父、寧殖），而蔑之，二罪也。"

［21］姦回：奸邪，邪惡。僞古文《尚書·泰誓下》："崇信奸回，放黜師保。"僞孔傳："回，邪也。奸邪之人反尊信之。"

[22] 衮闕：謂帝王之過失。

[23] 汝南：郡名。治所平輿縣，在今河南平輿縣北。

[24] 曉別傳：隋、唐《志》均未著錄《程曉別傳》。

[25] 文章：《隋書·經籍志》著錄有《程曉集》二卷，並謂梁有錄一卷。

　　郭嘉字奉孝，潁川陽翟人也。〔一〕[1]初，北見袁紹，謂紹謀臣辛評、郭圖曰："夫智者審于量主，故百舉百全而功名可立也。袁公徒欲效周公之下士，[2]而未知用人之機。多端寡要，好謀無決，欲與共濟天下大難，定霸王之業，難矣！"於是遂去之。先是時，潁川戲志才，[3]籌畫士也，太祖甚器之。早卒。太祖與荀彧書曰："自志才亡後，莫可與計事者。汝、潁固多奇士，誰可以繼之？"彧薦嘉。召見，論天下事。[4]太祖曰："使孤成大業者，必此人也。"嘉出，亦喜曰："真吾主也。"表為司空軍祭酒。〔二〕[5]

〔一〕《傅子》曰：嘉少有遠量。[6]漢末天下將亂。自弱冠匿名迹，[7]密交結英儁，不與俗接，故時人多莫知，惟識達者奇之。年二十七，辟司徒府。[8]

〔二〕《傅子》曰：太祖謂嘉曰："本初擁冀州之衆，[9]青、并從之，[10]地廣兵彊，而數為不遜。吾欲討之，力不敵，如何？"對曰："劉、項之不敵，公所知也。漢祖唯智勝；項羽雖彊，終為所禽。嘉竊料之，紹有十敗，公有十勝，雖兵彊，無能為也。紹繁禮多儀，公體任自然，此道勝一也。紹以逆動，公奉順以率天下，[11]此義勝二也。漢末政失於寬，紹以寬濟寬，故不攝，[12]公糾之以猛而上下知制，此治勝三也。紹外寬內忌，用人而疑之，所任唯親戚子弟，公外易簡而內機明，用人無疑，唯才所宜，不間遠近，[13]此度勝四也。紹多謀少決，失在後事，公策得輒行，應變無窮，此謀勝五也。紹因累世之資，高議揖讓以收名譽，士之好言飾外者多歸之，公以至心待人，推誠而行，不爲虛美，以儉率下，與有功者無所吝，士之忠正遠見而有實者皆願爲用，此德勝六也。紹見人飢寒，恤念之形于顏色，其所不見，慮或不及也，所謂婦人之仁耳，公於目前小事，時有所忽，至於大事，與四海接，恩之所加，皆過其望，雖所不見，慮之所周，無不濟也，此仁勝七也。紹大臣爭權，讒言惑亂，公御下以道，浸潤不行，[14]此明勝八也。紹是非不可知，公所是進之以禮，所不是正之以法，此文勝九也。[15]紹好爲虛勢，不知兵要，公以少克衆，用兵如神，軍人恃之，敵人畏之，此武勝十也。"太祖笑曰："如卿所言，孤何德以堪之也！"嘉又曰："紹方北擊公孫瓚，可因其遠征，東取呂布。不先取布，若紹爲寇，布爲之援，此深害也。"太祖曰："然。"

　　[1] 潁川：郡名。治所陽翟縣，在今河南禹州市。
　　[2] 周公之下士：《史記》卷三三《魯周公世家》謂周公戒其子伯禽曰："我文王之子，武王之弟，成王之叔父，我於天下亦不賤矣。然我一沐三捉髮，一飯三吐哺，起以待士，猶恐失天下之賢人。子之魯，慎無以國驕人。"
　　[3] 戲志才：事亦見本書卷一〇《荀彧傳》。
　　[4] 論：趙幼文《校箋》謂《太平御覽》卷四四九、卷六三一引"論"上有"與"字。
　　[5] 司空軍祭酒：官名。即司空軍師祭酒。漢末曹操爲司空後，在其府置軍師祭酒，以參謀軍事。趙幼文《校箋》謂《太平御覽》卷四六七引"軍"下有"謀"字。按，"司空軍祭酒"《太平御覽》作"司空軍謀"。又按，軍謀祭酒亦即軍師祭酒，"師"

改"謀"字或缺"師"字，皆晋人避諱之法。

〔6〕遠量：趙幼文《校箋》謂郝經《續後漢書》"遠"字作"識"。

〔7〕弱冠：古時男子二十歲行冠禮，稱弱冠。後世遂稱二十左右之年齡爲弱冠。

〔8〕司徒：官名。東漢時，與太尉、司空並爲三公，共同行使宰相職能，位次太尉。本職掌民政。

〔9〕本初：袁紹字本初。 冀州：東漢末，州牧刺史治所常設在鄴，在今河北臨漳縣西南鄴鎮東一里半。

〔10〕青：州名。青州刺史治所臨淄縣，在今山東淄博市東北臨淄鎮北。 并：州名。并州刺史治所晋陽，在今山西太原市西南古城營西古城。

〔11〕奉順：指曹操奉戴漢獻帝。

〔12〕攝：殿本、盧弼《集解》本作"懾"。百衲本、校點本作"攝"。今從百衲本等。《說文》："攝，引持也。"段玉裁注："凡云攝者，皆整飭之意。"

〔13〕間（jiàn）：分別。

〔14〕浸潤：謂浸潤之譖。《論語·顏淵》："浸潤之譖。"何晏《集解》："鄭曰：譖人之言，如水之浸潤，漸以成之。"

〔15〕文：謂是非分明，處理得當。

　　征吕布，三戰破之，布退固守。時士卒疲倦，太祖欲引軍還，嘉説太祖急攻之，遂禽布。語在《荀攸傳》。〔一〕

　　〔一〕《傅子》曰：太祖欲引軍還，嘉曰："昔項籍七十餘戰，未嘗敗北，一朝失勢而身死國亡者，恃勇無謀故也。今布每戰輒破，[1]氣衰力盡，内外失守。布之威力不及項籍，而困敗過之，若乘勝攻之，此成禽也。"太祖曰："善。"

《魏書》曰：劉備來奔，以爲豫州牧。[2]或謂太祖曰："備有英雄志，今不早圖，後必爲患。"太祖以問嘉，嘉曰："有是。然公提劍起義兵，爲百姓除暴，推誠仗信以招俊傑，猶懼其未也。今備有英雄名，以窮歸己而害之，是以害賢爲名，則智士將自疑，[3]回心擇主，公誰與定天下？夫除一人之患，以沮四海之望，安危之機，不可不察！"太祖笑曰："君得之矣。"

《傅子》曰：初，劉備來降，太祖以客禮待之，使爲豫州牧。嘉言于太祖曰："備有雄才而甚得衆心。張飛、關羽者，皆萬人之敵也，爲之死用。嘉觀之，備終不爲人下，其謀未可測也。古人有言：[4]'一日縱敵，數世之患。'宜早爲之所。"是時[5]太祖奉天子以號令天下，方招懷英雄以明大信，未得從嘉謀。會太祖使備要擊袁術，嘉與程昱俱駕而諫太祖曰："放備，變作矣！"時備已去，遂舉兵以叛。太祖恨不用嘉之言。

案《魏書》所云，與《傅子》正反也。

[1] 破：殿本作"敗"，百衲本、盧弼《集解》本、校點本作"破"。今從百衲本等。

[2] 豫州：州牧治所譙縣，在今安徽亳州市。

[3] 智士：盧弼《集解》謂北宋本作"志士"。趙幼文《校箋》謂盧氏此說見錢儀吉《三國志證聞》。

[4] 古人有言：《左傳·僖公三十三年》：先軫曰："吾聞之，一日縱敵，數世之患也。"

[5] 是時：殿本無"是"字，百衲本、盧弼《集解》本、校點本皆有。今從百衲本等。

孫策轉鬥千里，盡有江東，[1]聞太祖與袁紹相持於官渡，[2]將渡江北襲許。衆聞皆懼，嘉料之曰："策新并江東，所誅皆英豪雄傑，能得人死力者也。然策輕而無備，雖有百萬之衆，無異於獨行中原也。若刺客伏起，一人之敵耳。以吾觀之，必死於匹夫之手。"策臨江未濟，果爲許貢客所殺。〔一〕

〔一〕《傅子》曰：太祖欲速征劉備，議者懼軍出，袁紹擊其後，進不得戰而退失所據。（語在《武紀》）[3]太祖疑，以問嘉。嘉勸太祖曰："紹性遲而多疑，來必不速。備新起，衆心未附，急擊之必敗。此存亡之機，不可失也。"[4]太祖曰："善。"遂東征備。備敗奔紹，紹果不出。

臣松之案《武紀》，[5]決計征備，量紹不出，皆出自太祖。此云用嘉計，則爲不同。又本傳稱（自）嘉料孫策輕佻，[6]必死於匹夫之手，誠爲明於見事。然自非上智，無以知其死在何年也。今正以襲許年死，此蓋事之偶合。

[1] 江東：地區名。長江自西向東流，流至今安徽境，則偏北斜流，至江蘇省鎮江市又東流而下，古稱這段江路東岸之地爲江東（即今長江以南的蘇、浙、皖一帶），西岸之地爲江西（即今皖北和淮河下游一帶）。

[2] 官渡：地名。在今河南中牟縣東北。

[3] 語在武紀：趙幼文《三國志集解辨證》謂此語"疑係裴注之子注，而非《傅子》中語，所云'語在《武紀》'，即指《武紀》建安五年云云"。按，趙說是，今加括號以別之。

[4] 不可失：百衲本、殿本、盧弼《集解》本、校點本均作"不可失"，殿本《考證》云："北宋本作'不可不測'。"今從百衲本等。

[5] 武紀：盧弼《集解》云："北宋本'武紀'下有'太祖'二字。"趙幼文《校箋》謂此亦錢儀吉《三國志證聞》之說。

[6] 本傳稱：殿本、盧弼《集解》本"稱"下有"自"字，百衲本"自"字又作"臣"字，殿本《考證》亦謂"自"宋本作"臣"；盧弼《集解》又謂何焯校本云"自"衍文。校點本即從何説刪"自"字。今從校點本。

從破袁紹，紹死，又從討譚、尚于黎陽，連戰數克。諸將欲乘勝遂攻之，嘉曰："袁紹愛此二子，莫適立也。有郭圖、逢紀爲之謀臣，必交鬭其間，還相離也。急之則相持，緩之而後爭心生。不如南向荆州若征劉表者，以待其變；[1]變成而後擊之，可一舉定也。"[2]太祖曰："善。"乃南征。軍至西平，[3]譚、尚果爭冀州。譚爲尚軍所敗，走保平原，[4]遣辛毗乞降。太祖還救之，遂從定鄴。又從攻譚於南皮，[5]冀州平。封嘉洧陽亭侯。〔一〕[6]

〔一〕《傅子》曰：河北既平，太祖多辟召青、冀、幽、并知名之士，[7]漸臣使之，[8]以爲省事掾屬。[9]皆嘉之謀也。

[1] 其變：百衲本"變"上有"一"字，下又無"變"字，殿本、盧弼《集解》本、校點本無"一"字，有"變"字。今從殿本等。
[2] 一舉：盧弼《集解》云："北宋本'舉'下有'而'字。"
[3] 西平：縣名。治所在今河南西平縣西。
[4] 平原：縣名。治所在今山東平原縣西南。
[5] 南皮：縣名。治所在今河北南皮縣東北。
[6] 洧陽：舊城名。梁章鉅《旁證》引沈欽韓説，據《水

經‧洧水注》，洧陽故城漢建安中封郭奉孝爲侯國。洧陽城在今河南扶溝縣南。

[7] 幽：州名。刺史治所薊縣，在今北京城西南一帶。

[8] 使：百衲本、殿本作"事"，盧弼《集解》本、校點本作"使"。今從《集解》本等。

[9] 掾屬：屬官之統稱。漢代，三公府與其他重要官府以及郡縣官府皆分曹治事，各曹置掾屬。正曰掾，副曰屬。

太祖將征袁尚及三郡烏丸，[1]諸下多懼劉表使劉備襲許以討太祖，[2]嘉曰："公雖威震天下，胡恃其遠，必不設備。因其無備，卒然擊之，可破滅也。且袁紹有恩於民夷，而尚兄弟生存。今四州之民，徒以威附，德施未加，舍而南征，尚因烏丸之資，招其死主之臣，胡人一動，民夷俱應，以生蹋頓之心，[3]成覬覦之計，恐青、冀非己之有也。表，坐談客耳，自知才不足以御備，重任之則恐不能制，輕任之則備不爲用，雖虛國遠征，公無憂矣。"太祖遂行。至易，[4]嘉言曰：[5]"兵貴神速。今千里襲人，輜重多，難以趨利，[6]且彼聞之，必爲備；不如留輜重，輕兵兼道以出，掩其不意。"太祖乃密出盧龍塞，[7]直指單于庭。[8]虜卒聞太祖至，惶怖合戰。大破之，斬蹋頓及名王已下。[9]尚及兄熙走遼東。[10]

嘉深通有算略，達於事情。太祖曰："唯奉孝爲能知孤意。"年三十八，自柳城還，[11]疾篤，太祖問疾者交錯。及薨，臨其喪，哀甚，謂荀攸等曰："諸君年皆孤輩也，唯奉孝最少。天下事竟，欲以後事屬之，而中年夭折，命也夫！"乃表曰："軍祭酒郭嘉，自從征伐，十有一年。每有大議，臨敵制變。臣策未決，嘉輒成之。平定天下，謀功爲高。不幸短命，事業未終。追思嘉勳，實不可忘。可增邑八百户，并前千户。"〔一〕謚曰貞侯。子奕嗣。〔二〕[12]

〔一〕《魏書》載太祖表曰："臣聞襃忠寵賢，[13]未必當身，念功惟績，恩隆後嗣。是以楚宗孫叔，[14]顯封厥子；岑彭既没，[15]爵及支庶。[16]故軍祭酒郭嘉，忠良淵淑，[17]體通性達。每有大議，發言盈庭，執中處理，動無遺策。自在軍旅，十有餘年，行同騎乘，坐共幄席，東禽吕布，西取眭固，[18]斬袁譚之首，平朔土之衆，踰越險塞，蕩定烏丸，震威遼東，以梟袁尚。雖假天威，易爲指麾，至於臨敵，發揚誓命，凶逆克殄，勳實由嘉。方將表顯，短命早終。上爲朝廷悼惜良臣，下自毒恨喪失奇佐。宜追增嘉封，并前千户，襃亡爲存，厚往勸來也。"

〔二〕《魏書》稱奕通達見理。奕字伯益，見王昶《家誡》。

[1] 三郡：指遼西、遼東、右北平三郡。
[2] 諸下：盧弼《集解》云："疑爲'諸將'或'群下'之誤，《通鑑》作'諸將皆曰'。"趙幼文《校箋》則云："《禮記·中庸》：'下焉者無善不尊。'鄭注：'下謂臣也。'諸下猶言諸臣。"
[3] 蹋頓：當時烏丸之君長。見本書卷三〇《烏丸傳》。
[4] 易：縣名。治所在今河北雄縣西北。
[5] 嘉言曰：徐紹楨《質疑》云："按盧龍之策，建自田疇，《武紀》《疇傳》載之甚詳。此録嘉言，意當時嘉或贊成之耳，要不得謂爲嘉之始謀也。"
[6] 趨：校點本作"趣"，百衲本、殿本、盧弼《集解》本作"趨"。今從百衲本等。

〔7〕盧龍塞：在今河北西縣北喜峰口附近一帶，土色黑，山形似龍，故名盧龍。古時有塞道，自今天津薊縣東北，經遵化，循灤河（古名濡水）河谷出塞，折東趨大淩河流域，是河北平原通向東北塞外的一條交通要道。

〔8〕單（chán）于庭：單于（烏丸君長稱號）所居之處所。

〔9〕名王：烏丸中聲名顯赫之王。

〔10〕遼東：郡名。治所襄平縣，在今遼寧遼陽市老城區。

〔11〕柳城：西漢縣名。西漢時屬遼西郡。東漢省。原治所在今遼寧朝陽市西南十二臺營子。（本《〈中國歷史地圖集〉釋文匯編（東北卷）》）

〔12〕奕：百衲本作"弈"，殿本、盧弼《集解》本、校點本作"奕"。今從殿本等。

〔13〕寵賢：趙幼文《校箋》謂《藝文類聚》卷五一引作"示寵"。

〔14〕孫叔：蔿敖，字孫叔，又稱孫叔敖，春秋楚人。楚莊王時爲令尹，楚國大治。將死，戒其子曰："王亟封我矣，吾不受也。爲我死，王則封汝，汝必無受利地，楚越之間，有寢丘者，此地不利，而名甚惡。楚人鬼而越人禨，可長有者唯此也。"孫叔敖死，楚王果以美地封其子，子辭不受，請寢丘。楚王與之，終不失其封。（見《列子·説符》）

〔15〕岑彭：漢光武帝劉秀功臣，曾爲廷尉，行大將軍事，封舞陰侯。岑彭死後，其子遵嗣爵位，徙封爲細陽侯。建武十三年（37），劉秀思岑彭功，復封遵弟淮爲穀陽侯。（《後漢書》卷一七《岑彭傳》）

〔16〕支庶：庶子。指岑淮。趙幼文《校箋》謂《藝文類聚》卷五一引"支庶"下有"誠賢君殷勤於清衣，聖祖敦篤於明勛也"二句。按，古人引文，多爲節引，以下不再勘補。

〔17〕淵淑：謂智慧高而德行美。

〔18〕眭固：黑山軍中頭領之一，見本書卷一《武帝紀》初平

二年、三年。

　　後太祖征荆州還，於巴丘遇疾疫，[1]燒船，歎曰："郭奉孝在，[2]不使孤至此。"〔一〕初，陳羣非嘉不治行檢，[3]數廷訴嘉，[4]嘉意自若。太祖愈益重之，[5]然以羣能持正，亦悦焉。〔二〕奕爲太子文學，[6]早薨。子深嗣。深薨，子獵嗣。〔三〕

　　〔一〕《傅子》曰：太祖又云："哀哉奉孝！痛哉奉孝！惜哉奉孝！"

　　〔二〕《傅子》曰：太祖與荀彧書，追傷嘉曰："郭奉孝年不滿四十，相與周旋十一年，[7]阻險艱難，皆共罹之。又以其通達，見世事無所凝滯，欲以後事屬之，何意卒爾失之，[8]悲痛傷心。今表增其子滿千户，然何益亡者，追念之感深。且奉孝乃知孤者也；天下人相知者少，又以此痛惜。奈何奈何！"又與彧書曰："追惜奉孝，不能去心。其人見時事兵事，過絶於人。又人多畏病，南方有疫，常言'吾往南方，則不生還'。然與共論計，云當先定荆。此爲不但見計之忠厚，必欲立功分，棄命定事，[9]人心乃爾，何得使人忘之！"

　　〔三〕《世語》曰：嘉孫敞，字泰中，有才識，位散騎常侍。[10]

　　[1] 巴丘：山名。在今湖南岳陽市西南部。《水經·湘水注》謂湘水至巴丘山入江，山在湘水右岸，有吴之巴丘邸閣，西晋初在此置巴陵縣。

　　[2] 在：趙幼文《校箋》謂《太平御覽》卷七六八引"在"上有"若"字。

　　[3] 行檢：操行，品行。

　　[4] 訴：趙幼文《校箋》謂郝經《續後漢書》作"斥"。

［5］重：殿本作"厚"，百衲本、盧弼《集解》本、校點本作"重"。今從百衲本等。

［6］太子文學：官名。曹魏置，太子屬官，亦稱太子文學掾，員數品秩不詳。

［7］十一年：殿本作"十二年"，百衲本、盧弼《集解》本、校點本作"十一年"。今從百衲本等。

［8］卒爾：百衲本作"忽爾"，殿本、盧弼《集解》本、校點本作"卒爾"。按，二者義同，今從殿本等。

［9］棄命定事：趙幼文《校箋》云："棄命即上文所云'吾往南方則不生還'。定事謂平定荆州之事，即上文云'當先定荆州'也。"

［10］散騎常侍：官名。秩比二千石，第三品。爲門下重職，侍從皇帝左右，諫諍得失，應對左右，與侍中等共平尚書奏事，有異議得駁奏。

董昭字公仁，濟陰定陶人也。[1]舉孝廉，[2]除廮陶長、柏人令，[3]袁紹以爲參軍事。[4]紹逆公孫瓚于界橋，[5]鉅鹿太守李邵及郡冠蓋，[6]以瓚兵彊，皆欲屬瓚。紹聞之，使昭領鉅鹿。[7]問："禦以何術？"對曰："一人之微，不能消衆謀，欲誘致其心，唱與同議，及得其情，乃當權以制之耳。計在臨時，未可得言。"時郡右姓孫伉等數十人專爲謀主，驚動吏民。昭至郡，僞作紹檄告郡云："得賊羅候安平張吉辭，[8]當攻鉅鹿，賊故孝廉孫伉等爲應，檄到收行軍法，惡止其身，[9]妻子勿坐。"昭案檄告令，皆即斬之。一郡惶恐，乃以次安慰，遂皆平集。事訖白紹，紹稱善。會魏郡太守栗攀爲兵所害，[10]紹以昭領魏郡太守。時郡界大亂,賊以萬數,遣使往來,交易市買。昭厚待之,因用爲間,乘虛掩討,輒大克破。二日之中,羽檄三至。[11]

昭弟訪,在張邈軍中。邈與紹有隙,紹受讒將致罪於昭。昭欲詣漢獻帝,[12]至河内,[13]爲張楊所留。因楊上還印綬,拜騎都尉。時太祖領兗州,遣使詣楊,欲令假塗西至長安,楊不聽,昭説楊曰:"袁、曹雖爲一家,勢不久羣。曹今雖弱,然實天下之英雄也,當故結之。況今有緣,宜通其上事,并表薦之;若事有成,永爲深分。"[14]楊於是通太祖上事,表薦太祖。昭爲太祖作書與長安諸將李傕、郭汜等,各隨輕重致殷勤。楊亦遣使詣太祖。太祖遺楊犬馬金帛,遂與西方往來。天子在安邑,[15]昭從河内往,詔拜議郎。[16]

建安元年,[17]太祖定黄巾于許,遣使詣河東。[18]會天子還洛陽,韓暹、楊奉、董承及楊各違戾不和。昭以奉兵馬最彊而少黨援,作太祖書與奉曰:"吾與將軍聞名慕義,便推赤心。今將軍拔萬乘之艱難,反之舊都,翼佐之功,超世無疇,何其休哉!方今羣凶猾夏,[19]四海未寧,神器至重,事在維輔;必須衆賢以清王軌,誠非一人所能獨建。心腹四支,實相恃賴,一物不備,則有闕焉。將軍當爲内主,吾爲外援。今吾有糧,將軍有兵,有無相通,足以相濟,死生契闊,[20]相與共之。"奉得書喜悦,語諸將軍曰:"兗州諸軍近在許耳,有兵有糧,國家所當依仰也。"遂共表太祖爲鎮東將軍,[21]襲父爵費亭侯,[22]昭遷符節令。[23]

太祖朝天子於洛陽，引昭並坐，問曰："今孤來此，當施何計？"昭曰："將軍興義兵以誅暴亂，入朝天子，輔翼王室，此五伯之功也。[24]此下諸將，人殊意異，未必服從，今留匡弼，事勢不便，惟有移駕幸許耳。然朝廷播越，新還舊京，遠近跂望，冀一朝獲安。今復徙駕，不厭衆心。夫行非常之事，乃有非常之功，願將軍算其多者。"[25]太祖曰："此孤本志也。楊奉近在梁耳，[26]聞其兵精，得無爲孤累乎？"昭曰："奉少黨援，將獨委質。[27]鎮東、費亭之事，皆奉所定，又聞書命申束，足以見信。宜時遣使厚遺答謝，以安其意。說'京都無糧，欲車駕暫幸魯陽，[28]魯陽近許，[29]轉運稍易，可無縣乏之憂'。奉爲人勇而寡慮，必不見疑，比使往來，足以定計。奉何能爲累！"太祖曰："善。"即遣使詣奉。徙大駕至許。奉由是失望，與韓暹等到定陵鈔暴。[30]太祖不應，密往攻其梁營，降誅即定。奉、暹失衆，東降袁術。[31]三年，昭遷河南尹。[32]時張楊爲其將楊醜所殺，楊長史薛洪，[33]河内太守（繆）〔繆〕尚城守待紹救。[34]太祖令昭單身入城，告喻洪、尚等，即日舉衆降。以昭爲冀州牧。

太祖令劉備拒袁術，昭曰："備勇而志大，關羽、張飛爲之羽翼，恐備之心未可得論也！"太祖曰："吾已許之矣。"[35]備到下邳，[36]殺徐州刺史車冑，反。太祖自征備，徙昭爲徐州牧。袁紹遣將顏良攻東郡，又徙昭爲魏郡太守，從討良。良死後，進圍鄴城。袁紹同族春卿爲魏郡太守，在城中，其父元長在揚州，[37]太祖遣人迎之。昭書與春卿曰："蓋聞孝者不背親以要利，仁者不忘君以徇私，志士不探亂以徼幸，智者不詭道以自危。足下大君，[38]昔避内難，南游百越，[39]非疏骨肉，樂彼吳、會，[40]智者深識，獨或宜然。曹公愍其守志清恪，離羣寡儔，故特遣使江東，或迎或送，今將至矣。就令足下處偏平之地，依德義之主，居有泰山之固，身爲喬、松之偶，[41]以義言之，猶宜背彼向此，舍民趣父也。且邾儀父始與隱公盟，[42]魯人嘉之，而不書爵，然則王所未命，爵尊不成，《春秋》之義也。況足下今日之所託者乃危亂之國，所受者乃矯誣之命乎？苟不逞之與羣，而厥父之不恤，不可以言孝。忘祖宗所居之本朝，安非正之奸職，[43]難可以言忠。忠孝並替，難以言智。又足下昔日爲曹公所禮辟，夫戚族人而疏所生，[44]内所寓而外王室，懷邪禄而叛知己，遠福祚而近危亡，棄明義而收大恥，不亦可惜邪！若能翻然易節，奉帝養父，委身曹公，忠孝不墜，榮名彰矣。宜深留計，早決良圖。"鄴既定，以昭爲諫議大夫。[45]後袁尚依烏丸蹋頓，太祖將征之。患軍糧難致，鑿平虜、泉州二渠入海通運，[46]昭所建也。太祖表封千秋亭侯，轉拜司空軍祭酒。

後昭建議："宜脩古建封五等。"太祖曰："建設五等者，[47]聖人也，又非人臣所制，吾何以堪之？"昭曰："自古以來，人臣匡世，未有今日之功。有今日之功，未有久處人臣之勢者也。今明公恥有慚德而未盡善，樂保名節而無大責，德美過於伊、周，[48]此至德之所極也。然太甲、成王未必可遭，今民難化，甚於殷、周，處大臣之勢，使人以大事疑己，誠不可不重慮也。明公雖邁威德，明法術，而不定其基，爲萬世計，猶未至也。定基之本，在地與人，宜稍建立，以自藩衛。明公忠節穎露，天威在顏，耿弇牀下之言，[49]朱英無妄之論，[50]不得過耳。昭受恩非凡，不敢不陳。"〔一〕後太祖遂受魏公、魏王之號，皆昭所創。

〔一〕《獻帝春秋》曰：昭與列侯諸將議，以丞相宜進爵國公，[51]九錫備物，[52]以彰殊勳；書與荀彧曰："昔周旦、呂望，[53]當姬氏之盛，因二聖之業，[54]輔翼成王之幼，功勳若彼，猶受上爵，錫土開宇。末世田單，驅彊齊之衆，報弱燕之怨，收城七十，迎復襄王；襄王加賞于單，使東有掖邑之封，[55]西有菑上之虞。[56]前世錄功，濃厚如此。今曹公遭海内傾覆，宗廟焚滅，躬擐甲胄，周旋征伐，櫛風沐雨，且三十年，芟夷羣凶，爲百姓除害，使漢室復存，劉氏奉祀。方之曩者數公，若太山之與丘垤，[57]豈同日而論乎？今徒與列將功臣，並侯一縣，此豈天下所望哉！"

[1] 定陶：縣名。治所在今山東定陶縣西北。

[2] 孝廉：漢代選拔官吏的主要科目。孝指孝子，廉指廉潔之士。原本爲二科，後混同爲一科，也不再限於孝子和廉吏。東漢後期定制爲不滿四十歲者不得察舉；被舉者先詣公府課試，以觀其能。郡國每年要向中央推舉一至二人。

[3] 廮陶：縣名。治所在今河北寧晉縣西南。按，廮陶，百衲本誤作"瘦陶"。　柏人：縣名。治所在今河北隆堯縣西堯城西北。

[4] 參軍事：官名。東漢末車騎將軍幕府之僚屬，掌參謀軍務。

[5] 界橋：在今河北廣宗縣東老漳河上（本謝鍾英《補三國疆域志補注》）。

[6] 鉅鹿：郡名。治所即廮陶縣。

[7] 鉅鹿：錢大昭《辨疑》云："以下文'紹以昭領魏郡太守'例之，則'鉅鹿'下當有'太守'二字。"

[8] 羅候：官名。漢代軍中的下級武官，如大將軍營部下有軍候、假候、門候等；東漢邊郡又置有候官、候長，掌偵候、探望等事。此羅候當亦偵候之小官。

[9] 惡止其身：吳金華《〈三國志集解〉箋記》謂"惡"下似應補一"惡"字，"惡惡"是西漢以來流行的政治術語，是懲罰罪犯的意思。按吳說甚是，但無文獻依據，故不增字。

[10] 魏郡：治所鄴縣，在今河北臨漳縣西南鄴鎮東一里半。

粟攀：趙幼文《校箋》謂《廣韻·沃韻》《通志·氏族略》引俱作"粟攀"。

[11] 羽檄：緊急軍事文書。

[12] 漢獻帝：殿本《考證》李龍官曰："按此時不應稱'獻'，疑爲'見'字之訛。"盧弼《集解》又引沈家本曰："見帝不應曰'詣漢'，'漢'字亦誤。"

[13] 河内：郡名。治所懷縣，在今河南武陟縣西南。

[14] 分（fèn）：情誼。

[15] 安邑：縣名。治所在今山西夏縣西北禹王城。

[16] 議郎：官名。郎官之一種，屬光祿勳，秩六百石，不入直宿衛，得參預朝政議論。

[17] 建安：漢獻帝劉協年號（196—220）。

[18] 河東：郡名。治所即安邑縣。

[19] 猾夏：《尚書·舜典》"蠻夷猾夏"孔傳："猾，亂也。夏，華夏。"

［20］死生契闊：胡三省云："毛萇曰'契闊，勤苦也'。此蓋謂死也生也處勤苦之中，相與共之也。"（《通鑑》卷六二漢獻帝建安元年注）

［21］鎮東將軍：官名。將軍名號之一，東漢末有鎮東、西、南、北將軍各一人。

［22］費亭：《續漢書·郡國志》"沛國鄼縣"劉昭注引《帝王世紀》謂鄼縣有費亭，即曹騰所封侯之地。謝鍾英《補三國疆域志補注》又謂費亭當在今河南永城縣南。 亭侯：爵名。漢制，列侯大者食縣邑，小者食鄉、亭。東漢後期遂以食鄉、亭者稱爲鄉侯、亭侯。

［23］符節令：官名。東漢秩六百石，位次御史中丞，掌銅虎符、竹使符，遣使授節等，職任頗重。

［24］五伯（bà）：指春秋時的五霸。《白虎通·號》云："或曰，五霸謂齊桓公、晉文公、秦穆公、楚莊王、吳王闔閭也。霸者，伯也。"

［25］算其多者：胡三省云："凡舉事有利亦有害，惟算其利多而害少者行之。"（《通鑑》卷六二漢獻帝建安元年注）

［26］梁：縣名。治所在今河南汝州市南。

［27］委質：歸順之意。

［28］魯陽：縣名。治所在今河南魯山縣。

［29］魯陽：百衲本無此二字，殿本、盧弼《集解》本、校點本有。今從殿本等。

［30］定陵：縣名。治所在今河南舞陽縣北舞陽渡。

［31］東降袁術：徐紹楨《質疑》云："按建安元年秋七月，太祖至洛陽，暹已遁去。及天子都許，奉自梁欲要之不及，冬十月公征奉，奉乃南奔袁術，事見《武紀》。此傳乃云奉、暹失衆，東降袁術，與《武紀》不合。"

［32］河南尹：官名。秩二千石。東漢建都洛陽，將京都附近二十一縣合爲一行政區，稱河南尹，相當於一郡；河南尹的長官亦

名河南尹,地區名與官名相同。

[33] 長史:官名。漢代,三公府設有長史,以輔助三公。將軍府之屬官亦有長史,以總理幕府。

[34] 樛尚:各本皆作"繆尚"。今從潘眉《考證》、趙幼文《校箋》之說改。考證詳見本書《武帝紀》建安四年"樛尚"注。

[35] 吾已許之矣:徐紹楨《質疑》云:"太祖遣劉先主,程昱、郭嘉以爲不可縱,於是太祖悔,追之不及,事見《武紀》及《昱傳》。昭之言,其在未遣之前乎,太祖不難止,而勿遣;如在既遣之後,太祖已從程、郭之說而追之矣,安有不從昭言?此傳所載恐非實録也。"

[36] 下邳:縣名。治所在今江蘇睢寧縣西北。

[37] 揚州:刺史治所壽春縣,在今安徽壽縣。

[38] 大君:即太君,對別人父親的尊稱。

[39] 百越:指南方。南方古爲諸越居住之地。此指今江、浙一帶。

[40] 吳會(kuài):指江東。吳郡與會稽郡爲江東之主要二郡。吳郡治所吳縣,在今江蘇蘇州市。會稽郡治所山陰縣,在今浙江紹興市。

[41] 喬松:指王子喬與赤松子,皆傳説中之仙人。

[42] 邾儀父:春秋時邾國國君,名克,字儀父。子爵。故稱邾子、邾子克。《左傳·隱公元年》:"三月,公及邾儀父盟於蔑,邾子克也。未王命,故不書爵。曰'儀父',貴之也。"

[43] 非正:盧弼《集解》本作"未正",百衲本、殿本、校點本均作"非正"。今從百衲本等。

[44] 戚:親近。 族人:指同族人袁紹。

[45] 諫議大夫:官名。秩六百石。屬光禄勳,掌議論,無定員。

[46] 平虜:平虜渠,上起滹沱河,下入泒水。故道西起今河北饒陽縣,東至滄州市。(本謝鍾英《補三國疆域志補注》) 泉

州：泉州渠，因渠道南起泉州縣（今天津市武清區西南）境，故名。渠水上承潞河，即今天津市區一帶之海河，下入鮑丘水，合口處在今寶坻區境内。

[47] 五等：公、侯、伯、子、男五等。

[48] 伊：伊尹。因助湯伐桀，商朝建立後爲湯相。後又輔佐湯孫太甲。　周：周公。周初助武王伐紂，武王去世後又輔佐成王。

[49] 耿弇：東漢初扶風平陵（今陝西咸陽市西北）人。新莽末，劉秀起兵屬更始帝劉玄，耿弇則率上谷兵歸劉秀。當劉秀在河北攻拔邯鄲後，威聲日盛，劉玄遂疑慮，乃遣使立劉秀爲蕭王，令其罷兵還長安。當時劉秀在邯鄲宮溫明殿晝卧，耿弇直至牀下向劉秀進言，不可罷兵，應據河北之地，更謀發展，以成大業。劉秀從之，即拜弇爲大將軍。劉秀即帝位後，又拜弇爲建威大將軍。（見《後漢書》卷一九《耿弇傳》）

[50] 朱英：戰國末楚春申君之門客。春申君爲楚相二十餘年，門客甚衆。而楚考烈王無子，春申君爲其進獻不少女人，仍無子。趙人李園帶其妹至楚；先求爲春申君門客，再獻其妹與春申君。其妹有孕後，又説春申君進獻與楚王。楚王納李園妹後，生子，立爲太子。李園妹因立爲王后。李園恐春申君泄密，遂陰養死士，欲殺春申君以滅口。至楚考烈王病，朱英因謂春申君曰："世有毋望之福，又有毋望之禍。今君處毋望之世，事毋望之主，安可以無毋望之人乎？"勸春申君早殺李園以免禍。春申君不聽，朱英恐禍及身，乃離去。至楚考烈王卒，李園果埋伏死士襲殺春申君，並盡滅春申君之家。（見《史記》卷七八《春申君列傳》）

[51] 國公：爵名。諸侯封爵中，最高爲國王，次爲國公，次爲列侯。

[52] 九錫：古代天子賜給大臣的最高禮遇。《漢書》卷六《武帝紀》注引應劭説："九錫者，一曰車馬，二曰衣服，三曰樂器，四曰朱户，五曰納陛，六曰虎賁百人，七曰鈇鉞，八曰弓矢，

[53] 周旦：即周公。周公名旦。　　吕望：即吕尚。殷商末，吕尚釣於渭濱，周西伯出獵遇之，與語，大悦，曰："吾太公望子久矣。"吕尚因號"太公望"。（見《史記》卷三二《齊太公世家》）

[54] 二聖：指周文王與周武王。

[55] 掖邑：趙一清《注補》謂掖邑即《漢書·地理志》東萊郡之掖縣（即今山東萊州市）。田單號安平君，即漢菑川國之東安平也。

[56] 菑上：漢菑（本作"甾"）川國之别稱。菑川國治所劇縣，在今山東壽光縣南。

[57] 丘垤（dié）：小山丘。

及關羽圍曹仁於樊，[1]孫權遣使辭以"遣兵西上，欲掩取羽江陵、公安累重。[2]羽失二城，必自奔走，樊軍之圍，不救自解。乞密不漏，令羽有備"。太祖詰羣臣，羣臣咸言宜當密之。昭曰："軍事尚權，期於合宜。宜應權以密，而内露之。羽聞權上，若還自護，圍則速解，便獲其利。可使兩賊相對銜持，[3]坐待其弊。秘而不露，使權得志，非計之上。又，圍中將吏不知有救，計糧怖懼，儻有他意，爲難不小。露之爲便。且羽爲人彊梁，自恃二城守固，必不速退。"太祖曰："善。"即敕救將徐晃以權書射著圍裏及羽屯中，圍裏聞之，志氣百倍。羽果猶豫。[4]權軍至，得其二城，羽乃破敗。

文帝即王位，拜昭將作大匠。[5]及踐阼，遷大鴻臚，[6]進封右鄉侯。[7]二年，分邑百户，賜昭弟訪爵關内侯,[8]徙昭爲侍中。三年,征東大將軍曹休臨江在洞浦口,[9]自表:"願將鋭卒虎步江南,因敵取資,事必克捷;若其無臣,[10]不須爲念。"帝恐休便渡江,驛馬詔止。時昭侍側,因曰:"竊見陛下有憂色。獨以休濟江故乎?今者渡江,人情所難,就休有此志,勢不獨行,當須諸將。臧霸等既富且貴,無復他望,但欲終其天年,保守禄祚而已,何肯乘危自投死地,以求僥幸?苟霸等不進,休意自沮。臣恐陛下雖有敕渡之詔,猶必沉吟,未便從命也。"是後無幾,暴風吹賊船,悉詣休等營下,斬首獲生,賊遂迸散。詔敕諸軍促渡。軍未時進,賊救船遂至。

大駕幸宛,[11]征南大將軍夏侯尚等攻江陵,[12]未拔。時江水淺狹,尚欲乘船將步騎入渚中安屯,[13]作浮橋,南北往來,議者多以爲城必可拔。昭上疏曰:"武皇帝智勇過人,而用兵畏敵,不敢輕之若此也。夫兵好進惡退,常然之數。平地無險,猶尚艱難,就當深入,還道宜利,兵有進退,不可如意。今屯渚中,至深也,浮橋而濟,至危也;一道而行,至狹也:三者兵家所忌,而今行之。賊頻攻橋,誤有漏失,[14]渚中精鋭,非魏之有,將轉化爲吳矣。臣私感之,忘寢與食,而議者怡然不以爲憂,豈不惑哉!加江水向長,一旦暴增,何以防禦?就不破賊,尚當自完;奈何乘危,不以爲懼?事將危矣,惟陛下察之!"帝悟昭言,即詔尚等促出。賊兩頭並前,[15]官兵一道引去,不時得泄,將軍石建、高遷僅得自免。軍出旬日,江水暴長。帝曰："君論此事，何其審也！正使張、陳當之，[16]何以復加。"五年，徙封（成）都鄉侯，[17]拜太常。[18]其年，徙光祿大夫、給事中。[19]從大駕東征，七年還，拜太僕。[20]明帝即位，進爵樂平侯，[21]邑千戶，轉衛尉。分邑百戶，賜一子爵關內侯。

太和四年，[22]行司徒事，[23]六年，拜真。昭上疏陳末流之弊曰："凡有天下者，莫不貴尚敦樸忠信之士，深疾虛偽不真之人者，以其毀教亂治，敗俗傷化也。近魏諷則伏誅建安之末，[24]曹偉則斬戮黃初之始。[25]伏惟前後聖詔，深疾浮偽，欲以破散邪黨，常用切齒；而執法之吏皆畏其權勢，[26]莫能糾擿，毀壞風俗，侵欲滋甚。竊見當今年少，不復以學問爲本，專更以交游爲業；國士不以孝悌清脩爲首，乃以趨勢游利爲先。合黨連羣，互相褒歎，以毀訾爲罰戮，用黨譽爲爵賞，附己者則歎之盈言，不附者則爲作瑕釁。至乃相謂'今世何憂不度邪，但求人道不勤，羅之不博耳；又何患其不知己矣，[27]但當吞之以藥而柔調耳'。又聞或有使奴客名作在職家人，[28]冒之出入，往來禁奧，交通書疏，有所探問。凡此諸事，皆法之所不取，刑之所不赦，雖諷、偉之罪，無以加也。"帝於是發切詔，斥免諸葛誕、鄧颺等。昭年八十一薨，謚曰定侯。子冑嗣。冑歷位郡守、九卿。

[1] 樊：城名。在襄陽縣北，與襄陽隔漢水相對，在今湖北襄陽市。

[2] 江陵：縣名。治所在今湖北荊州市荊州區。　公安：縣

名。治所在今湖北公安縣西。　累重：謂家屬資産。《漢書》卷九四上《匈奴傳上》："匈奴聞，悉遠其累重於余吾水北。"顔師古注："累重，謂妻子資産也。"

［3］相對銜持：胡三省云："以馬爲喻也。兩馬欲相踶嚙，既加之銜勒，兩不能動矣，而欲鬥之氣未衰，相對銜持，則兩雖跳梁，力必自敝。"（《通鑑》卷六八漢獻帝建安二十四年注）

［4］羽果猶豫：胡三省云："羽雖見權書，自恃江陵、公安守固，非權旦夕可拔；又因水勢，結圍以臨樊城，有必破之勢，釋之而去，必喪前功，此其所以猶豫也。"（《通鑑》卷六八漢獻帝建安二十四年注）

［5］將作大匠：官名。漢代，秩二千石，掌宮室、宗廟、陵寢及其他土木之營建。曹魏沿置，第三品。

［6］大鴻臚：官名。漢列卿之一，秩中二千石。掌少數族君長、諸侯王、列侯之迎送、接待、安排朝會、封授、襲爵及奪爵削土之典禮；諸侯王死，則奉詔護理喪事，宣讀誄策謚號；百官朝會，掌贊襄引導；兼管京都之郡國邸舍及郡國上計吏之接待；又兼管少數族之朝貢使節及侍子。三國沿之，魏爲三品。

［7］鄉侯：爵名。漢制，列侯大者食縣邑，小者食鄉、亭。東漢後期，遂以食鄉、亭者稱爲鄉侯、亭侯。曹魏因之。

［8］關內侯：爵名。漢制二十級爵之十九級，次於列侯，祇有封户收取租税而無封地。魏文帝定爵制爲十等，關內侯在亭侯下，仍爲虚封，無食邑。

［9］征東大將軍：官名。秩二千石。黄初中位次三公，第二品，資輕者爲征東將軍。　洞浦口：地名。在今安徽和縣東南長江岸邊。

［10］無臣：錢大昭《辨疑》、梁章鉅《旁證》皆謂"無臣"疑作"無成"。周壽昌《注證遺》則云："無臣，梁氏《旁證》謂作'無成'，恐不然。時休假鉞專征，自矜必捷，若果無成，當任敗師之罪，安得云不須爲念乎？休此表必尚有曲折，此摘其略數

語，故意不甚顯，大約言臣若死於敵，不須以臣爲念。觀下'帝恐休便渡江'，昭窺帝憂色，有'何肯乘危自投死地'，'休意自沮'之勸也。"吳金華《校詁》亦謂周說是，"無臣"猶言"無我"。

[11] 宛：縣名。治所在今河南南陽市。

[12] 征南大將軍：官名。秩二千石，第二品，位次三公。

[13] 渚（zhǔ）：胡三省云："渚，洲也。即江陵之中洲也。"（《通鑑》卷七〇魏文帝黃初四年注）胡三省又云："江陵中洲即百里洲也。其洲自枝江縣西，至上明東及江津，江津北岸即江陵故城。"（《通鑑》卷六九魏文帝黃初三年注）按胡氏所言之百里洲，即在今湖北枝江市南長江中。

[14] 誤：吳金華《校詁》云："'誤'猶言偶然，乃當時口語。"

[15] 前：盧弼《集解》本作"進"，百衲本、殿本、校點本作'前'。今從百衲本等。

[16] 張陳：指張良、陳平，皆漢高祖劉邦之得力謀士。

[17] 都鄉侯：各本皆作"成都鄉侯"。盧弼《集解》云："此當爲荊州南陽郡之成都，非益州蜀郡之成都也。"趙幼文《〈三國志集解〉辨證》則云："考蕭常《續後漢書》無'成'字。昭前進封右鄉侯，今封都鄉侯，故曰徙。都鄉侯見蔣濟、張既、張郃等傳，則此'成'字蓋衍文也。"按，趙說是，今從刪"成"字。都鄉侯，爵名。列侯食邑爲都鄉（近城之鄉）者，稱都鄉侯，位次於縣侯，高於鄉侯。

[18] 太常：官名。秩中二千石，第三品。掌禮儀祭祀，選試博士。

[19] 光祿大夫：官名。秩比二千石，第三品，位次三公。無定員，無固定職守，相當於顧問。諸公告老及在朝重臣加此銜以示優重。　給事中：官名。第五品。位在散騎常侍下，給事黃門侍郎上，或爲加官，或爲正官，無定員。

[20] 太僕：官名。秩中二千石，掌皇帝車馬，兼管官府畜牧

業，東漢尚兼掌兵器製作，織綬等。曹魏因之，三品。

　［21］樂平：縣名。漢獻帝建安中置，治所在今山西昔陽縣。

　［22］太和：魏明帝曹叡年號（227—233）。

　［23］行司徒事：胡三省云："資望輕，未可爲公者，爲行事。"（《通鑑》卷七一魏明帝太和四年注）

　［24］魏諷：事見本書卷一《武帝紀》建安二十五年及裴注引《世語》。

　［25］曹偉：山陽（治所今山東金鄉縣西北）人。事見本書卷二七《王昶傳》及裴注引《世語》。　黄初：魏文帝曹丕年號（220—226）。

　［26］權勢：盧弼《集解》本作"威勢"，百衲本、殿本、校點本作"權勢"。今從百衲本等。

　［27］又何患其不知己矣：《通鑑》此句作"人何患其不己知"，語義較明確。（見《通鑑》卷七一魏明帝太和四年）

　［28］使奴客名作在職家人：胡三省云："謂如職在尚書，出入禁省，則有令使，有主書，有蒼頭、盧兒，爲之給使，今使奴客冒其名，以出入往來爲奸。"（《通鑑》卷七一魏明帝太和四年）

　　劉曄字子揚，淮南成悳人也，[1]悳音德。漢光武子阜陵王延後也。[2]父普，母脩，產渙及曄。渙九歲，曄七歲，而母病困。臨終，戒渙、曄以"普之侍人，有諂害之性。身死之後，懼必亂家。汝長大能除之，則吾無恨矣"。曄年十三，謂兄渙曰："亡母之言，可以行矣。"渙曰："那可爾！"曄即入室殺侍者，徑出拜墓。舍内大驚，白普。普怒，遣人追曄。曄還拜謝曰："亡母顧命之言，[3]敢受不請擅行之罰。"普心異之，遂不責也。汝南許劭名知人，避地揚州，稱曄有佐世之才。

揚士多輕俠狡桀，有鄭寶、張多、許乾之屬，各擁部曲。[4]寶最驍果，才力過人，一方所憚。欲驅略百姓越赴江表，以曄高族名人，欲彊逼曄使唱導此謀。[5]曄時年二十餘，心内憂之，而未有緣。會太祖遣使詣州，有所案問。曄往見，爲論事勢，要將與歸，[6]駐止數日。寶果從數百人齎牛酒來候使，曄令家僮將其衆坐中門外，爲設酒飯；與寶於内宴飲。密勒健兒，令因行觴而斫寶。寶性不甘酒，視候甚明，觴者不敢發。曄因自引取佩刀斫殺寶，斬其首以令其軍，云：“曹公有令，敢有動者，與寶同罪。”衆皆驚怖，走還營。營有督將精兵數千，[7]懼其爲亂，曄即乘寶馬，將家僮數人，詣寶營門，呼其渠帥，喻以禍福，皆叩頭開門内曄。曄撫慰安懷，咸悉悦服，推曄爲主。曄覩漢室漸微，己爲支屬，不欲擁兵，[8]遂委其部曲與廬江太守劉勳。[9]勳怪其故，曄曰：“寶無法制，其衆素以鈔略爲利，僕宿無資，[10]而整齊之，必懷怨難久，故相與耳。”時勳兵彊于江、淮之間。孫策惡之，遣使卑辭厚幣，以書説勳曰：“上繚宗民，[11]數欺下國，[12]忿之有年矣。擊之，路不便，願因大國伐之。[13]上繚甚實，得之可以富國，請出兵爲外援。”勳信之，又得策珠寶、葛越，[14]喜悦。外内盡賀，[15]而曄獨否。勳問其故，對曰：“上繚雖小，城堅池深，攻難守易，不可旬日而舉，則兵疲於外，而國内虚。策乘虚而襲我，則後不能獨守。[16]是將軍進屈於敵，退無所歸。若軍必出，禍今至矣。”勳不從。興兵伐上繚，策果襲其後。[17]勳窮蹙,遂奔太祖。

太祖至壽春,時廬江界有山賊陳策,衆數萬人,臨險而守。先時遣偏將致討,莫能禽克。太祖問羣下可伐與不,咸云:"山峻高而谿谷深隘,守易攻難;又無之不足爲損,得之不足爲益。"曄曰:"策等小豎,因亂赴險,遂相依爲彊耳,非有爵命威信相伏也。[18]往者偏將資輕,而中國未夷,故策敢據險以守。今天下略定,後伏先誅。夫畏死趨賞,愚知所同,故廣武君爲韓信畫策,[19]謂其威名足以先聲後實而服鄰國也。豈況明公之德,[20]東征西怨,[21]先開賞募,大兵臨之,令宣之日,軍門啓而虜自潰矣。"太祖笑曰:"卿言近之!"。遂遣猛將在前,大軍在後,至則克策,如曄所度。太祖還,辟曄爲司空倉曹掾。〔一〕[22]

〔一〕《傅子》曰:太祖徵曄及蔣濟、胡質等五人,皆揚州名士。每舍亭傳,[23]未曾不講,所以見重;內論國邑先賢、禦賊固守、行軍進退之宜,外料敵之變化、彼我虛實、戰爭之術,夙夜不解。而曄獨臥車中,終不一言。濟怪而問之,曄答曰:"對明主非精神不接,精神可學而得乎?"及見太祖,太祖果問揚州先賢,賊之形勢。四人爭對,待次而言,再見如此,太祖每和悅,而曄終不一言。四人笑之。後一見太祖止無所復問,曄乃設遠言以動太祖,太祖適知便止。若是者三。其旨趣以爲遠言宜徵精神,獨見以盡其機,不宜於猥坐說也。[24]太祖已探見其心矣,坐罷,尋以四人爲令,而授曄以心腹之任;每有疑事,輒以函問曄,至一夜數十至耳。

[1]淮南:郡名。原爲漢九江郡,三國時魏吳分據,吳割入廬

江郡；魏改稱淮南郡，治所壽春縣，在今安徽壽縣。 成悳：縣名。治所在今安徽壽縣東南。 也：校點本無"也"字，百衲本、殿本、盧弼《集解》本有。今從百衲本等。

［2］阜陵王延：漢光武帝建武十五年（39）封劉延爲淮陽公，十七年進爵爲王。漢明帝時徙封爲阜陵王。（見《後漢書》卷四二《阜陵王延傳》）

［3］顧命之言：臨死所吩咐之言。

［4］部曲：由依附者組成之私人武裝。

［5］欲彊逼曄使唱導此謀：盧弼《集解》本作"欲彊逼使便唱導此謀"，百衲本、殿本、校點本均作"欲彊逼曄使唱導此謀"。今從百衲本等。

［6］要（yāo）將：邀請。

［7］督將：帶兵頭目。

［8］不欲擁兵：何焯云："此時曹氏代漢之勢未成，以支屬不欲擁兵，乃曄後來飾詞。"（《義門讀書記》卷二六《三國志·魏志》）

［9］廬江：郡名。治所本在舒縣，在今安徽廬江縣西南。建安四年劉勳移於皖縣，在今安徽潛山縣。

［10］宿無資：胡三省云："謂先無名位爲之資也。"（《通鑑》卷六三漢獻帝建安四年注）

［11］上繚：地名。在今江西永修縣。 宗民：當時長江下游一帶以宗族聚居的土著人民稱"宗民"，組成的武裝稱"宗部""宗伍"。

［12］下國：孫策對自己轄區的謙稱。

［13］大國：孫策對劉勳轄區的尊稱。

［14］葛越：南方用葛織成的布。《尚書·禹貢》"島夷卉服"孔傳："南海島夷，草服葛越。"孔穎達疏："葛越，南方布名。用葛爲之。"

［15］外內：盧弼《集解》謂北宋本作"內外"。

[16] 則後：殿本作"後則"，百衲本、盧弼《集解》本、校點本作"則後"。今從百衲本等。

[17] 襲：殿本作"乘"，百衲本、盧弼《集解》本、校點本作"襲"。今從百衲本等。

[18] 伏：殿本作"服"，百衲本、盧弼《集解》本、校點本作"伏"。今從百衲本等。

[19] 廣武君：即李左車。秦末趙人，先與趙王歇、成安君陳餘據趙地，漢將韓信攻破趙後，擒服廣武君。廣武君遂爲韓信謀士。後韓信欲北攻燕東伐齊，問計於廣武君。廣武君曰："方今爲將軍計，莫如案甲休兵，鎮趙撫其孤，百里之内，牛酒日至，以饗士大夫醳兵，北首燕路，而後遣辯士奉咫尺之書，暴其所長於燕，燕必不敢不聽從。燕已從，使誼言者東告齊，齊必從風而服，雖有智者，亦不爲齊計矣。如是，則天下事皆可圖也。兵固有先聲而後實者也，此之謂也。"（《史記》卷九二《淮陰侯列傳》）

[20] 豈況：盧弼《集解》本作"而況"，百衲本、殿本、校點本作"豈況"。今從百衲本等。

[21] 東征西怨：謂民望義師。《孟子·滕文公下》孟子曰："湯始征，自葛載，十一征而無敵於天下。東面而征西夷怨，南面而征北狄怨，曰：'奚爲後我？'民之望若大旱之望雨也。"

[22] 司空倉曹掾：官名。漢末曹操爲司空後，於司空府置，主管倉穀，後世因襲。

[23] 亭傳（zhuàn）：途中供歇息住宿之處所。

[24] 猥：衆多。

太祖征張魯，轉曄爲主簿。[1]既至漢中，[2]山峻難登，軍食頗乏。太祖曰："此妖妄之國耳，何能爲有無？吾軍少食，不如速還。"便自引歸，令曄督後諸軍，使以次出。曄策魯可克，加糧道不繼，雖出，軍猶不能皆全,[3]馳白太祖:"不如致攻。"遂進兵,多出弩以射其營。魯奔走,漢中遂平。[4]曄進曰:"明公以步卒五千,[5]將誅董卓,北破袁紹,南征劉表,九州百郡,[6]十并其八,威震天下,勢懾海外。[7]今舉漢中,蜀人望風,破膽失守,推此而前,蜀可傳檄而定。劉備,人傑也,有度而遲,[8]得蜀日淺,蜀人未恃也。[9]今破漢中,[10]蜀人震恐,其勢自傾。以公之神明,因其傾而壓之,無不克也。若小緩之,諸葛亮明於治而爲相,[11]關羽、張飛勇冠三軍而爲將,蜀民既定,據險守要,則不可犯矣。今不取,必爲後憂。"太祖不從,〔一〕大軍遂還。曄自漢中還,爲行軍長史,[12]兼領軍。[13]延康元年,[14]蜀將孟達率衆降。達有容止才觀,[15]文帝甚器愛之,使達爲新城太守,[16]加散騎常侍。曄以爲"達有苟得之心,而恃才好術,必不能感恩懷義。新城與吳、蜀接連,若有變態,爲國生患。"文帝竟不易,後達終于叛敗。〔二〕

〔一〕《傅子》曰:居七日,蜀降者説:"蜀中一日數十驚,備雖斬之而不能安也。"太祖延問曄曰:[17]"今尚可擊不?"曄曰:"今已小定,未可擊也。"

〔二〕《傅子》曰:初,太祖時,魏諷有重名,自卿相以下皆傾心交之。其後孟達去劉備歸文帝,論者多稱有樂毅之量。[18]曄一見諷、達而皆云必反,卒如其言。

[1] 主簿:官名。此指丞相主簿,曹操爲丞相,丞相府置主簿四員,録省衆事。

［2］漢中：郡名。治所南鄭縣，在今陝西漢中市東。

［3］全：盧弼《集解》云："毛本'全'作'前'。"趙幼文《校箋》云："作'前'字是。《説文·止部》：'不行而進謂之前。'"

［4］漢中遂平：曹操在漢中得勝的具體情節，與本書卷八《張魯傳》裴注引《魏名臣奏》載董昭表所言不同。《通鑑》即據董昭表所言記叙此事。《通鑑考異》謂"昭表所述必得實，今從之"。（見《通鑑》卷六七漢獻帝建安二十年《考異》）

［5］步卒五千：錢大昭《辯疑》云："此云步卒五千，蓋指初起兵言之。"

［6］九州百郡：盧弼《集解》謂此據建安十八年并十四州爲九州之數而言。而并州省郡後，冀、雍、荆、益、豫、徐、青等七州即有郡一百零二，兖、揚二州之郡尚未列入，故九州不止百郡，此言"百郡"，舉成數而已。又當時雍、荆、揚、益四州並未全部征服，亦不得謂"十并其八"。

［7］海外：盧弼《集解》云："北宋本'外'作'内'。"趙幼文《校箋》則謂《通典·兵十五》引作"内外"，《太平御覽》卷三一四引同，疑是。

［8］有度：趙幼文《校箋》謂《太平御覽》卷三一四引"有"下有"智"字。《通典》引同。

［9］恃：盧弼《集解》云："北宋本、監本、官本'恃'作'附'，各本作'恃'，《通鑑》同。"吴金華《校詁》則謂"恃"亦有"附"義。

［10］破：殿本、盧弼《集解》本作"舉"，百衲本、校點本作"破"，盧弼《集解》謂北宋本作"破"。今從百衲本等。

［11］明於治：趙幼文《校箋》謂郝經及蕭常之《後漢書》"治"下俱有"國"字，《通鑑》亦有，疑此脱。

［12］行軍長史：官名。曹操所置，總理行營事務。

［13］領軍：官名。曹操爲丞相時置，統領禁衛軍，屬丞相府。

[14] 延康：漢獻帝劉協年號（220）。

[15] 容止：殿本作"容儀"，百衲本、盧弼《集解》本、校點本作"容止"。今從百衲本等。

[16] 新城：延康元年魏文帝合房陵、上庸、西城三郡爲新城郡（見本書《劉封傳》）。治所房陵縣，在今湖北房陵縣（本王先謙《續漢書·郡國志集解》）。

[17] 延：殿本作"迊"，百衲本、盧弼《集解》本、校點本作"延"。今從百衲本等。

[18] 樂毅：戰國時燕將。燕昭王時任亞卿，曾率軍破齊國，攻下七十餘城，以功封昌國君。燕惠王即位，中齊反間計，以騎劫代樂毅爲將。樂毅遂出奔趙國，終卒於趙。（見《史記》卷八〇《樂毅列傳》）

黄初元年，以曄爲侍中，賜爵關内侯。詔問羣臣令料劉備當爲關羽出報吳不，衆議咸云："蜀，小國耳，名將唯羽。羽死軍破，國内憂懼，無緣復出。"曄獨曰："蜀雖狹弱，而備之謀欲以威武自彊，勢必用衆以示其有餘。且關羽與備，義爲君臣，恩猶父子；羽死不能爲興軍報敵，於終始之分不足。"後備果出兵擊吳。吳悉國應之，而遣使稱藩。朝臣皆賀，獨曄曰："吳絶在江、漢之表，無内臣之心久矣。陛下雖齊德有虞，[1]然醜虜之性，未有所感。困難求臣，必難信也。[2]彼必外迫内困，然後發此使耳，可因其窮，襲而取之。夫一日縱敵，數世之患，[3]不可不察也。"備軍敗退，吳禮敬轉廢，帝欲興衆伐之，曄以爲"彼新得志，上下齊心，而阻帶江湖，必難倉卒。"[4]帝不聽。〔一〕五年，幸廣陵泗口，[5]命荆、揚州諸軍並進。會羣臣，問："權當自來不？"咸曰："陛下親征，權恐怖，必舉國而應。又不敢以大衆委之臣下，必自將而來。"曄曰："彼謂陛下欲以萬乘之重牽己，而超越江湖者在於別將，必勒兵待事，未有進退也。"大駕停住積日，權果不至，帝乃旋師。云："卿策之是也。當念爲吾滅二賊，不可但知其情而已。"

〔一〕《傅子》曰：孫權遣使求降，帝以問曄。曄對曰："權無故求降，必内有急。權前襲殺關羽，取荊州四郡，[6]備怒，必大興師伐之。外有彊寇，衆心不安，又恐中國承其釁而伐之，[7]故委地求降，一以卻中國之兵，二則假中國之援，[8]以彊其衆而疑敵人。權善用兵，見策知變，其計必出於此。今天下三分，中國十有其八。吳、蜀各保一州，[9]阻山依水，有急相救，此小國之利也。今還自相攻，天亡之也。宜大興師，徑渡江襲其内。[10]蜀攻其外，我襲其内，吳之亡不出旬月矣。吳亡則蜀孤。若割吳半，[11]蜀固不能久存，況蜀得其外，我得其内乎！"帝曰："人稱臣降而伐之，疑天下欲來者心，必以爲懼，其殆不可！[12]孤何不且受吳降，而襲蜀之後乎！"對曰："蜀遠吳近，又聞中國伐之，便還軍，不能止也。今備已怒，故興兵擊吳，聞我伐吳，知吳必亡，必喜而進與我爭割吳地，必不改計抑怒救吳，必然之勢也。"帝不聽，遂受吳降，即拜權爲吳王。曄又進曰："不可。先帝征伐天下，〔十〕兼其八，[13]咸震海内，陛下受禪即真，德合天地，聲暨四遠，此實然之勢，非卑臣頌言也。權雖有雄才，故漢驃騎將軍南昌侯耳，[14]官輕勢卑。士民有畏中國心，不可彊迫與成所謀也。[15]不得已受其降，可進其將軍號，封十萬户侯，不可即以爲王也。夫王位，去天子一階耳，其禮秩服御相亂也。[16]彼直爲侯，江南士民未有君臣之義也。[17]我信其僞降，就封殖之，崇其位號，定其君臣，是爲虎傅翼也。權既受王位，卻蜀兵之後，外盡禮事中國，[18]使其國內皆聞之，內爲無禮以怒陛下。陛下赫然發怒，興兵討之，乃徐告其民曰：'我委身事中國，不愛珍貨重寶，隨時貢獻，不敢失臣禮也，無故伐我，必欲殘我國家，俘我民人子女以爲僮隸僕妾。'吳民無緣不信其言也。信其言而感怒，上下同心，戰加十倍矣。"又不從。遂即拜權爲吳王。權將陸議大敗劉備，[19]殺其兵八萬餘人，備僅以身免。權外禮愈卑，而內行不順，果如曄言。

[1] 有虞：虞舜。堯時受命攝政，除四凶，舉八元八愷，天下大治。後受堯禪讓爲帝（見《史記》卷一《五帝本紀》）。

[2] 必：百衲本、殿本、盧弼《集解》本、校點本皆作"必"，殿本《考證》云："宋本作'心'。"今從百衲本等。

[3] 數世之患：《左傳·僖公三十三年》：先軫曰："吾聞之，一日縱敵，數世之患也。"

[4] 倉卒：謂倉猝取勝。

[5] 廣陵：郡名。魏初治所曾在淮陰縣，在今江蘇淮陰市西南甘羅城；黃初五年（224）已復移治所於廣陵縣（漢代故治所），在今江蘇揚州市西北蜀岡上（本吳增僅《三國郡縣表附考證》）。

泗口：地名。泗水從西北東南流，注入淮水，其入口處稱泗口，在今江蘇淮陰市西南。

[6] 四郡：指南郡、零陵、宜都、武陵四郡。南郡治所江陵縣，在今湖北荊州市江陵區。零陵郡治所泉陵縣，在今湖南永州市。宜都郡係劉備改臨江郡置，治所夷道縣，在今湖北枝城市。武陵郡治所臨沅縣，在今湖南常德市。

[7] 中國：指據有中原之魏國。

[8] 二則：百衲本無"則"字，殿本、盧弼《集解》本、校點本有。今從殿本等。

［9］一州：胡三省云："約而言之，謂吳保揚（州），蜀保益（州）也。"（《通鑑》卷六九魏文帝黃初二年注）

［10］渡江襲其内：趙幼文《校箋》謂《通鑑》（卷六九魏文帝黃初二年）作"渡江襲之"。疑此"其内"二字當删，蓋蒙下文"我襲其内"而衍。《通志》亦無"其内"二字，有"之"字，與《通鑑》同。

［11］若割吳半：趙幼文《校箋》云："此語意不完，《通鑑》作'若割吳之半以與蜀'，應據補。"

［12］殆：百衲本、盧弼《集解》本作"一"；殿本、校點本作"殆"，語意較順，今從殿本等。

［13］兼其八：盧弼《集解》云："《通鑑》作'十兼其八'。"趙幼文《校箋》謂"兼其八"語意不完，《通鑑》有"十"字是也。上文亦有"十并其八"之語。郝經《續後漢書》《通志》"兼"上俱有"十字"。今據《通鑑》、郝書等補"十"字。

［14］南昌侯：漢獻帝建安二十四年（219）曹操表孫權爲驃騎將軍，封南昌侯。（見本書卷四七《吳主傳》）

［15］彊迫：殿本作"彊逼"，百衲本、盧弼《集解》本、校點本作"彊迫"。今從百衲本等。

［16］禮秩服御相亂：胡三省云："漢自景、武以後，裁削藩王，不使與京師同制。自曹操爲魏王，加九錫，禮秩服御與天子相亂矣。"（《通鑑》卷六九魏文帝黃初二年注）

［17］義：趙幼文《校箋》謂《通鑑》作"分"，下無"也"字。

［18］事中國：趙幼文《校箋》謂《通鑑》"事"上有"以"字。郝經《續後漢書》同。

［19］陸議：盧弼《集解》本作"陸遜"，百衲本、殿本、校點本均作"陸議"。今從百衲本等。又按，陸議即陸遜，遜本名議。大敗劉備：指吳蜀彝陵之戰。

明帝即位，進爵東亭侯，邑三百户。詔曰："尊嚴祖考，所以崇孝表行也；追本敬始，所以篤教流化也。是以成湯、文、武，實造商、周，[1]《詩》《書》之義，追尊稷、契，[2]歌頌有娀、姜嫄之事，[3]明盛德之源流，受命所由興也。自我魏室之承天序，既發迹於高皇、太皇帝，[4]而功隆于武皇、文皇帝。至于高皇之父處士君，[5]潛脩德讓，行動神明，斯乃乾坤所福饗，光靈所從來也。而精神幽遠，號稱罔記，非所謂崇孝重本也。其令公卿已下，會議號謚。"曄議曰："聖帝孝孫之欲褒崇先祖，誠無量已。然親疏之數，遠近之降，蓋有禮紀，所以割斷私情，克成公法，爲萬世式也。周王所以上祖后稷者，以其佐唐有功，[6]名在祀典故也。至於漢氏之初，[7]追謚之義，不過其父。上比周室，則大魏發迹自高皇始；下論漢氏，則追謚之禮不及其祖。此誠往代之成法，當今之明義也。陛下孝思中發，誠無已已，然君舉必書，所以慎於禮制也。以爲追尊之義，宜齊高皇而已。"尚書衛臻與曄議同，事遂施行。遼東太守公孫淵奪叔父位，擅自立，遣使表狀，曄以爲："公孫氏漢時所用，遂世官相承，[8]水則由海，陸則阻山，故胡夷絶遠難制；而世權日久，今若不誅，後必生患。若懷貳阻兵，然後致誅，於事爲難。不如因其新立，有黨有仇，先其不意，以兵臨之，開設賞募，可不勞師而定也。"後淵竟反。

曄在朝，略不交接時人。或問其故，曄答曰："魏室即阼尚新，智者知命，俗或未咸。僕在漢爲支葉，於魏備腹心，寡偶少徒，於宜未失也。"太和六年，以疾拜太中大夫。[9]有間，為大鴻臚，在位二年遜位，復為太中大夫，薨。謚曰景侯。子寓嗣。〔一〕少子陶，亦高才而薄行，官至平原太守。〔二〕[10]

〔一〕《傅子》曰：曄事明皇帝，又大見親重。帝將伐蜀，朝臣內外皆曰"不可"。[11]曄入與帝議，因曰"可伐"；出與朝臣言，因曰"不可伐"。曄有膽智，言之皆有形。[12]中領軍楊暨，[13]帝之親臣，又重曄，持不可伐蜀之議最堅，每從內出，輒過曄，曄講不可之意。[14]後暨從駕行天淵池，[15]帝論伐蜀事，暨切諫。帝曰："卿書生，焉知兵事！"暨謙謝曰："臣出自儒生之末，陛下過聽，拔臣羣萃之中，立之六軍之上，[16]臣有微心，不敢不盡言。臣言誠不足采，侍中劉曄先帝謀臣，常曰蜀不可伐。"帝曰："曄與吾言蜀可伐。"暨曰："曄可召質也。"詔召曄至，帝問曄，終不言。後獨見，曄責帝曰："伐國，大謀也，臣得與聞大謀，常恐眯夢漏泄以益臣罪，[17]焉敢向人言之？夫兵，詭道也，軍事未發，不厭其密也。陛下顯然露之，臣恐敵國已聞之矣。"於是帝謝之。曄見出，[18]責暨曰："夫釣者中大魚，則縱而隨之，須可制而後牽，則無不得也。人主之威，豈徒大魚而已！子誠直臣，然計不足采，不可不精思也。"暨亦謝之。曄能應變持兩端如此。或惡曄于帝曰："曄不盡忠，善伺上意所趨而合之。陛下試與曄言，皆反意而問之，若皆與所問反者，是曄常與聖意合也。復每問皆同者，曄之情必無所逃矣。"[19]帝如言以驗之，果得其情，從此疏焉。曄遂發狂，出為大鴻臚，[20]以憂死。諺曰"巧詐不如拙誠"，[21]信矣。以曄之明智權計，若居之以德義，行之以忠信，古之上賢，何以加諸？獨任才智，不與世士相經緯，內不推心事上，外困於俗，卒不能自安於天下，豈不惜哉！

〔二〕《王弼傳》曰：[22]淮南人劉陶，善論縱橫，[23]為當時所推。[24]

《傅子》曰：陶字季冶，善名稱，有大辯。曹爽時爲選部郎，[25]鄧颺之徒稱之以爲伊、吕。[26]當此之時，其人意陵青雲，謂玄曰：[27]"仲尼不聖。何以知其然？智者圖國；天下羣愚，如弄一丸于掌中，而不能得天下。"玄以其言大惑，不復詳難也。謂之曰："天下之質，[28]變無常也。今見卿窮！"爽之敗，退居里舍，乃謝其言之過。

干寶《晋紀》曰：毌丘儉之起也，大將軍以問陶，[29]陶答依違。大將軍怒曰："卿平生與吾論天下事，至于今日而更不盡乎？"乃出爲平原太守，又追殺之。

[1] 實：百衲本作"寔"，殿本、盧弼《集解》本、校點本作"實"。按，二字通。今從殿本等。

[2] 稷：即后稷，名棄，周族之始祖。 契（xiè）：商族之始祖。

[3] 有娀（sōng）：名簡狄，有娀氏之女，契之母。傳説簡狄吞玄鳥卵而生契。《詩·商頌·玄鳥》："天命玄鳥，降而生商，宅殷土芒芒。古帝命武湯，正域彼四方。" 姜嫄：后稷之母，有邰氏之女。《詩·大雅·生民》："厥初生民，時維姜嫄。"

[4] 高皇：曹騰。魏明帝即位後追尊他爲高皇帝。 太皇帝：曹嵩。魏文帝曹丕即位後，追尊他爲太皇帝。

[5] 處士君：未做官者稱處士。曹騰父名節，字元偉，未做官，故稱爲處士君。其事見本書卷一《武帝紀》卷首裴注引司馬彪《續漢書》。

[6] 唐：唐堯。據説后稷在唐堯時爲農官，教民耕種，有功，封於邰。（見《史記》卷四《周本紀》）

[7] 漢氏之初：指漢高祖劉邦六年，尊稱其父太公爲太上皇。（見《史記》卷八《高祖本紀》）

[8]世官:世襲官位。胡三省云:"古者世爵不世官,爵謂公、侯、伯、子、男,官謂卿大夫也。今謂之世官者,以公孫氏所據之地漢遼東太守之職守耳,子孫相襲,是世官也。"(《通鑑》卷七一魏明帝太和二年注)

[9]太中大夫:官名。秩千石,第七品。掌顧問應對,參謀議政。

[10]平原:郡名。治所平原縣,在今山東平原縣西南。

[11]不可:趙幼文《校箋》謂《册府元龜》卷四七九引"可"下有"伐"字。

[12]形:謂形象而生動。

[13]中領軍:官名。第三品,掌禁衛軍,主五校、中壘、武衛三營。 楊暨:字休先,榮陽(治所在今河南榮陽市東北)人。事又見本書卷二六《田豫傳》及裴注。

[14]不可之意:趙幼文《校箋》謂《群書治要》卷二五引"可"下有"伐"字,《通志》同。

[15]天淵池:在魏都洛陽,魏文帝黃初五年(224)所鑿。

[16]六軍:古時天子建六軍,後世遂爲軍隊之統稱。

[17]眯:殿本、盧弼《集解》本作"昧",百衲本、校點本及《通鑑》均作"眯"。今從百衲本等。眯(mì)夢,夢中驚語。

[18]見出:趙幼文《校箋》謂《群書治要》卷二五引無"見"字,郝經《續後漢書》同。

[19]情:真情,實情,謂劉曄迎合之情。 逃矣:殿本、盧弼《集解》本"逃矣"上有"復"字,百衲本、校點本無。今從百衲本。

[20]出爲大鴻臚:胡三省云:"侍中在天子左右,大鴻臚外朝官也。"(《通鑑》卷七二魏明帝太和六年注)

[21]巧詐不如拙誠:梁章鉅《旁證》謂此語見《説苑·談叢》,盧弼《集解》又謂已見《韓非子》,是爲古諺語。

[22]王弼傳:本書卷二八《鍾會傳》裴注謂何劭撰《王弼

傳》，沈家本《三國志注所引書目》又謂隋、唐《志》皆未著錄。

[23] 縱橫：指戰國縱橫家之說。

[24] 所推：殿本"推"下有"尚"字，百衲本、盧弼《集解》本、校點本無。今從百衲本等。

[25] 選部郎：尚書吏部郎之別稱。曹魏吏部尚書下置吏部郎，秩四百石，第六品。主管官吏選任銓敘調動事務。

[26] 伊呂：伊尹、呂尚。

[27] 玄：指夏侯玄。

[28] 質：趙幼文《校箋》謂郝經《續後漢書》作"勢"。

[29] 大將軍：指司馬師，時師爲大將軍。

蔣濟字子通，楚國平阿人也。[1]仕郡計吏、州別駕。[2]建安十三年，孫權率衆圍合肥。[3]時大軍征荊州，遇疾疫，唯遣將軍張喜單將千騎，[4]過領汝南兵以解圍，頗復疾疫。濟乃密白刺史，僞得喜書，云步騎四萬已到雩婁，[5]遣主簿迎喜。[6]三部使齎書語城中守將，一部得入城，二部爲賊所得。權信之，遽燒圍走，城用得全。明年使於譙，[7]太祖問濟曰："昔孤與袁本初對官渡，徙燕、白馬民，[8]民不得走，賊亦不敢鈔。今欲徙淮南民，何如？"濟對曰："是時兵弱賊彊，不徙必失之。自破袁紹，北拔柳城，南向江、漢，荊州交臂，[9]威震天下，民無他志。然百姓懷土，實不樂徙，懼必不安。"太祖不從，而江、淮間十餘萬衆，皆驚走吳。後濟使詣鄴，太祖迎見大笑曰："本但欲使避賊，乃更驅盡之。"拜濟丹楊太守。[10]大軍南征還，以溫恢爲揚州刺史，濟爲別駕。令曰："季子爲臣，[11]吳宜有君。今君還州，吾無憂矣。"民有誣告濟爲謀叛主率者，太祖聞之，（指）有令與左將軍于禁、沛相封仁等曰：[12]"蔣濟寧有此事！有此事，[13]吾爲不知人也。此必愚民樂亂，妄引之耳。促理出之。"辟爲丞相主簿、西曹屬。[14]令曰："舜舉皋陶，[15]不仁者遠；臧否得中，望于賢屬矣。"關羽圍樊、襄陽。[16]太祖以漢帝在許，近賊，欲徙都。司馬宣王及濟說太祖曰："于禁等爲水所沒，非戰攻之失，于國家大計未足有損。劉備、孫權，外親內疎，關羽得志，權必不願也。可遣人勸躡其後，[17]許割江南以封權，則樊圍自解。"太祖如其言。權聞之，即引兵西襲公安、江陵。羽遂見禽。

　　文帝即王位，轉爲相國長史。[18]及踐阼，出爲東中郎將。濟請留，詔曰："高祖歌曰'安得猛士守四方'！[19]天下未寧，要須良臣以鎮邊境。如其無事，乃還鳴玉，[20]未爲後也。"濟上《萬機論》，[21]帝善之。入爲散騎常侍。時有詔，詔征南將軍夏侯尚曰："卿腹心重將，特當任使。[22]恩施足死，惠愛可懷。作威作福，殺人活人。"尚以示濟。濟既至，帝問曰："卿所聞見天下風教何如？"濟對曰："未有他善，但見亡國之語耳。"帝忿然作色而問其故，濟具以答，因曰："夫'作威作福'，《書》之明誡。[23]'天子無戲言'，古人所慎。惟陛下察之！"於是帝意解，遣追取前詔。黃初三年，與大司馬曹仁征吳，[24]濟別襲羨溪。[25]仁欲攻濡須洲中，[26]濟曰："賊據西岸，列船上流，而兵入洲中，是爲自內地獄，[27]危亡之道也。"仁不從，果敗。仁薨，復以濟爲東中郎將，代領其兵。詔曰："卿兼資文武，志節慷慨，[28]常有超越江湖吞吳會之志，故復授將率之任。"頃之，徵爲尚書。車駕幸廣陵，濟表水道難通，又上《三州論》以諷帝。[29]帝不從，於是戰船數千皆滯不得行。議者欲就留兵屯田，濟以爲："東近湖，北臨淮，若水盛時，賊易爲寇，不可安屯。"帝從之，車駕即發。還到精湖，[30]水稍盡，盡留船付濟。船本歷適數百里中，[31]濟更鑿地作四五道，蹴船令聚；豫作土豚遏斷湖水，[32]皆引後船。一時開遏入淮中。帝還洛陽，謂濟曰："事不可不曉。吾前決謂分半燒船于山陽池中。[33]卿於後致之，略與吾俱至譙。又每得所陳，實入吾意。自今討賊計畫，善思論之。"

　　明帝即位。賜爵關內侯。大司馬曹休帥軍向皖，[34]濟表以爲"深入虜地，與權精兵對，而朱然等在上流，乘休後，臣未見其利也。"軍至皖，吳出兵安陸，[35]濟又上疏曰："今賊示形於西，必欲并兵圖東，宜急詔諸軍往救之。"會休軍已敗，盡棄器仗輜重退還。吳欲塞夾石，[36]遇救兵至，是以官軍得不沒。遷爲中護軍。[37]時中書監、令號爲專任，[38]濟上疏曰："大臣太重者國危，左右太親者身蔽，古之至戒也。往者大臣秉事，[39]外內扇動。陛下卓然自覽萬機，莫不祇肅。夫大臣非不忠也，然威權在下，則衆心慢上，勢之常也。陛下既已察之於大臣，願無忘於左右。左右忠正遠慮，未必賢於大臣，至於便辟取合，或能工之。今外所言，輒云中書，雖使恭慎不敢外交，但有此名，猶惑世俗。況實握事要，日在目前，儻因疲倦之間有所割制，[40]衆臣見其能推移於事，即亦因時而向之。一有此端，因當內設自完，以此衆語，私招所交，爲之內援。若此，臧否毀譽，必有所興，功負賞罰，[41]必有所易；直道而上者或壅，曲附左右者反達。因微而入，緣形而出，意所押信，不復猜覺。此宜聖智所當早聞，外以經意，則形際自見。[42]或恐朝臣畏言不合而受左右之怨，莫適以聞。臣竊亮陛下潛神默思，公聽並觀，若事有未盡於理而物有未周於用，將改曲易調，遠與黃、唐角功，[43]近昭武、文之迹，豈近習而已哉！[44]然人君猶不可悉天下事以適己明，當有所付。三官任一臣，[45]非周公旦之忠，又非管夷吾之公，[46]則有弄機敗官之弊。[47]當今柱石之士雖少，至于行稱一州，智效一官，忠信竭命，各奉其職，可並驅策，不使聖明之朝有專吏之名也。"詔曰："夫骨鯁之臣，人主之所仗也。濟才兼文武，服勤盡節，每軍國大事，輒有奏議，忠誠奮發，吾甚壯之。"就遷爲護軍將軍，[48]加散騎常侍。〔一〕

〔一〕司馬彪《戰略》曰：太和六年，明帝遣平州刺史田豫乘海渡，[49]幽州刺史王雄陸道，并攻遼東。[50]蔣濟諫曰："凡非相吞之國，不侵叛之臣，不宜輕伐。伐之而不制，是驅使爲賊。故曰'虎狼當路，不治狐狸。先除大害，小害自己'，[51]今海表之地，累世委質，歲選計（考）〔孝〕，[52]不乏職貢。議者先之，正使一舉便克，得其民不足益國，得其財不足爲富；儻不如意，是爲結怨失信也。"帝不聽,豫行竟無成而還。

［1］楚國:王國名。治所壽春縣,在今安徽壽縣。錢大昕云:"漢之楚國治彭城,魏之楚國蓋治壽春,即漢九江郡也。"(《廿二史考異》卷一五) 平阿:縣名。治所在今安徽懷遠縣西南。

［2］計吏:漢代的郡國,在年終遣吏至京都,向朝廷呈上計簿,彙報本郡國的户口、錢糧、獄訟、盜賊等情況。此事稱爲上計,所遣之吏稱爲計吏或上計吏。

［3］合肥:侯國名。治所在今安徽合肥市西。

［4］張喜:本書卷一《武帝紀》作"張憙"。

［5］雩(yú)婁:殿本作"雩婁",百衲本、盧弼《集解》本、校點本均作"雩婁"。今從百衲本等。又按,雩婁,侯國名,治所在今河南固始縣東南。

［6］主簿:官名。漢代中央及州郡官府皆置此官,以典領文書,辦理事務。

［7］譙:縣名。治所在今安徽亳州市。

［8］燕:縣名。即南燕縣,治所在今河南延津縣東北。 白馬:縣名。治所在今河南滑縣東。

［9］交臂:拱手,表示恭順。

［10］丹楊:殿本、校點本作"丹陽",百衲本、盧弼《集解》本作"丹楊"。今從百衲本等。又按,丹楊,郡名。治所宛陵縣,在今安徽宣州市。趙一清《注補》又云:"丹楊郡已屬吴,而拜濟丹楊太守,蓋遥奪其地也。"

［11］季子:即季札,春秋時吳王諸樊之弟,多次推讓君位。封於延陵(今江蘇常州市),故又稱延陵季子。《公羊傳·襄公二十九年》:"賢季子,則吴何以有君有大夫?以季子爲臣,則宜有君者也。"

［12］有令:百衲本、盧弼《集解》本作"指有令",殿本、校點本作"指前令"。殿本《考證》云:"各本作'指有令',臣明

楷按：此蓋太祖謂蔣濟無謀叛之事，而信前令之不虛，作'前令'爲是。"趙一清《注補》云："指字衍。"趙幼文《校箋》謂《册府元龜》卷一四九引作"有令"，無"指"字，《季漢書》同。趙說是也。今從百衲本等及二趙說，作"有令"，删"指"字。　左將軍：官名。位次上卿，與前、後、右將軍掌京師兵衛和邊防屯警。沛：王國名。治所相縣，在今安徽濉溪縣西北。

[13] 有此事：趙幼文《校箋》謂《册府元龜》引"有"上有"如"字，應補，語氣方足。按，宋本《册府元龜》無"如"字。

[14] 西曹屬：漢魏諸公府置有西曹，掌府吏署用事。長官爲掾，次官爲屬；掾闕，則屬爲長官。

[15] 皋陶（yáo）：舜之臣。《論語·顏淵》子夏曰："舜有天下，選於衆，舉皋陶，不仁者遠（遠離）矣。"

[16] 襄陽：縣名。治所在今湖北襄陽市。

[17] 勸躡其後：趙幼文《校箋》謂蕭常及郝經《續後漢書》"勸"俱作"權"字。

[18] 相國長史：官名。與丞相長史同。建安十八年（213）魏國初建時置丞相，二十一年改稱相國。其長史置二員，分左、右，署理相府諸曹，監領府事。秩千石，第六品。

[19] 高祖：指漢高祖劉邦。劉邦稱帝後數年，淮南王黥布反，劉邦自往平之。還過沛縣，因召故人父老子弟縱酒，酒酣。劉邦自爲歌曰："大風起兮雲飛揚，威加海內兮歸故鄉，安得猛士兮守四方！"（見《史記》卷八《高祖本紀》）

[20] 鳴玉：古人腰佩玉飾，行走時碰擊出聲，故稱鳴玉。此云"乃還鳴玉"，即謂回到朝中爲官。

[21] 萬機論：殿本作"萬幾論"，百衲本、盧弼《集解》本、校點本作"萬機論"。今從百衲本等。《隋書·經籍志》子部雜家類著錄《蔣子萬機論》八卷，蔣濟撰。《舊唐書·經籍志》同，《新唐書·藝文志》作"十卷"。至宋僅存三卷，明代全亡。嚴可均《全三國文》輯有一卷。

［22］特：百衲本作"時"，殿本、盧弼《集解》本、校點本作"特"。今從殿本等。

［23］書之明誡：《尚書·洪範》："臣無有作福作威玉食，臣之有作福作威玉食，其害於而家，凶於而國。"

［24］大司馬：官名。魏文帝黃初二年（221）置，爲上公，位在三公上，第一品，掌武事。

［25］羨溪：地名。在今安徽無爲縣東北，西去濡須三十里。

［26］濡須洲：江中島。在今安徽無爲縣東北長江中。

［27］内：同"納"。 地獄：周壽昌《注證遺》："此謂地中之獄，非如《唐書·傅奕傳》蕭瑀所云地獄，爲俗言陰司之地獄也。然二字實始此。"

［28］慷慨：百衲本、殿本、盧弼《集解》本均作"忼愾"，校點本作"慷慨"。按，二詞同。今從校點本。

［29］三州論：梁章鉅《旁證》引何焯說："三州者，本詩人'淮有三洲'之義，言水淺也。"

［30］精湖：湖名。在今江蘇高郵縣北。

［31］歷適：趙幼文《〈三國志集解〉辨證》謂孫詒讓《周禮正義》引孔廣森曰："歷適猶適歷，疏密均布之貌。"

［32］土豚：用袋子裝土沙以堵水，形似小豬，故稱土豚。

［33］分半：殿本作"分卒"，百衲本、盧弼《集解》本、校點本作"分半"。今從百衲本等。 山陽池：湖名。在今江蘇高郵縣北。

［34］皖：縣名。治所在今安徽潛山縣。

［35］安陸：縣名。治所在今湖北安陸市西北。

［36］夾石：百衲本、殿本、盧弼《集解》本皆作"夾口"，校點本作"夾石"。盧弼《集解》又謂"夾口"即"夾石"；又本書卷一八《臧霸傳》、卷五四《呂蒙傳》、卷五六《朱桓傳》均作"夾石"，故從校點本作"夾石"。夾石乃地名，在今安徽桐城縣北。

[37] 中護軍：官名。曹操爲丞相後，於相府置護軍，掌武官選舉，並與領軍同掌禁軍，出征時監護諸將，隸屬領軍，後改名中護軍，職掌不變。以後又以資輕者爲中護軍，資重者稱護軍將軍，亦可簡稱護軍。

[38] 中書監：官名。魏文帝黃初中改秘書令爲中書令，又置中書監高於令，掌贊詔命，作文書，典尚書奏事；若密詔下州郡及邊將，則不由尚書。與中書令同掌機密，秩皆千石，第三品。

[39] 大臣秉事：胡三省云：“蓋謂文帝時也。或曰謂受遺大臣也。”（《通鑑》卷七四魏明帝景初二年注）

[40] 疲倦之間有所割制：胡三省云：“謂因人主疲倦之時，有所剖割而制斷也。”（《通鑑》卷七四魏明帝景初二年注）

[41] 負：胡三省云：“負，罪也。”（《通鑑》卷七四魏明帝景初二年注）

[42] 形際自見：胡三省云：“言（劉）放、（孫）資日在左右，狎而信之，不復覺其爲姦，非若早聞忠言，自鑒萬機，外以示經意國事，則放、資之形際，必呈露而不可掩矣。”（《通鑑》卷七四魏明帝景初二年注）趙幼文《校箋》謂《册府元龜》卷五二六引“際”字作“察”。按，宋本《册府元龜》亦作“際”。

[43] 黃唐角功：胡三省云：“角者，兩兩相當也。黃、唐，黃帝、唐堯。”（《通鑑》卷七四魏明帝景初二年注）

[44] 豈：《通鑑》“豈”下有“牽”字，語意較明。

[45] 三官任一臣：謂雖設衆官，僅委任一臣。《通鑑》此句即作“若委之一臣”。

[46] 管夷吾：即管仲。名夷吾，字仲。春秋時輔佐齊桓公稱霸。（見《史記》卷六二《管晏列傳》）

[47] 弊：殿本作“敝”，百衲本、盧弼《集解》本、校點本作“弊”。今從百衲本等。

[48] 護軍將軍：官名。掌禁兵，主武官選舉，隸屬領軍。資重者稱護軍將軍，資輕者稱中護軍。（本《宋書·百官志》）

[49] 平州：東漢末，公孫度據遼東，自號平州牧，治所在襄平縣（今遼寧遼陽市老城）。曹魏時曾一度分幽州東部置平州，治所仍在襄平縣，不久仍廢入幽州（本《晉書·地理志》）。沈家本《瑣言》則云："案《田豫傳》，轉豫爲汝南太守，加殄夷將軍，太和末公孫淵以遼東叛，乃使豫以本官督青州諸軍，假節往討之，會吳賊遣使與淵相結，帝以賊衆多，又以渡海，詔豫使罷軍，即此事也。是時豫固非平州刺史，亦非護烏丸校尉，此注'平'當作'并'，豫後爲并州刺史，此追書之耳。"

[50] 并：盧弼《集解》謂北宋本作"共"。

[51] "故曰"句：《漢書》卷七七《孫寶傳》東部督郵侯文曰："豺狼橫道，不宜復問狐狸。"《後漢書》卷五六《張綱傳》張綱亦曰："豺狼當路，安問狐狸！"

[52] 歲選計孝：百衲本、殿本、盧弼《集解》本、校點本均作"計考"。盧氏又謂《通鑑》（卷七二魏明帝太和六年）作"歲選計孝"，胡三省曰："計孝，謂每歲上計及舉孝廉也。"今據《通鑑》改"計考"爲"計孝"。又按，計即計吏。

景初中，[1]外勤征役，內務宮室，怨曠者多，而年穀饑儉。濟上疏曰：[2]"陛下方當恢崇前緒，光濟遺業，誠未得高枕而治也。今雖有十二州，[3]至于民數，不過漢時一大郡。[4]二賊未誅，宿兵邊陲，且耕且戰，怨曠積年。宗廟宮室，百事草創，農桑者少，衣食者多，今其所急，[5]唯當息耗百姓，不至甚弊。弊劫之民，[6]儻有水旱，百萬之衆，不爲國用。凡使民必須農隙，不奪其時。夫欲大興功之君，先料其民力而燠休之。[7]句踐養胎以待用，[8]昭王恤病以雪仇，[9]故能以弱燕服彊齊，羸越滅勁吳。今二敵不攻不滅，不事即侵，當身不除，[10]百世之責也。以陛下聖明神武之略，舍其緩者，專心討賊，臣以爲無難矣。又歡娛之躭，害于精爽；神太用則竭，形太勞則弊。願大簡賢妙，[11]足以充'百斯男'者。[12]其冗散未齒，且悉分出，務在清靜。"詔曰："微護軍，吾弗聞斯言也。"〔一〕

〔一〕《漢晉春秋》曰：公孫淵聞魏將來討，復稱臣于孫權，乞兵自救。帝問濟："孫權其救遼東乎？"濟曰："彼知官備以固，[13]利不可得，深入則非力所能，淺入則勞而無獲；權雖子弟在危，猶將不動，況異域之人，兼以往者之辱乎！[14]今所以外揚此聲者，譎其行人疑於我，我之不克，冀折後事已耳。然沓渚之間，[15]去淵尚遠，若大軍相持，事不速決，則權之淺規，[16]或能輕兵掩襲，未可測也。"

[1] 景初：魏明帝曹叡年號（237—239）。

[2] 濟上疏：蔣濟此疏，《通鑑》載於魏明帝青龍三年。

[3] 十二州：沈家本《瑣言》云："十二州，以《杜恕傳》考之，乃兗、豫、司、冀、荆、揚、青、徐、幽、并、雍、涼也。此疏在景初二年，公孫淵未滅之先，故不及平州，而《晉志》謂魏文帝即位，分隴右爲秦州，中間暫廢，而此云十二州，是不數秦州也，豈太和中秦州已廢邪？"

[4] 不過漢時一大郡：潘眉《考證》謂魏據中原，有户六十六萬三千四百二十三，口四百四十三萬二千八百八十一。而《續漢書·郡國志》所載，漢時汝南郡有户四十萬四千四百四十八，口二百一十萬七百八十八；南陽郡有户五十二萬八千五百五十一、口二百四十三萬九千六百一十八。則漢時一大郡有四五十萬户，而魏十二州僅六十六萬，故曰不過漢時一大郡。

[5] 急：殿本、盧弼《集解》本"急"下有"務"字，百衲

本、校點本無。今從百衲本等。

［6］劌（guì）：精疲力盡。按殿本"劌"作"㱾"，《考證》盧明楷曰："劌音貴，力乏也。㱾音溪，險也。似應作'劌'。又《顏氏（家訓）·書證篇》曰劌即㱾倦之㱾。或者㱾即㱾字之訛與？"百衲本、盧弼《集解》本、校點本即作"劌"，今從百衲本等。

［7］燠（yù）休：撫慰病痛者之聲，引申爲撫慰。《左傳·昭公三年》："民之痛疾，而或燠休之。"杜預注："燠休，痛念之聲。"

［8］句踐：春秋末越國國君。曾被吳國打敗，屈膝求和，遂卧薪嘗膽，刻苦圖強。爲發展人口，"令壯者無取老婦，令老者無取壯妻。女子十七不嫁，其父母有罪；丈夫二十不娶，其父母有罪。將免者以告，公令醫守之。生丈夫，二壺酒、一犬；生女子，二壺酒、一豚。生三人，公與之母；生二人，公與之餼"。經十年生聚，十年教訓，終轉弱爲強，滅亡吳國。（見《國語·越語》）

［9］昭王：指戰國燕昭王。昭王父噲在位三年，即讓位於國相子之，因而引起大亂，齊宣王乘機攻占燕國。齊軍退後，國人共立昭王。昭王即位後，廣招賢士，於是"樂毅自魏往，鄒衍自齊往，劇辛自趙往，士爭趨燕。燕王弔死問孤，與百姓同甘苦"。終於大破齊國，"湣王出亡於外。燕兵獨追北，入至臨淄，盡取齊寶，燒其宮室宗廟"，以雪覆國之仇。（見《史記》卷三四《燕召公世家》）

［10］當身：胡三省云："謂當帝之身不能滅吳、蜀，後世之責必歸於帝。"（《通鑑》卷七三魏明帝青龍三年注）

［11］賢妙：謂後宫賢淑之女。

［12］百斯男：謂多子。《詩·大雅·思齊》："大姒嗣徽音，則百斯男。"毛傳："大姒，文王之妃也。大姒十子，衆妾則宜百子也。"

［13］官：胡三省云："魏晋之間謂國家爲官。"（《通鑑》卷七

四魏明帝景初二年注）

[14] 往者之辱：指太和二年（228）孫權遣張彌、許晏等帶金玉珍寶至遼東立公孫淵爲燕王，公孫淵恐孫權遠不可恃，又貪其寶貨，遂殺彌、晏等。（見本書卷八《公孫度傳》）

[15] 沓渚：地名。本書卷八《公孫度附淵傳》裴注引《魏略》載淵表作"沓津"。是沓氏縣（即東沓縣）境的海渚，爲當時齊郡渡海至沓氏的登陸處或沓氏的出海口，在今遼寧大連市旅順老鐵山附近。（本《〈中國歷史地圖集〉釋文匯編（東北卷）》）

[16] 淺規：胡三省云："淺規，謂規圖淺攻，不敢深入。吳君臣之爲謀，已不逃蔣濟所料矣。"（《通鑑》卷七四魏明帝景初二年注）

齊王即位，徙爲領軍將軍，進爵昌陵亭侯，〔一〕遷太尉。[1]初，侍中高堂隆論郊祀事，以魏爲舜後，推舜配天。濟以爲舜本姓媯，[2]其苗曰田，[3]非曹之先，著文以追詰隆。〔二〕是時，曹爽專政，丁謐、鄧颺等輕改法度。會有日蝕變，詔羣臣問其得失，濟上疏曰："昔大舜佐治，戒在比周；[4]周公輔政，慎于其朋；[5]齊侯問災，[6]晏嬰對以布惠；魯君問異，[7]臧孫答以緩役。應天塞變，乃實人事。今二賊未滅，將士暴露已數十年，男女怨曠，百姓貧苦。夫爲國法度，惟命世大才，乃能張其綱維以垂于後，豈中下之吏所宜改易哉？終無益于治，適足傷民，望宜使文武之臣各守其職，率以清平，則和氣祥瑞可感而致也。"以隨太傅司馬宣王屯洛水浮橋，[8]誅曹爽等，進封都鄉侯，邑七百户。濟上疏曰："臣忝寵上司，[9]而爽敢苞藏禍心，此臣之無任也。[10]太傅奮獨斷之策，陛下明其忠節，罪人伏誅，社稷之福也。夫封寵慶賞，必加有功。今論謀則臣不先知，語戰則非臣所率，而上失其制，下受其弊。臣備宰司，民所具瞻，誠恐冒賞之漸自此而興，推讓之風由此而廢。"固辭，不許。〔三〕是歲薨，謚曰景侯。〔四〕子秀嗣。秀薨，子凱嗣。咸熙中，[11]開建五等，以濟著勳前朝，改封凱爲下蔡子。[12]

〔一〕《列異傳》曰：濟爲領軍，其婦夢見亡兒涕泣曰："死生異路，我生時爲卿相子孫，今在地下爲泰山伍伯，[13]憔悴困辱，不可復言。今太廟西謳士孫阿，今見召爲泰山令，願母爲白侯，[14]屬阿令轉我得樂處。"言訖，[15]母忽然驚寤，明日以白濟。濟曰："夢爲爾耳，不足怪也。"明日暮，復夢曰："我來迎新君，止在廟下。未發之頃，暫得來歸。新君明日日中當發，臨發多事，不復得歸，永辭於此。侯氣彊，難感悟，故自訴於母，願重啟侯，何惜不一試驗之？"遂道阿之形狀，言甚備悉。天明，母重啟（侯）〔濟曰〕：[16]"雖云夢不足怪，此何太適適？[17]亦何惜不一驗之？"濟乃遣人詣太廟下，推問孫阿，果得之，形狀證驗悉如兒言。濟涕泣曰："幾負吾兒！"于是乃見孫阿，具語其事。阿不懼當死，而喜得爲泰山令，惟恐濟言不信也。曰："若如節下言，阿之願也。不知賢子欲得何職？"濟曰："隨地下樂者與之。"阿曰："輒當奉教。"乃厚賞之，言訖遣還。濟欲速知其驗，從領軍門至廟下，十步安一人，以傳阿消息。[18]辰時傳阿心痛，巳時傳阿劇，日中傳阿亡。濟泣曰："雖哀吾兒之不幸，且喜亡者有知。"[19]後月餘，兒復來語母曰："已得轉爲錄事矣。"[20]

〔二〕臣松之案蔣濟《立郊議》稱《曹騰碑文》云"曹氏族出自邾"，《魏書》述曹氏胤緒亦如之。[21]魏武作《家傳》，自云曹叔振鐸之後。[22]故陳思王作《武帝誄》曰："於穆武皇，[23]胄稷胤周。"此其不同者也。及至景初，明帝從高堂隆議，謂魏爲舜後，後魏爲《禪晉文》，稱"昔我皇祖有虞"，則其異彌甚。尋濟難隆，及與尚書繆襲往反，並有理據，文多不載。濟亦未能定氏族所出，但謂"魏非舜後而橫祀非族，降黜太祖，不配正天，[24]皆爲繆妄"。然于時竟莫能正。濟又難鄭玄注《祭法》云"有虞以上尚德，[25]禘郊祖宗，配用有德，自夏已下，稍用其姓氏"。[26]濟曰："夫虯龍神於獺，[27]獺自祭其先，不祭虯龍也。騏驎白虎仁於豺，[28]豺自祭其先，不祭騏虎也。如玄之説，有虞已上，豺獺之不若邪？臣以爲祭法所云，見疑學者久矣，鄭玄不考正其違而就通其義。"濟豺獺之譬，雖似俳諧，然其義旨，有可求焉。

〔三〕孫盛曰：蔣濟之辭邑，可謂不負心矣。語曰"不爲利回，不爲義疚"，蔣濟其有焉。

〔四〕《世語》曰：初，濟隨司馬宣王屯洛水浮橋，濟書與曹爽，言宣王旨"惟免官而已"，爽遂誅滅。濟病其言之失信，[29]發病卒。

[1] 太尉：官名。延康元年（220）初置，第一品，掌武事，與司徒、司空並爲三公。（本洪飴孫《三國職官表》）

[2] 舜本姓嬀（guī）：《史記》卷三六《陳杞世家》云："昔舜爲庶人時，堯妻之二女，居於嬀汭，其後因爲氏姓，姓嬀氏。"

[3] 苗：後代。《史記》卷四六《田敬仲完世家》謂陳完爲陳厲公之子，卒後謚敬仲。陳宣公時，陳完懼禍出奔齊，"敬仲之入齊，以陳字爲田氏"。裴駰《集解》引徐廣曰："應劭云始食菜地於田，由是改姓田氏。"

[4] 比周：結黨營私。胡三省云："舜之佐堯也，驩兜、共工自相稱引，則流放之；讒説殄行，則堲之，戒比周也。"（《通鑑》卷七五邵陵厲公正始八年注）

[5] 其朋：胡三省注：《尚書·洛誥》周公戒成王曰："孺子其朋，孺子其朋！其往。"孔安國注曰："少子慎其朋黨，少子慎其

朋黨！戒其自今已往。"(《通鑑》卷七五邵陵厲公正始八年注)

　　[6]齊侯：指齊景公。《晏子春秋·內篇·諫上》謂齊景公時，"熒惑守於虛，期年不去，公異之，召晏子而問"。晏子對曰："盡去冤聚之獄，使反田矣；散百官之財，施之民矣；振孤寡而敬老人矣。若是者，百惡不可，何獨是孽乎！"公曰："善。"行之三月而熒惑遷。

　　[7]魯君：指魯僖公。《左傳·僖公二十一年》："夏，大旱。公欲焚巫、尪。臧文仲曰：'非旱備也。修城郭、貶食、省用、務穡、勸分，此其務也。巫、尪何爲？天欲殺之，則如勿生；若能爲旱，焚之滋甚。'是歲也，饑而不害。"

　　[8]太傅：官名。黃初七年始置，爲上公，位在三公上，第一品，掌善導，無常職。不常設。(本洪飴孫《三國職官表》)

　　[9]上司：高官，高位。

　　[10]無任：周一良《札記》云："無任，似是疏忽失職之意。"

　　[11]咸熙：魏元帝曹奂年號(264—265)。

　　[12]下蔡：縣名。治所在今安徽鳳臺縣。

　　[13]伍伯：漢代官府侍從小吏，職在導引，問事。

　　[14]侯：吳金華《校詁》云："'侯'可爲父之代稱，似流行於魏晉六朝之上層社會。"

　　[15]言：盧弼《集解》謂北宋上"言"上有"其"字。

　　[16]濟：各本皆作"侯"，吳金華《校詁》謂"侯"當作"濟"，作"侯"乃涉上二"侯"字而誤。今本《搜神記》正作"濟"。趙幼文《校箋》謂《册府元龜》卷八九二引"侯"字作"濟"，下有"曰"字，是也。今從吳、趙說改。

　　[17]適適(dí)：吳金華《校詁》謂"適適"同"的的"，形容所見分明。

　　[18]傳阿消息：百衲本無"阿"字，殿本、盧弼《集解》本、校點本有，《册府元龜》卷八九二引亦有。今從殿本等。

［19］且：百衲本作"自"，今從殿本等作"且"。

［20］録事：官名。掌管文書，勾稽缺失。

［21］魏書：指王沈《魏書》。述此事見本書卷一《武帝紀》卷首裴注引。

［22］曹叔振鐸：周文王之子，武王弟。武王滅殷商，封叔振鐸於曹。爲曹國始封君。（見《史記》卷三五《管蔡世家》）

［23］武皇：《藝文類聚》卷一三、《全三國文》卷一九作"我王"。

［24］不配正天：趙一清《注補》云："當作'不正配天'。"吴金華《〈三國志集解〉箋記》謂趙説可從。"配天"是帝王祭祀天帝的專用語，指以帝王的先祖陪伴天帝。

［25］鄭玄注《祭法》：詳見《禮記・祭法》鄭玄注。

［26］姓氏：吴金華《〈三國志集解〉箋記》云："氏"不合禮義，應是"代"的形訛。宋監本、明嘉靖本等《禮記・祭法》作"自夏已下稍用其姓代之"，孔穎達《禮記正義》説得很清楚："云'自夏已下稍用其姓代之'者，而夏之郊用鯀，是稍用其姓代之，但不盡用已姓，故云稍也。"其中"代"字一再出現，説明原典不是"氏"字。

［27］虯（qiú）龍：傳説的無角龍。　獺（tǎ）：此指水獺。《説文》："獺，如小狗也，水居食魚。"水獺捕得魚陳列於水邊，猶如祭祀，稱爲獺祭。

［28］騏驎：百衲本作"麒麟"，殿本、盧弼《集解》本、校點本作"騏驎"。按，二者同，乃傳説中的一種野獸。今從殿本等。豺：形似犬而殘猛如狼。豺於深秋多捕殺諸獸以備過冬，將捕殺之獸陳列於四周，有如祭禮祀，稱爲豺祭。《禮記・王制》："獺祭魚，在後虞人入澤梁；豺祭獸，然後田獵。"

［29］病：殿本作"痛"，百衲本、盧弼《集解》本、校點本作"病"。今從百衲本等。

劉放字子棄，涿郡人，[1]漢廣陽（順）〔頃〕王子西鄉侯（宏）〔容〕後也。[2]歷郡綱紀，[3]舉孝廉。遭世大亂，時漁陽王松據其土，[4]放往依之。太祖克冀州，放說松曰："往者董卓作逆，英雄並起，阻兵擅命，人自封殖，惟曹公能拔拯危亂，翼戴天子，奉辭伐罪，所向必克。以二袁之彊，[5]守則淮南冰消，戰則官渡大敗；乘勝席卷，將清河朔，威形既合，大勢以見。速至者漸福，後服者先亡，此乃不俟終日馳騖之時也。昔黥布棄南面之尊，[6]仗劍歸漢，誠識廢興之理，審去就之分也。將軍宜投身委命，厚自結納。"松然之。會太祖討袁譚於南皮，以書招松，松舉雍奴、泉州、安次以附之。[7]放為松答太祖書，其文甚麗。太祖既善之，又聞其說，由是遂辟放。建安十年，與松俱至。太祖大悅，謂放曰："昔班彪依竇融而有河西之功，[8]今一何相似也！"乃以放參司空軍事，歷主簿、記室，[9]出為郃陽、祋祤、祋音都活反。祤音詡。贊令。[10]

魏國既建，與太原孫資俱為秘書郎。[11]先是，資亦歷縣令，參丞相軍事。〔一〕文帝即位，放、資轉為左右丞。[12]數月，放徙為令。黃初初，改秘書為中書，[13]以放為監，資為令，各加給事中；放賜爵關內侯，資為關中侯，[14]遂掌機密。[15]三年，放進爵魏壽亭侯，[16]資關內侯。明帝即位，尤見寵任，同加散騎常侍；進放爵西鄉侯，資樂陽亭侯。〔二〕太和末，吳遣將周賀浮海詣遼東，招誘公孫淵。帝欲邀討之，朝議多以為不可。惟資決行策，果大破之，進爵左鄉侯。[三]放善爲書檄,三祖詔命有所招喻,[17]多放所爲。青龍初,[18]孫權與諸葛亮連和,欲俱出爲寇。邊候得權書,[19]放乃改易其辭,往往換其本文而傅合之,與征東將軍滿寵,若欲歸化,封以示亮。亮騰與吳大將步騭等,騭等以見權。[20]權懼亮自疑,深自解說。是歲,俱加侍中、光祿大夫。[四][21]景初二年,遼東平定,以參謀之功,各進爵,封本縣,放方城侯,資中都侯。[22]

〔一〕《資別傳》曰:[23]資字彦龍。幼而岐嶷,[24]三歲喪二親,長於兄嫂。講業太學,博覽傳記,同郡王允一見而奇之。[25]太祖爲司空,又辟資。會兄爲鄉人所害,資手刃報讎,乃將家屬避地河東,故遂不應命。尋復爲本郡所命,以疾辭。友人河東賈逵謂資曰:"足下抱逸羣之才,值舊邦傾覆,主將殷勤,千里頸,宜崇古賢桑梓之義。而久盤桓,拒違君命,斯猶曜和璧於秦王之庭,[26]而塞以連城之價耳。竊爲足下不取也!"資感其言,遂往應之。到署功曹,[27]舉計吏。尚書令荀彧見資,[28]嘆曰:"北州承喪亂已久,謂其賢智零落,今日乃復見孫計君乎!"表留以爲尚書郎。[29]辭以家難,得還河東。

〔二〕《資別傳》曰:諸葛亮出在南鄭,[30]時議者以爲可因大發兵,就討之,帝意亦然,以問資。資曰:"昔武皇帝征南鄭,取張魯,陽平之役,[31]危而後濟。又自往拔出夏侯淵軍,數言'南鄭直爲天獄中,[32]斜谷道爲五百里石穴耳',[33]言其深險,喜出淵軍之辭也。又武皇帝聖於用兵,察蜀賊棲於山巖,視吳虜竄於江湖,皆撓而避之,不責將士之力,不爭一朝之忿,誠所謂見勝而戰,知難而退也。今若進軍就南鄭討亮,道既險阻,計用精兵又轉運鎮守南方四州過禦水賊,[34]凡用十五六萬人,必當復更有所發興。天下騷動，[35]費力廣大，此誠陛下所宜深慮。夫守戰之力，力役參倍。[36]但以今日見兵，分命大將據諸要險，威足以震攝疆寇，[37]鎮靜疆埸，[38]將士虎睡，百姓無事。數年之間，中國日盛，吳蜀二虜必自罷弊。"[39]帝由是止。時吳人彭綺又舉義江南，[40]議者以爲因此伐之，必有所克。帝問資，資曰："鄱陽宗人前後數有舉義者，[41]衆弱謀淺，旋輒乖散。昔文皇帝嘗密論賊形勢，[42]言洞浦殺萬人，得船千萬，[43]數日間船人復會；[44]江陵被圍歷月，權裁以千數百兵住東門，而其土地無崩解者。是有法禁，上下相奉持之明驗也。以此推綺，懼未能爲權腹心大疾也。"綺果尋敗亡。

〔三〕《魏氏春秋》曰：烏丸校尉田豫帥西部鮮卑泄歸尼等出塞，[45]討軻比能、智鬱築鞬，[46]破之，還至馬邑故城，[47]比能帥三萬騎圍豫。帝聞之，計未有所出，如中書省以問監、令。令孫資對曰：[48]"上谷太守閻志，[49]柔弟也，[50]爲比能素所歸信。令馳詔使說比能，可不勞師而自解矣。"帝從之，比能果釋豫而還。

〔四〕《資別傳》曰：是時，孫權、諸葛亮號稱劇賊，無歲不有軍征。而帝總攝羣下，內圖禦寇之計，外規廟勝之畫，資皆管之。然自以受腹心，常讓事於帝曰："動大衆，舉大事，宜與羣下共之；既以示明，且於探求爲廣。"[51]既朝臣會議，資奏當其是非，擇其善者推成之，終不顯己之德也。若衆人有譴過及愛憎之說，輒復爲請解，以塞譖潤之端。[52]如征東將軍滿寵、涼州刺史徐邈，[53]並有譖毀之者，資皆盛陳其素行，使卒無纖介。寵、邈得保其功名者，資之力也。初，資在邦邑，名出同類之右。鄉人司空掾田豫、梁相宗艷皆妬害之，[54]而楊豐黨附豫等，專爲資構造謗端，怨隙甚重。資既不以爲言，而終無恨意。豫等慚服，求釋宿憾，結爲婚姻。資謂之曰："吾無憾心，不知所釋。此爲卿自薄之，卿自厚之耳！"乃爲長子宏取其女。及當顯位，而田豫老疾在家。資遇之甚厚，又致其子於本郡，以爲孝廉。而楊豐子後爲尚方吏,[55]帝以職事譴怒,欲致之法,資請活之。其不念舊惡如此。

[1] 涿郡：治所涿縣,在今河北涿州市。潘眉《考證》謂本傳後云劉放之本縣乃方城,故劉放應爲涿郡方城人。方城縣治所在今河北固安縣西北方城。

[2] 廣陽頃王：各本"頃"作"順"。錢大昭《辨疑》云："《漢書・王子侯表》有西鄉侯容,廣陽頃王子。'順'當作'頃','宏'當作'容'。"趙幼文《校箋》謂郝經《續後漢書》"順"作"頃",是。按,郝書亦作"西鄉侯宏",而苟宗道注云："《年表》,宏作容。"今從苟、錢、趙說,改"順"爲"頃",改"宏"爲"容"。

[3] 郡：指涿郡。　綱紀：對郡府主要屬吏功曹、主簿等的別稱。

[4] 漁陽：郡名。治所漁陽縣,在今北京密雲縣西南。

[5] 二袁：指袁紹、袁術。

[6] 黥布：本姓英名布,因犯法被黥,故稱黥布。秦末率驪山刑徒起兵,屬項羽。項羽封之爲九江王。楚漢戰爭中,聽漢使隨何之言,與隨何歸漢,後又封爲淮南王。(見《漢書》卷三四《英布傳》)

[7] 雍奴：縣名。治所在今天津市武清縣西北。　泉州：縣名。治所在今天津市武清縣西南。　安次：縣名。治所在今河北廊坊市西北古縣。

[8] 班彪：東漢初扶風安陵(今陝西咸陽市東北)人。新莽末,關中大亂,班彪往西避難,初從隗囂。因囂不識時務,彪又往河西投竇融。融任之爲從事,"彪乃爲融畫策事漢,總西河以拒隗囂"。(《後漢書》卷四〇上《班彪傳》)

[9] 記室：官名。漢代公府置記室令史,可簡稱記室。主管文

書表報。

　　[10] 郃陽：縣名。治所在今陝西合陽縣東南夏陽鎮南。　祋（duì）祤（yǔ）：縣名。治所在今陝西耀縣東。　酇：縣名。即鄼縣，治所在今河北永城縣西北鄼城鎮。

　　[11] 太原：郡名。治所晉陽縣，在今山西太原市西南古城營西古城。　秘書郎：官名。建安十八年（213）曹操爲魏公後置，屬秘書令、丞，掌管文書機要，職任頗重。

　　[12] 左右丞：指秘書左右丞。建安十八年曹操所置，職在輔佐秘書令典尚書奏事，職權甚重。

　　[13] 中書：官署名。置有監、令，秩皆千石，第三品，並掌機密。而監高於令，掌贊詔命，作文書，典尚書奏事。若密詔下州郡及邊將，則不由尚書。

　　[14] 關中侯：爵名。魏名號侯爵十八級，關中侯爵十七級，皆金印紫綬，不食租稅。（詳本書《武帝紀》建安二十年裴注引《魏書》）

　　[15] 遂掌機密：趙幼文《校箋》謂《太平御覽》卷二二〇引"遂"下有"並"字，《通志》同。

　　[16] 魏壽：縣名。趙一清《注補》云："魏壽，即漢武陵郡之漢壽縣也。"治所在今湖南常德市東北。

　　[17] 三祖：指太祖武皇帝曹操、高祖文皇帝曹丕、烈祖明皇帝曹叡。

　　[18] 青龍：魏明帝曹叡年號（233—237）。

　　[19] 邊候：邊境偵察敵情的小吏。

　　[20] 驚等：百衲本無此二字，殿本、盧弼《集解》本、校點本皆有。今從殿本等。

　　[21] 俱：百衲本作"皆"，殿本、盧弼《集解》本、校點本作"俱"。今從殿本等。

　　[22] 中都：縣名。治所在今山西平遙縣西南。

　　[23] 資別傳：即《孫資別傳》。《隋書》《舊唐書》之《經籍

志》、《新唐書·藝文志》均未著録。

［24］岐嶷：《詩·大雅·生民》："誕實匍匐，克岐克嶷。"毛傳："岐，知意也。嶷，識也。"後世用以形容幼年聰慧。

［25］王允：見本書卷六《董卓傳》，《後漢書》卷六六亦有《王允傳》。

［26］和璧：和氏璧。戰國時，趙惠文王得楚之瑰寶和氏璧，秦昭王得知，遣人使趙，願以十五城换取和氏璧，趙被迫派藺相如奉璧入秦。藺相如於秦庭獻上和氏璧，而秦王無意與趙城；相如又巧言奪回璧，終於完璧歸趙。（見《史記》卷八一《廉頗藺相如列傳》）

［27］功曹：官名。漢代郡太守下設功曹史，簡稱功曹，爲郡太守之佐吏，除分掌人事外，並得參與一郡之政務。

［28］尚書令：官名。東漢時爲尚書臺長官，秩千石。掌決策出令，綜理政務，秩位雖低，實際上總領朝政，無所不統。名義上仍隸屬少府。

［29］尚書郎：官名。東漢之制，取孝廉之有才能者入尚書臺，初入臺稱守尚書郎中，滿一年稱尚書郎，三年稱侍郎，統稱尚書郎，秩四百石。凡置三十六員，分隸六曹尚書治事，主要掌文書起草。

［30］南鄭：縣名。治所在今陝西漢中市東。

［31］陽平：關隘名。在今陝西勉縣西北白馬城。今寧強縣亦有陽平關，乃後代移置，非古陽平關。

［32］天獄：吴金華《校詁》謂即兵家所説的"天牢"。《孫子兵法·行軍篇》曹操注："深山所過若蒙籠者，爲天牢。"

［33］斜（yé）谷：斜谷在今陝西眉縣西南，爲古褒斜道之北口。古褒斜道，北起斜谷，南至褒谷（在褒城鎮北），總計四百七十里，爲秦蜀間險要之道（本《讀史方輿紀要》卷五六）。

［34］又：吴金華《校詁》謂《通鑑》卷七十作"及"，是矣。四州：胡三省云："四州，荆、徐、揚、豫也。"（《通鑑》卷七〇

魏明帝太和元年）

　　[35] 騷：百衲本、盧弼《集解》本作"搖"，殿本、校點本作"騷"。今從殿本等。

　　[36] 參：百衲本作"三"，殿本、盧弼《集解》本、校點本作"參"。按，二字通。今從殿本等。

　　[37] 震擂：殿本作"震懾"，百衲本、盧弼《集解》本、校點本作"震擂"。按，"擂"通"懾"。今從百衲本等。

　　[38] 場（yì）：殿本作"場"，百衲本、盧弼《集解》本、校點本作"場"。今從百衲本等。

　　[39] 必自罷弊：百衲本作"必能自弊"，殿本、盧弼《集解》本、校點本作"必自罷弊"。今從殿本等。罷（pí），通"疲"。

　　[40] 彭綺：事見本書卷四七《吳主傳》黃武四年、六年及卷六〇《周魴傳》。

　　[41] 鄱陽：郡名。治所鄱陽縣，在今江西鄱陽縣東北。

　　[42] 密論：百衲本作"密問"，殿本、盧弼《集解》本、校點本作"密論"。今從殿本等。

　　[43] 千萬：趙一清《注補》云："千"疑作"十"。趙幼文《校箋》則謂郝經《續後漢書》作"萬艘"，考本志《文帝紀》注引《魏書》："斬首四萬級，獲船萬艘。"不作十萬也。趙說或未確。

　　[44] 數日間：百衲本無"間"字，殿本、盧弼《集解》本、校點本皆有。今從殿本等。

　　[45] 烏丸校尉：即護烏丸校尉，亦作護烏桓校尉。漢武帝時已置烏桓校尉，監領烏桓，後不常設。漢光武帝建武中，復置護烏丸校尉，秩比二千石，屯上谷廣寧縣（今河北張家口市）。常領烏丸等部與度遼將軍等共戍衛邊塞。　泄歸尼：鮮卑部落首領。見本書卷三〇《烏丸鮮卑傳》。

　　[46] 軻比能：鮮卑部落首領。　智鬱築鞬：軻比能之女婿。均見本書卷三〇《烏丸鮮卑傳》。

[47] 馬邑：縣名。治所在今山西朔州市。

[48] 令孫資對曰：趙幼文《校箋》謂《册府元龜》卷四七七引作"資對曰"，無"令孫"二字，《季漢書》同。"令孫"二字似應刪。

[49] 上谷：郡名。治所沮陽縣，在今河北懷來縣東南。

[50] 柔：閻柔，見本書卷八《公孫瓚傳》。

[51] 且於探求爲廣：盧弼《集解》云：北宋本作"且爲探求於廣"。

[52] 譖潤：《論語・顏淵》子曰："浸潤之譖。"本指日積月累的讒言。後世多指讒毀的影響。

[53] 涼州：刺史治所姑臧，在今甘肅武威市（本吳增僅《三國郡縣表附考證》）。

[54] 田豫：此爲太原人，與本書卷二六《田豫傳》之田豫（漁陽雍奴人）有別。

[55] 尚方吏：吏名。尚方署之吏。曹魏有中、左、右三尚方署，各置令一人，秩皆六百石，第七品。掌管製造供應帝王所用器物。

其年，帝寢疾，欲以燕王宇爲大將軍，[1]及領軍將軍夏侯獻、武衛將軍曹爽、屯騎校尉曹肇、驍騎將軍秦朗共輔政。[2]宇性恭良，陳誠固辭。帝引見放、資，入卧内，問曰："燕王正爾爲？"[3]放、資對曰："燕王實自知不堪大任故耳。"帝曰："曹爽可代宇不？"放、資因贊成之。又深陳宜速召太尉司馬宣王，以綱維皇室。帝納其言，即以黄紙授放作詔。[4]放、資既出，帝意復變，詔止宣王勿使來。尋更見放、資曰："我自召太尉，而曹肇等反使吾止之，幾敗吾事！"命更爲詔，帝獨召爽與放、資俱受詔命，[5]遂免宇、獻、肇、朗官。太尉亦至，登牀受詔，然後帝崩。〔一〕齊王即位，以放、資決定大謀，增邑三百，放并前千一百，資千戶；封愛子一人亭侯，次子騎都尉，餘子皆郎中。[6]正始元年，[7]更加放左光祿大夫，[8]資右光祿大夫，金印紫綬，儀同三司。[9]六年，放轉驃騎，[10]資衞將軍，[11]領監、令如故。（七）〔九〕年，[12]復封子一人亭侯，各年老遜位，以列侯朝朔望，位特進。〔二〕[13]曹爽誅後，復以資爲侍中，[14]領中書令。嘉平二年，放薨，諡曰敬侯。子正嗣。〔三〕資復遜位歸第，就拜驃騎將軍，轉侍中，特進如故。三年薨，諡曰貞侯。子宏嗣。

〔一〕《世語》曰：放、資久典機任，[15]獻、肇心内不平。殿中有雞棲樹，[16]二人相謂："此亦久矣，其能復幾？"指謂放、資。放、資懼，故勸帝召宣王。[17]帝作手詔，令給使辟邪（至）〔齎〕以授宣王。[18]宣王在汲，[19]獻等先詔令於軹關西還長安，[20]辟邪又至，宣王疑有變，呼辟邪具問，乃乘追鋒車馳至京師。[21]帝問放、資："誰可與太尉對者？"放曰："曹爽。"帝曰："堪其事不？"爽在左右，流汗不能對。[22]放躡其足，耳之曰：[23]"臣以死奉社稷。"曹肇弟纂爲大將軍司馬，[24]燕王頗失指。肇出，纂見，驚曰："上不安，云何悉共出？宜還。"已暮，放、資宣詔宮門，不得復内肇等，罷燕王。肇明日至門，不得入，懼，詣廷尉，[25]以處事失宜免。帝謂獻曰："吾已差，便出。"獻流涕而出，亦免。案《世語》所云樹置先後，與《本傳》不同。

《資別傳》曰：帝詔資曰："吾年稍長，又歷觀書傳中，皆歎息無所不念。圖萬年後計，莫過使親人廣據職勢，兵任又重。今射聲校尉缺，[26]久欲得親人，誰可用者？"資曰："陛下思深慮遠，誠非愚臣所及。書傳所載，皆聖聽所究，向使漢高不知平、勃能安劉氏，[27]孝武不識金、霍付屬以事，[28]殆不可言！文皇帝始召曹真還時，親詔臣以重慮，及至晏駕，陛下即阼，猶有曹休外內之望，賴遭日月，御勒不傾，[29]使各守分職，纖介不間。以此推之，親臣貴戚，雖當據勢握兵，宜使輕重素定。若諸侯典兵，力均衡平，寵齊愛等，則不相為服；不相為服，則意有異同。今五營所領見兵，[30]常不過數百，選授校尉，如其輩類，為有疇匹。至於重大之任，能有所維綱者，宜以聖恩簡擇，如平、勃、金、霍、劉章等一二人，[31]漸殊其威重，使相鎮固，於事為善。"帝曰："然。如卿言，當為吾遠慮所圖。今日可參平、勃，侔金、霍，雙劉章者，其誰哉？"資曰："臣聞知人則哲，[32]惟帝難之。唐虞之聖，凡所進用，明試以功。陳平初事漢祖，絳、灌等謗平有受金盜嫂之罪。[33]周勃以吹簫引彊，[34]始事高祖，亦未知名也；高祖察其行迹，然後知可付以大事。霍光給事中二十餘年，[35]小心謹慎，乃見親信。日磾夷狄，以至孝質直，特見擢用，左右尚曰'妄得一胡兒而重貴之'。平、勃雖安漢嗣，其終，勃被反名，平劣自免於呂須之譖。上官桀、桑弘羊與霍光爭權，[36]幾成禍亂。此誠知人之不易，為臣之難也。又所簡擇，當得陛下所親，當得陛下所信，誠非愚臣之所能識別。"

臣松之以為孫、劉于時號為專任，制斷機密，政事無不綜。資、放被託付之問，當安危所斷，而更依違其對，無有適莫。[37]受人親任，理豈得然？案本傳及諸書並云放、資稱贊曹爽，勸召宣王，魏室之亡，禍基於此。資之別傳，出自其家，欲以是言掩其大失，然恐負國之玷，終莫能磨也。

〔二〕《資別傳》曰：大將軍爽專事，多變易舊章。資歎曰："吾累世蒙寵，加以豫聞屬託，今縱不能匡弼時事，可以坐受素餐之祿邪？"遂固稱疾。九年二月，乃賜詔曰："君掌機密三十餘年，經營庶事，勳著前朝。暨朕統位，動賴良謀。是以曩者增崇寵章，同之三事，外帥羣官，内望讜言。屬以年耆疾篤，上還印綬，前後鄭重，辭旨懇切。天地以大順成德，君子以善恕成仁，重以職事，違奪君志；今聽所執，賜錢百萬，使兼光禄勳少府親策詔君養疾于第。[38]君其勉進醫藥，頤神和氣，以永無疆之祚。置舍人官騎，[39]加以日秩肴酒之膳焉。"

〔三〕臣松之案《頭責子羽》曰：[40]士卿劉許字文生，[41]正之弟也。與張華六人，並稱文辭可觀，[42]意思詳序。晉惠帝世，許爲越騎校尉。[43]

[1] 大將軍：官名。東漢時，常兼錄尚書事，與太傅、太尉等共同主持政務，多授予貴戚。曹魏時爲外朝官，權任稍減。後多以屯駐長安以備蜀。一品。本書《曹真附爽傳》又謂明帝病危時，"乃引爽入卧内，拜大將軍、假節鉞、都督中外諸軍事、錄尚書事，與太尉司馬宣王並受遺詔輔少主。明帝崩，齊王即位，加爽侍中"。則明帝已將軍政大權交與曹爽。

[2] 武衛將軍：官名。第四品，掌禁軍。曹操始置武衛中郎將，曹丕代漢後改爲武衛將軍。 屯騎校尉：官名。秩比二千石，第四品，掌宿衛兵。 驍騎將軍：官名。東漢爲雜號將軍，統兵出征，事迄即罷。魏置爲中軍將領，有營兵，遂常設，以功高者任之。第四品。

[3] 正爾爲：胡三省云："言其性恭良，正如此也。"(《通鑑》卷七四魏明帝景初二年)

[4] 黃紙：帝王詔書用黃紙書寫。

[5] 獨召：何焯云："疾病則亂，數語中足以見放、資之弄權敗國矣。晉初修史，故其辭也微。曰'獨召'，則並詔之真僞不可知矣。"(《義門讀書記》卷二六《三國志·魏志》)劉咸炘《知意》亦云："按此事始末詳《明帝紀》引《漢晉春秋》，承祚此處所書，隱晦甚矣。"

[6] 郎中：官名。東漢時，秩比三百石，分隸五官、左、右三署中郎將，名義上備宿衛，實爲後備官吏人材。魏、晋雖罷五官、左、右三署中郎將，仍置郎中，州郡所舉秀才、孝廉，多先授郎中，再出補長吏。

[7] 正始：魏少帝齊王曹芳年號（240—249）。

[8] 左光禄大夫：官名。魏光禄大夫秩比二千石，第三品，位次三公。無定員，無固定職守，相當於顧問。諸公告老及在朝重臣加此銜以示優重。正始元年，增置左、右光禄大夫，位在其上。

[9] 儀同三司：官非三公，而授予儀制同於三公的待遇。

[10] 驃騎：即驃騎將軍。東漢時位比三公，地位尊崇。魏、晋沿置，居諸名號將軍之首，僅作爲軍府名號，加授大臣，重要州郡長官，無具體職掌，二品。開府者位從公，一品。

[11] 衛將軍：官名。東漢時位次大將軍、驃騎將軍、車騎將軍，位亞三公。開府置官屬。魏、晋沿置，位在諸名號將軍之上，多作爲軍府名號，加授大臣、重要州郡長官，無具體職掌，二品。開府者位從公，一品。

[12] 九年：各本皆作"七年"。吴金華《校詁》云："據本志《三少帝·齊王芳紀》及本篇注引《資别傳》知劉放、孫資之遜位均在正始九年二月。此'七年'當爲'九年'之誤。"今從吴説改"七"爲"九"。

[13] 特進：官名。漢制，凡諸侯大臣功德優盛，朝廷所敬異者，加位特進，朝會時位在三公下，車服俸禄仍從本官。魏晋沿襲之。

[14] 復以：盧弼《集解》引王懋竑説："'復以'下當有'劉放爲侍中，領中書監'九字，史不言者，蓋脱文也。"

[15] 久典機任：趙幼文《校箋》謂《初學記》卷一一、《太平御覽》卷九一八引"久"字俱作"共"，"機任"皆作"樞要"。

[16] 雞棲樹：王鳴盛《十七史商榷》卷四〇云："顔師古《急就篇注》：皂莢樹一名雞棲。"胡三省又云："殿中畜雞以司晨，

棲於樹上，因謂之雞棲樹。獻、肇指以喻放、資。"（《通鑑》卷七四魏明帝景初二年注）趙幼文《校箋》云："王説是。《廣志》曰：'雞棲子，皂莢也。'《御覽》卷九六〇引《洛陽宮殿簿》云：'建始殿前槐及皂莢二十株。'夏侯獻、曹肇或謂此。胡望文生訓，不足據。"

[17] 故：校點本作"乃"，百衲本、殿本、盧弼《集解》本皆作"故"。今從百衲本等。

[18] 給使：内侍隨從人。 齎：各本作"至"。《通鑑》卷七四魏明帝景初二年作"齎"，郝經《續後漢書·劉放傳》亦作"齎"。盧弼《集解》亦謂"至"當作"齎"。今據《通鑑》、郝書改。

[19] 汲：縣名。治所在今河南衛輝市西南。

[20] 軹關：關名。在今河南濟源市西北十五里。

[21] 追鋒車：魏晉時的一種輕便快車。無平蓋，加通幰，如軺車，駕二馬。車行迅速，故名追鋒車。（見《晉書·輿服志》）

[22] 流汗：百衲本作"汗流"，殿本、盧弼《集解》本、校點本作"流汗"。今從殿本等。

[23] 耳：胡三省云："附耳語之也。"（《通鑑》卷七四魏明帝景初二年注）

[24] 大將軍司馬：官名。大將軍府之屬官，秩千石，第六品，參贊軍務，管理府内武職，位僅次於長史。

[25] 廷尉：官名。秩中二千石，第三品。掌司法刑獄。

[26] 射聲校尉：官名。秩比二千石，第四品，掌京師宿衛兵。

[27] 平：指陳平。 勃：指周勃。皆西漢初人，漢高祖劉邦之功臣。劉邦病危時，吕后問後世宰臣，劉邦先言曹參。吕后復問次，劉邦曰："王陵可，然少戇，陳平可以助之。陳平知有餘，然難獨任。周勃重厚少文，然安劉氏者必勃也，可令爲太尉。"（《漢書》卷一《高帝紀下》）至吕后死後，陳平、周勃果誅除諸吕而立漢文帝，使劉氏帝位得以續傳。而漢文帝時，周勃免官歸封地，卻

有人上書告勃欲反，朝廷遂捕勃下獄治罪。後賴薄太后之解説，周勃得以赦免復爵。（見《漢書》卷四〇《周勃傳》）

［28］孝武：盧弼《集解》本作"漢武"，百衲本、殿本、校點本均作"孝武"。今從百衲本等。　金：指金日磾。本匈奴休屠王之子，漢武帝元狩（前122—前117）中，昆邪王降漢，休屠王反悔被殺，金日磾及其母閼氏、弟倫俱被俘没入宫養馬。後日磾深得漢武帝賞識，由馬監升爲侍中、駙馬都尉、光禄大夫，常侍武帝左右，引起貴戚不滿。私下怨武帝曰："陛下妄得一胡兒，反貴重之！"武帝聞知後，更加重視日磾。後日磾終與霍光等受遺詔輔昭帝。（見《漢書》卷六八《金日磾傳》）　霍：指霍光。漢武帝時擊匈奴之名將霍去病之弟。光十餘歲時，去病即帶之入宫爲郎。去病死後，光爲奉車都尉、光禄大夫，出入宫中二十餘年，小心謹慎，未嘗有過，深得武帝信重。武帝晚年，以霍光能付大任，特畫周公負成王朝諸侯圖賜霍光。及武帝病危，霍光問後世輔政者，武帝曰："君未諭前畫意邪？立少子，君行周公之事。"光讓曰："臣不如日磾。"日磾亦曰："臣外國人，不如光。"武帝遂以霍光、金日磾、上官桀、桑弘羊共受遺詔輔八歲之太子。太子即位後即漢昭帝。（見《漢書》卷六八《霍光傳》）

［29］御勒：趙幼文《校箋》謂《册府元龜》卷四六五引"御"字作"銜"，是也。"御勒"不辭。

［30］五營：指屯騎、越騎、步兵、長水、射聲等五校尉所領之營，皆領宿衛兵。

［31］劉章：漢初齊悼惠王劉肥之次子，高后時封爲朱虛侯。後與陳平、周勃等誅除諸吕有功，漢文帝初，封爲城陽王。（見《漢書》卷三八《高五王傳》）

［32］知人則哲：百衲本"則"字作"作"，殿本、盧弼《集解》本、校點本作"則"。今從殿本等。《尚書·皋陶謨》禹曰："吁！咸若時，惟帝其難之，知人則哲，能官人。"

［33］絳：指絳侯周勃。　灌：指灌嬰。陳平投歸漢王劉邦後，

得劉邦之信任。周勃、灌嬰等讒毀曰："平雖美丈夫，如冠玉耳，其中未必有也。聞平居家時盜其嫂；事魏王不容，亡而歸楚；歸楚不中，又亡歸漢。今大王尊官之，令護軍。臣聞平使諸將，金多者得善處，金少者得惡處。平，反覆亂臣也。願王察之。"其後漢王仍重用陳平。劉邦晚年，燕王盧綰反，劉邦使樊噲率兵擊之。樊噲出發後，又有人讒毀樊噲。劉邦大怒，用陳平計，命陳平乘快車載周勃往代樊噲，並命陳平至軍中即斬樊噲頭。因樊噲是呂后妹呂須之夫，陳平、周勃不敢按命行事，僅將樊噲囚押送長安。當陳平押送樊噲於途中時，劉邦去世，朝廷又詔命陳平與灌嬰屯滎陽。陳平恐呂后、呂須怒，卻加速先至長安，在宮中劉邦喪前奏明前事，呂后仍遣陳平按原詔赴滎陽。陳平恐走後被讒，固請留作宿衛，遂得爲郎中令。其後呂須之讒毀乃不得行。（見《漢書》卷四〇《陳平傳》）

［34］引彊：《漢書·周勃傳》云："勃以織薄曲爲生，常以吹簫給喪事，材官引彊。"顔師古注引服虔曰："能引彊弓弩官也。"

［35］給事中：百衲本作"給侍中"，殿本、盧弼《集解》本、校點本作"給事中"。今從殿本等。

［36］上官桀：與霍光、金日磾、桑弘羊俱受漢武帝遺詔輔昭帝。上官桀與霍光又爲姻親，光長女爲桀子安妻。安有女與昭帝年相當，桀託請昭帝姊鄂長公主納安女入宮爲倢伃，數月即立爲皇后。而長公主有外遇丁外人，上官桀、安爲報答長公主，多次爲丁外人求官、爵，均被霍光拒絶，長公主因怨光，桀、安亦慚愧。又武帝時上官桀位在霍光之上，而此時皇后係上官安之女，霍光僅爲外祖父，卻專制朝權，桀、安因與光争權。又昭帝兄燕王旦未得立，常懷怨望。桑弘羊又自以爲國興利有功，欲爲子弟求官而未得，亦怨恨霍光。於是長公主、上官桀、安及桑弘羊便與燕王旦通謀，詐令人爲燕王上書，稱光有不軌事，謀共執退光，卻被十四歲的昭帝識破，事不得行。後上官桀等孤注一擲，謀使長公主設宴請光，伏兵殺之，然後廢昭帝立燕王。此事被發覺，霍光遂盡誅上官

桀、安、桑弘羊、丁外人等。燕王旦、長公主皆自殺。（見《漢書》卷六八《霍光傳》）

[37] 適（dí）莫：猶言親疏厚薄。《論語·里仁》子曰："君子之於天下也，無適也，無莫也。"皇侃《義疏》引范甯曰："適莫，猶厚薄也。"

[38] 光禄勳：官名。秩中二千石，第三品。掌宿衞宫殿門户，朝會則皆禁止，及主諸郎之在殿中侍衞者。　少府：官名。秩中二千石。東漢時，掌宫中御衣、寶貨、珍膳等。魏、晉沿之，主要管理宫廷手工業。三品。

[39] 舍人：官名。魏、晉之王國府、公府、將軍府皆置，主閤内事。九品。

[40] 頭責子羽：沈家本《三國志注所引書目》謂隋、唐《志》皆未著録。

[41] 士卿：《世説新語·排調篇》"頭責秦子羽云"條劉孝標注引《晉百官名》曰："劉許字文生，涿鹿郡人，父放，魏驃騎將軍。許，惠帝時爲宗正卿。"劉注又云："宗正卿，或曰士卿。"宗正，漢列卿之一，秩中二千石，由宗室擔任。掌皇族親屬事務，登記宗室王國譜牒，以別嫡庶。凡宗室親貴有罪，須先報宗正，方得處治。魏、晉沿置，魏多任皇族，或亦暫以他姓代理。西晉則兼用庶姓。皆三品。

[42] 文辭：趙幼文《校箋》謂《世説新語·排調篇》"辭"字作"采"，《藝文類聚》卷一七引同。

[43] 越騎校尉：官名。東漢時秩比二千石，掌宿衞兵。魏、晉沿置，四品。

放才計優資，而自脩不如也。放、資既善承順主上，又未嘗顯言得失，抑辛毗而助王思，[1]以是獲譏於世。然時因羣臣諫諍，扶贊其義，并時密陳損益，不

專導諛（言）云。[2]及咸熙中，開建五等，以放、資著勳前朝，改封正方城子，宏離石子。〔一〕[3]

〔一〕案《孫氏譜》：[4]宏爲南陽太守。[5]宏子楚，字子荆。《晉陽秋》曰：楚鄉人王濟，豪俊公子也，爲本州大中正。[6]訪問闔求楚品狀，[7]濟曰："此人非卿所能名。"自狀之曰："天才英博，亮拔不羣。"楚位至討虜護軍、馮翊太守。[8]楚子洵，潁川太守。洵子盛，字安國，給事中，秘書監。[9]盛從父弟綽，字興公，廷尉正。[10]楚及盛、綽，並有文藻，[11]盛又善言名理，[12]諸所論著，[13]並傳於世。

[1] 王思：見本書卷一五《梁習傳》及裴注引《魏略·苛吏傳》。

[2] 云：各本"云"上有"言"字。吳金華《〈三國志〉管窺》謂蕭常《續後漢書·劉放傳》無"言"字。今據刪。

[3] 離石：縣名。治所在今山西離石縣。

[4] 孫氏譜：沈家本《三國志注所引書目》謂隋、唐《志》不著錄。

[5] 南陽：郡名。治所宛縣，在今河南南陽市。

[6] 本州：指并州。　大中正：官名。魏文帝黃初初郡置中正，評定本郡士族的品第。魏齊王芳時又在郡中正上設州大中正，核實郡中正所報的品、狀，主管州內士族品第的評定，並有推舉和罷免郡中正之權力（須通過司徒府）。爲大中正者，須爲州內"鄉品"二品的高門士族，並須現任中央官職者兼任。

[7] 品狀：中正評定士人的品第，分三項內容：一是家世，即父祖爲官之情況；二是狀，即對被評人的道德才能之總評語，往往采題目之法，僅簡要的一兩句；三是品，即根據家世和狀定出被評人的品第。品分九等，分爲高品與卑品兩類。一品虛設，無人能

得，故二品實爲最高品，爲高品類。三品以下即爲卑品類。

［8］討虜護軍：官名。西晋置於西北地區，統兵，多由郡太守兼任。　馮（píng）翊（yì）：郡名。治所臨晋縣，在今陝西大荔縣。

［9］秘書監：官名。魏文帝初，置爲秘書署長官，秩六百石，第三品。掌管藝文圖籍。初屬少府，魏明帝時王肅任此職，上表諫不應屬少府，後遂不屬。晋武帝以秘書幷入中書省，罷此職。晋惠帝永平元年（291）復置，爲秘書寺長官，綜理經籍，考校古今，課試署吏，統著作局，掌國史修撰幷管理中外三閣圖書。仍爲三品。

［10］廷尉正：官名。漢代爲廷尉副貳，可代表廷尉参加詔獄會審，或獨立决斷疑獄，平反冤獄，参議案例條律。東漢秩六百石。魏、晋沿置，六品。《晋書》卷五六《孫楚附綽傳》謂綽"尋轉廷尉卿，領著作"。按，廷尉卿，爲東漢魏晋南朝對廷尉之尊稱。

［11］文藻：文采。孫楚、孫綽有文采事，見《晋書》卷五六《孫楚傳》。

［12］名理：魏晋時期人們對事物之辨名析理，是魏晋玄學的內容之一。

［13］論著：孫盛之論著，《晋書》卷八二《孫盛傳》云："盛篤學不倦，自少至老手不釋卷。著《魏氏春秋》《晋陽秋》，幷造詩賦論難復數十篇。"

評曰：程昱、郭嘉、董昭、劉曄、蔣濟才策謀略，世之奇士，雖清治德業，殊於荀攸，而籌畫所料，是其倫也。劉放文翰，孫資勤愼，并管喉舌，權聞當時，雅亮非體，是故譏訕之聲，每過其實矣。

三國志 卷一五

魏書十五

劉司馬梁張溫賈傳第十五

劉馥字元穎，沛國相人也。[1]避亂揚州，[2]建安初，[3]說袁術將戚寄、秦翊，使率衆與俱詣太祖。太祖悅之，司徒辟爲掾。[4]後孫策所置廬江太守李述攻殺揚州刺史嚴象，[5]廬江梅乾、雷緒、陳蘭等聚衆數萬在江、淮間，郡縣殘破。太祖方有袁紹之難，謂馥可任以東南之事，遂表爲揚州刺史。

馥既受命，單馬造合肥空城，[6]建立州治，南懷緒等，皆安集之，貢獻相繼。數年中恩化大行，百姓樂其政，流民越江山而歸者以萬數。於是聚諸生，立學校，廣屯田，興治芍陂及（茄）〔茹〕陂、七門、吳塘諸堨以溉稻田，[7]官民有畜。又高爲城壘，多積木石，編作草苫數千萬枚，益貯魚膏數千斛，爲戰守備。

建安十三年卒。孫權率十萬衆攻圍合肥城百餘日，時天連雨，城欲崩，於是以苫蓑覆之，[8]夜然脂照城外,視賊所作而爲備,賊以破走。揚州士民益追思之,以爲雖董安于之守晉陽,[9]不能過也。及陂塘之利,至今爲用。

馥子靖,[10]黃初中從黃門侍郞遷廬江太守,[11]詔曰:"卿父昔爲彼州,今卿復據此郡,[12]可謂克負荷者也。"轉在河內,[13]遷尚書,[14]賜爵關內侯,[15]出爲河南尹。[16]散騎常侍應璩書與靖曰:[17]"入作納言,[18]出臨京任。富民之術,日引月長。藩落高峻,絕穿窬之心。五種別出,[19]遠水火之災。農器必具,無失時之闕。蠶麥有苫備之用,[20]無雨濕之虞。封符指期,無流連之吏。鰥寡孤獨,蒙廩振之實。加之以明擿幽微,重之以秉憲不撓;有司供承王命,百里垂拱仰辦。[21]雖昔趙、張、三王之治,[22]未足以方也。"靖爲政類如此。初雖如碎密,[23]終於百姓便之,有馥遺風。母喪去官,後爲大司農、衛尉,[24]進封廣陸亭侯,[25]邑三百戶。上疏陳儒訓之本曰:"夫學者,治亂之軌儀,聖人之大教也。自黃初以來,崇立太學二十餘年,而寡有成者,蓋由博士選輕,[26]諸生避役,高門子弟,恥非其倫,故無學者。[27]雖有其名而無其(人)〔實〕,[28]雖設其教而無其功。宜高選博士,取行爲人表,經任人師者,掌教國子。依遵古法,使二千石以上子孫,[29]年從十五,皆入太學。明制紃陟榮辱之路,[30]其經明行修者,則進之以崇德;荒教廢業者,則退之以懲惡;舉善而教,不能則勸,浮華交游,不禁自息矣。闡弘大化,[31]以綏未賓;六合承風,遠人來格。[32]此聖人之教，致治之本也。"後遷鎮北將軍，[33]假節、都督河北諸軍事。[34]靖以爲"經常之大法，莫善於守防，使民夷有別"，遂開拓邊守，[35]屯據險要。又修廣戾陵渠大堨，[36]水溉灌薊南北；[37]三更種稻，[38]邊民利之。嘉平六年薨，[39]追贈征北將軍，[40]進封建成鄉侯，[41]謚曰景侯。子熙嗣。〔一〕

〔一〕《晉陽秋》曰：劉弘字叔和，[42]熙之弟也。弘與晉世祖同年，[43]居同里，[44]以舊恩屢登顯位。自靖至弘，世不曠名，而有政事才。晉西朝之末，弘爲車騎大將軍開府，[45]荊州刺史，[46]假節、都督荊、交、廣州諸軍事，[47]封新城郡公。[48]其在江、漢，值王室多難，得專命一方，盡其器能。推誠羣下，屬以公義，簡刑獄，務農桑。每有興發，手書郡國，丁寧款密，故莫不感悅，顛倒奔赴，咸曰"得劉公一紙書，賢於十部從事也"。[49]時帝在長安，命弘得選用宰守。徵士武陵伍朝高尚其事，[50]牙門將皮初有勳江漢，[51]弘上朝爲零陵太守，[52]初爲襄陽太守。[53]詔書以襄陽顯郡，初資名輕淺，以弘壻夏侯陟爲襄陽。弘曰："夫統天下者當與天下同心，治一國者當與一國推實。吾統荊州十郡，[54]安得十女壻，然後爲治哉！"乃表"陟姻親，舊制不得相監臨事，初勳宜見酬"。報聽之，衆益服其公當。廣漢太守辛冉以天子蒙塵，[55]四方雲擾，進從橫計於弘。[56]弘怒斬之，時人莫不稱善。

《晉諸公贊》曰：于時天下雖亂，荊州安全。弘有劉景升保有江漢之志，[57]不附太傅司馬越。[58]越甚銜之。會弘病卒。子璠，北中郎將。[59]

[1] 沛國：王國名。治所相縣，在今安徽濉溪縣西北。
[2] 揚州：東漢末刺史治所壽春縣，在今安徽壽縣。

[3] 建安：漢獻帝劉協年號（196—220）。

[4] 司徒辟爲掾：百衲本、盧弼《集解》本、校點本皆如此，殿本作"辟爲司徒掾"。今從百衲本等。　司徒：官名。東漢時，號稱萬石。與太尉、司空並爲三公，共同行使宰相職能，位次太尉。本職掌民政。　掾：屬官之統稱。漢代三公府及其他重要官府皆置掾，分曹治事，掾爲曹長。

[5] 廬江：郡名。治所本在舒縣，在今安徽廬江縣西南。建安四年劉勳移於皖縣，在今安徽潛山縣。　李述：殿本《考證》云："述，《吳志》作'術'。"錢大昭《辨疑》又云："按《荀彧傳》注作'李術'，'術''述'古字通。"

[6] 合肥：縣名。治所在今安徽合肥市西。按，東漢時，揚州刺史治所在歷陽縣（今安徽和縣），漢末移治所於壽春縣，劉繇爲刺史，因壽春被袁術所據，又移於曲阿（今江蘇丹陽市）；袁術敗亡後，刺史治所又復移壽春；而曹操以劉馥爲刺史，又將治所移於合肥。(本吳增僅《三國郡縣表附考證》)

[7] 芍陂：在今安徽壽縣南，因淠水經白芍亭東與附近諸水積而成湖，故名。今安豐塘即其遺址。　茄陂：百衲本、殿本、盧弼《集解》本均作"茄陂"。殿本《考證》云："茄陂，《太平御覽》作'茄陂'。"校點本即據《太平御覽》卷二五六改爲"茄陂"。今從校點本。茄陂爲劉馥所興建，在今河南固始縣東南。　七門：塘堰名。潘眉《考證》云："七門亦堨名，漢初所築。"在今安徽舒城縣西南七門山下。　吳塘：在今安徽潛山縣西北天柱山。　堨(è)：蓄水的堤堰。

[8] 苫蓑覆之：錢大昭《辨疑》云：古有蓑城之法，《公羊傳·定公元年》曰："仲幾之罪，何不蓑城也?"何休注："若今以草衣城也。"

[9] 董安于：春秋時晉國趙簡子之家臣。《韓非子·十過》又作"董閼于"，而《難言》《觀行》二篇又作"安于"。《十過》篇謂趙襄子召張孟談問如何抗禦智伯之事，張孟談曰："臣聞董子之

治晋陽（今山西太原市西南，爲趙氏之邑）也，公宫之垣，皆以荻蒿楛楚牆之。有楛高至於丈，君發而用之。於是發而試之，其堅則雖菌簬之勁，弗能過也。"又曰："臣聞董子治晋陽也，公宫令舍之堂，皆以煉銅爲柱質，君發而用之。於是發而用之，有餘金矣，號令已定，守備已具，三國之兵果至，至則乘晋陽之城，遂戰三月，弗能拔。"

[10] 靖：《水經・鮑丘水注》謂靖字文恭。

[11] 黄初：魏文帝曹丕年號（220—226）。　黄門侍郎：官名。即給事黄門侍郎，東漢時，秩六百石。掌侍從左右，給事禁中，關通中外。初無員數，漢獻帝定爲六員，與侍中出入禁中，近侍帷幄，省尚書奏事。三國沿置，魏定爲五品。

[12] 據：盧弼《集解》謂《太平御覽》引作"爲"。趙幼文《校箋》謂見《太平御覽》卷二五九。

[13] 在：殿本作"任"，百衲本、盧弼《集解》本、校點本作"在"。今從百衲本等。　河内：郡名。治所懷縣，在今河南武陟縣西南。

[14] 尚書：官名。曹魏置吏部、左民、客曹、五兵、度支等五曹尚書，秩皆六百石，第三品。其中吏部職要任重，徑稱爲吏部尚書，其餘諸曹均稱尚書。

[15] 關内侯：爵名。漢制二十級爵之十九級，次於列侯，衹有封户收取租稅而無封地。魏文帝定爵制爲十等，關内侯在亭侯下，仍爲虚封，無食邑。

[16] 河南尹：官名。秩二千石。東漢建都洛陽，將京都附近二十一縣合爲一行政區，稱河南尹，相當於一郡。河南尹的長官亦稱河南尹，地區名與官名相同。曹魏因之，第三品。

[17] 散騎常侍：官名。秩比二千石，第三品。爲門下重職，侍從皇帝左右，諫諍得失，應對顧問，與侍中等共平尚書奏事，有異議得駁奏。

[18] 納言：古官名。相傳舜時置此官，職掌承上啓下，傳宣

上命，受納奏言。漢魏時爲侍中之別稱，而此當指尚書。

［19］五種：《漢書·食貨志》："種穀必雜五種，以備災害。"顏師古注："種即五穀，謂黍、稷、麥、麻、豆也。"

［20］蠠麥有苦備之用：趙幼文《校箋》謂《册府元龜》卷六七七引"麥"下有"充備"二字。按，宋本《册府元龜》全句作"蠠麥充苦備之用"。則"有苦"《册府元龜》作"充苦"。

［21］百里：指縣令、長。 辨：百衲本作"辨"，殿本、盧弼《集解》本、校點本作"辦"。今從殿本等。

［22］趙張三王：指西漢之趙廣漢、張敞、王尊、王章、王駿，皆曾爲京兆尹，有能名。《漢書》卷七二《王吉傳》謂吉子駿，"成帝欲大用之，出駿爲京兆尹，試以政事。先是京兆有趙廣漢、張敞、王尊、王章，至駿皆有能名，故京師稱曰：'前有趙、張，後有三王。'"

［23］如：宋本《册府元龜》卷六七七引作"似"。

［24］大司農：官名。秩中二千石，第三品。掌國家的財政收支及諸郡縣管理屯田的典農官。 衛尉：官名。秩中二千石，第三品，掌宮門及宮中警衛。（本洪飴孫《三國職官表》）

［25］亭侯：爵名。漢制，列侯大者食縣邑，小者食鄉、亭。東漢後期遂以食鄉、亭者稱爲鄉侯、亭侯。曹魏因之。

［26］博士：此爲太學博士，秩比六百石，第五品。掌以五經教諸弟子。

［27］故無學者：殿本"無"字作"夫"，百衲本、盧弼《集解》本、校點本作"無"。今從百衲本等。

［28］實：各本皆作"人"。盧弼《集解》謂《宋書·禮志一》及《册府元龜》作"實"。趙幼文《校箋》謂《通典·禮十三》、《册府元龜》卷六〇二、《玉海》卷一一〇引俱作"實"。是唐宋人所見本固作"實"也。今從盧、趙説改。

［29］二千石：漢代官吏的秩禄等級。一年得俸穀一千四百四十石。通常郡太守以上的官多爲二千石。

[30] 絀：校點本作"黜"，百衲本、殿本、盧弼《集解》本均作"絀"，雖二字可通，今仍從百衲本等。

　　[31] 弘：百衲本作"宏"，殿本、盧弼《集解》本、校點本作"弘"。按，二字義同，今從殿本等。

　　[32] 來格：《禮記·月令》孟夏之月"暴風來格"鄭玄注："格，至也。"

　　[33] 鎮北將軍：官名。魏時第二品，位次四征將軍，領兵如征北將軍。多爲持節都督，出鎮方面。趙幼文《校箋》謂《水經·鮑丘水注》"鎮"字作"征"。按，《鮑丘水注》所引乃《劉靖碑》文，劉靖卒後追贈征北將軍，碑文所云乃追贈官。

　　[34] 假節：漢末三國時期，皇帝賜予臣下的一種權力。至晉代，此種權力明確爲因軍事可殺犯軍令者。　都督：官名。魏文帝黃初中（220—226），置都督諸州軍事，或兼領刺史，或統領所督州之軍事，無固定品級，多帶將軍名號。晉代沿置。

　　[35] 邊守：趙幼文《校箋》謂《册府元龜》卷四二九引"守"字作"宇"。《文選·東京賦》李善注引《蒼頡篇》："宇，邊也。"《左傳·昭公四年》"失其守宇"杜預注："於國則四垂爲宇。"是邊宇猶言邊垂。

　　[36] 戾陵渠：百衲本、殿本、盧弼《集解》本均作"戾渠陵"。殿本《考證》云："何焯曰'《水經注》作戾陵堨車箱渠'，據此，當作'戾陵渠'爲是，考元康中所立碑具詳。"潘眉《考證》亦云："戾陵乃地名，《傳》言'戾渠陵'，當作'戾陵渠'，文誤倒耳。"（戾陵，漢燕剌王劉旦之陵）校點本蓋據殿本《考證》改作"戾陵渠"，今從之。戾陵渠大堨，爲劉靖所修築，在今北京市西郊石景山南永定河上，引水入車箱渠，東入高梁水，溉田二千頃。唐以後廢。

　　[37] 薊：縣名。治所在今北京城西南。

　　[38] 三更種稻：盧弼《集解》云："三更，或三歲更耕之意。"趙幼文《校箋》則謂《太平御覽》卷八二一引作"三百里使

種稻"。疑此"三"字下脱"百里"二字。"更"或爲"使"字之形誤。當以"水溉灌薊南北三百里"爲句。

[39] 嘉平：魏少帝齊王曹芳年號（249—254）。

[40] 征北將軍：官名。秩二千石，第二品，黃初中位次三公，領兵屯薊，統幽、冀、并三州刺史。

[41] 鄉侯：爵名。漢制，列侯功大者食縣邑，功小者食鄉、亭。東漢後期，遂以食鄉、亭者稱爲鄉侯、亭侯。曹魏因之。魏文帝定爵制，鄉侯爲第八等，位在縣侯下亭侯上。

[42] 叔和：趙一清《注補》謂《水經注》作"季和"；《晉書·劉弘傳》作"和季"，未知孰審。

[43] 晉世祖：即晉武帝司馬炎。

[44] 居同里：《晉書》卷六六《劉弘傳》謂劉弘"少家洛陽，與武帝同居永安里，又同年，共研席"。

[45] 車騎大將軍：官名。魏、晉時，驃騎、車騎、衛將軍皆爲重號將軍，高于諸名號將軍，本不須加"大"。其後將軍名號愈授愈濫，遂增置此號，多加權臣元老，以示尊崇。一品，開府置僚屬，不領兵。

[46] 荆州：西晉平吳前，荆州刺史治所襄陽縣（在今湖北襄陽市），平吳後，或在襄陽縣或在江陵縣（在今湖北荆州市江陵區）。（本畢沅《晉書地理志新補正》）

[47] 交：州名。西晉時刺史治所龍編，在今越南河內東天德江北岸。　廣州：西晉時刺史治所番禺，在今廣東廣州市。

[48] 新城郡：治所房陵縣，在今湖北房陵縣。

[49] 部從事：官名。即部郡國從事史，州牧刺史的屬吏，每郡國一人，主督促文書，察舉非法。

[50] 徵士：有德行才學之士，經朝廷徵召而不就者。　武陵：郡名。治所臨沅縣，在今湖南常德市。

[51] 牙門將：官名。魏文帝黃初中置，爲統兵武職，位在裨將軍下。蜀漢、孫吳、兩晉亦置。魏、晉皆五品。

[52] 零陵：郡名。治所泉陵縣，在今湖南永州市。

[53] 襄陽：郡名。治所即襄陽縣。

[54] 荆州十郡：《晋書·劉弘傳》"荆州十郡"上無"吾統"二字，有"則"字，當從《晋書》。此所謂"荆州十郡"，當指荆州缺郡守之郡，《晋書·劉弘傳》即言"時荆部守宰多闕，弘請補選，帝從之"。按，《晋書·地理志》，晋武帝平吴前，吴統荆州十五郡，晋統原魏之荆州七郡，共爲二十二郡；晋武帝平吴後，從南郡分出南平郡，從南陽郡分出義陽郡，則荆州共爲二十四郡，後晋廷又將始興、始安、臨賀三郡劃屬廣州，又將揚州之安成郡劃屬荆州，則荆州仍爲二十二郡，不得云荆州刺史統十郡。

[55] 廣漢：郡名。晋武帝太康六年（285）改蜀漢之東廣漢郡置，治所廣漢縣，在今四川射洪縣南柳樹鎮。

[56] 從（zòng）横：合縱連横。謂聯結豪傑以奪取天下。

[57] 劉景升：劉表字景升。

[58] 太傅：官名。魏、晋時位上公，在三公上，一品。西晋時，常與太宰、太保並掌朝政，開府置僚屬，爲宰相之任。

[59] 北中郎將：官名。東漢末所置四中郎將之一，主率軍征伐。魏、晋沿置，多有較固定的轄區和治所。西晋時多鎮鄴。

司馬朗字伯達，河内温人也。[一][1]九歲，人有道其父字者，朗曰："慢人親者，不敬其親者也。"客謝之。十二，試經爲童子郎，[2]監試者以其身體壯大，疑朗匿年，劾問。朗曰："朗之内外，累世長大，朗雖稚弱，無仰高之風，損年以求早成，非志所爲也。"監試者異之。後關東兵起，[3]故冀州刺史李邵家居野王，[4]近山險，欲徙居温。朗謂邵曰："脣齒之喻，豈唯虞、虢，[5]温與野王即是也；今去彼而居此，是爲避朝亡之期耳。且君，國人之望也，今寇未至而先徙，帶山之縣必駭，是搖動民之心而開姦宄之原也，竊爲郡内憂之。"邵不從。邊山之民果亂，内徙，或爲寇鈔。

〔一〕司馬彪《序傳》曰：朗祖父儁，字元異，博學好古，倜儻有大度。長八尺三寸，腰帶十圍，儀狀魁岸，與衆有異，鄉黨宗族咸景附焉。位至潁川太守。[6]父防，字建公，性質直公方，雖閒居宴處，威儀不忒。雅好《漢書》名臣列傳，所諷誦者數十萬言。少仕州郡，歷官洛陽令、京兆尹，[7]以年老轉拜騎都尉。[8]養志閭巷，闔門自守。諸子雖冠成人，不命曰進不敢進，不命曰坐不敢坐，不指有所問不敢言，父子之間肅如也。年七十一，建安二十四年終。有子八人，朗最長，次即晋宣皇帝也。

［1］温：縣名。治所在今河南温縣西南。
［2］童子郎：東漢專授未成年者之郎官。
［3］關東：地區名。指函谷關以東之地。
［4］冀州：東漢末，州牧刺史治所常設在鄴，在今河北臨漳縣西南鄴鎮東一里半。　野王：縣名。治所在今河南沁陽市。
［5］虞虢（guó）：春秋時相鄰的二小國，皆姬姓。虞國在今山西平陸縣東北。虢國有西虢、東虢、北虢之别，此指北虢，在平陸縣境。《左傳·僖公五年》："晋侯（獻公）復假道于虞以伐虢。宫之奇（虞大夫）諫曰：'虢，虞之表也。虢亡，虞必從之。晋不可啓，寇不可玩。一之謂甚，其可再乎？諺所謂輔車（面頰與牙牀骨）相依，脣亡齒寒者，其虞、虢之謂也。'"
［6］潁川：郡名。治所陽翟縣，在今河南禹州市。
［7］京兆尹：官名。西漢，在京都長安周圍設置京兆尹、左馮翊、右扶風，合稱三輔，相當于三郡。京兆尹即京兆尹地區的長官，治所在長安，職掌如太守。東漢雖都于洛陽，但以三輔陵廟所

在，仍不改其名，沿稱京兆尹。

[8] 騎都尉：官名。屬光禄勳，秩比二千石，掌羽林騎兵。

是時董卓遷天子都長安，卓因留洛陽。朗父防爲治書御史，[1]當徙西，以四方雲擾，乃遣朗將家屬還本縣。或有告朗欲逃亡者，執以詣卓，卓謂朗曰："卿與吾亡兒同歲，[2]幾大相負！"朗因曰："明公以高世之德，遭陽九之會，[3]清除羣穢，廣舉賢士，此誠虛心垂慮，將興至治也。威德以隆，功業以著，而兵難日起，州郡鼎沸，郊境之内，民不安業，捐棄居産，[4]流亡藏竄，雖四關設禁，重加刑戮，猶不絕息，此朗之所以於邑也。[5]願明公監觀往事，少加三思，即榮名並於日月，伊、周不足侔也。"[6]卓曰："吾亦悟之，卿言有意！"〔一〕

〔一〕臣松之案朗此對，但爲稱述卓功德，末相箴誨而已。[7]了不自申釋，而卓便云"吾亦悟之，卿言有意"！客主之辭，如爲不相酬塞也。

[1] 治書御史：官名。亦稱治書侍御史，秩六百石，職掌依據法律審理疑獄，與符節郎共平廷尉奏事。以明習法律者充任。
[2] 同歲：謂同年被舉。
[3] 陽九：指災荒之年和厄運。
[4] 捐棄：百衲本"捐"作"損"，殿本、盧弼《集解》本、校點本作"捐"。今從殿本等。
[5] 於（wū）邑：亦作"於悒"，哽咽。
[6] 伊：伊尹，助商湯滅夏桀，繼爲湯相。　周：周公。助周

武王滅紂，繼又輔佐周成王。

[7] 末：百衲本、校點本1959年12月第1版作"未"，殿本、盧弼《集解》本、校點本1982年7月第2版作"末"。今從殿本等。趙幼文《校箋》亦謂"末"字是。"末"有終義。此云"末相箴誨"，指朗語"願明公監觀往事，少加三思"而言，作"未"則失其意矣。

朗知卓必亡，恐見留，即散財物以賂遺卓用事者，求歸鄉里。到謂父老曰："董卓悖逆，爲天下所讎，此忠臣義士奮發之時也。郡與京都境壤相接，洛東有成皋，[1]北界大河，天下興義兵者若未得進，其勢必停於此。此乃四分五裂戰爭之地，難以自安，不如及道路尚通，舉宗東到黎陽。[2]黎陽有營兵，[3]趙威孫鄉里舊婚，爲監營謁者，[4]統兵馬，足以爲主。若後有變，徐復觀望未晚也。"父老戀舊，莫有從者，惟同縣趙咨，將家屬俱與朗往焉。後數月，關東諸州郡起兵，衆數十萬，皆集滎陽及河內。諸將不能相一，縱兵鈔掠，民人死者且半。久之，關東兵散，太祖與呂布相持於濮陽，[5]朗乃將家還溫。時歲大饑，人相食，朗收恤宗族，教訓諸弟，不爲衰世解業。

年二十二，太祖辟爲司空掾屬，[6]除成皋令，以病去，復爲堂陽長。[7]其治務寬惠，不行鞭杖，而民不犯禁。先時，民有徙充都內者，後縣調當作船，徙民恐其不辦，[8]乃相率私還助之，其見愛如此。遷元城令，[9]入爲丞相主簿。[10]朗以爲："天下土崩之勢，由秦滅五等之制，[11]而郡國無蒐狩習戰之備故也。[12]今雖五等未可復行，可令州郡並置兵，外備四夷，內威不軌，於策爲長。"又以爲："宜復井田。[13]往者以民各有累世之業，[14]難中奪之，是以至今。今承大亂之後，民人分散，土業無主，皆爲公田，宜及此時復之。"議雖未施行，然州郡領兵，朗本意也。遷兗州刺史，[15]政化大行，百姓稱之。雖在軍旅，常麤衣惡食，[16]儉以率下。雅好人倫典籍，[17]鄉人李覿等盛得名譽，朗常顯貶下之；後覿等敗，時人服焉。鍾繇、王粲著論云："非聖人不能致太平。"朗以爲"伊、顏之徒雖非聖人，[18]使得數世相承，太平可致"。〔一〕建安二十二年，與夏侯惇、臧霸等征吳。到居巢，[19]軍士大疫，朗躬巡視，致醫藥。遇疾卒，時年四十七。[20]遺命布衣幅巾，斂以時服，州人追思之。〔二〕明帝即位，封朗子遺昌武亭侯，邑百户。朗弟孚又以子望繼朗後。遺薨，望子洪嗣。〔三〕

〔一〕《魏書》曰：文帝善朗論，命秘書錄其文。

孫盛曰：繇既失之，朗亦未爲得也。昔"湯舉伊尹，[21]而不仁者遠矣"。《易》稱"顏氏之子，其殆庶幾乎！有不善未嘗不知，知之未嘗復行"。[22]由此而言，聖人之與大賢，行藏道一，舒卷斯同，御世垂風，[23]理無降異；升泰之美，豈俟積世哉？"善人爲邦百年，[24]亦可以勝殘去殺"。又曰"不踐跡，[25]亦不入于室"。數世之論，其在斯乎！方之大賢，固有間矣。

〔二〕《魏書》曰：朗臨卒，謂將士曰："刺史蒙國厚恩，[26]督司萬里，[27]微功未效，而遭此疫癘，既不能自救，辜負國恩。[28]身没之後，其布衣幅巾，斂以時服，勿違吾志也。"

〔三〕《晋諸公贊》曰：望字子初，孚之長子。有才識，早知名。咸熙中位至司徒，[29]入晋封義陽王，[30]遷太尉、大司馬。[31]時孚爲太宰，[32]父子居上公位，自中代以來未之有也。洪字孔業，封河間王。[33]

［1］成皋：縣名。治所在今河南榮陽市西北汜水鎮，自古爲黃河以南東西交通孔道和兵爭要塞。

［2］黎陽：縣名。治所在今河南浚縣東北，是東漢以後的軍事重鎮。

［3］營兵：《後漢書》卷一六《鄧禹附訓傳》"詔訓將黎陽營兵屯狐奴"。李賢注引《漢官儀》曰："中興以幽、冀、并州兵克定天下，故於黎陽立營，以謁者監之。"

［4］監營謁者：官名。東漢時，謁者秩六百石，掌賓禮司儀、上章報問、奉命出使等。東漢初又遣謁者監軍及監領築城和水利工程等，後遂常設監領常備兵營的監營謁者，和專掌水利河渠的河堤謁者。

［5］濮陽：縣名。治所在今河南濮陽縣西南。

［6］掾屬：屬官之統稱。漢代，三公府與其他重要官府以及郡縣官府皆分曹治事，各曹置掾屬。正曰掾，副曰屬。

［7］堂陽：縣名。治所在今河北新河縣西北。

［8］辦：百衲本作"辨"，殿本、盧弼《集解》、校點本作"辦"。按二字古同。今從殿本等。

［9］元城：縣名。治所在今河北大名縣東。

［10］丞相主簿：官名。曹操爲丞相時，丞相府置主簿四人，錄省衆事。

［11］五等之制：指公、侯、伯、子、男五等爵制。

［12］蒐狩：謂練兵閱兵。古稱春獵爲蒐，冬獵爲狩，故利用打獵練兵、閱兵可稱蒐狩。西漢之制，男子二十三歲後服兵役二

年，一年在本郡國服役，稱爲正卒；一年至京都作衛士或戍邊。服役二年後，如有戰爭需要，還須隨時應征入伍，至五十六歲始得免役。各郡國設有都尉統領正卒郡國兵。每年秋季照例舉行閲兵式，檢閲一年之訓練結果，稱爲都試。東漢光武帝建國後，陸續罷除內地郡國都尉及正卒、都試之制。故此云"郡國無蒐狩習戰之備"。

[13] 井田：古代的一種田制，似"井"字形。《孟子·滕文公上》："方里而井，井九百畝。其中爲公田，八家皆私百畝，同養公田。公事畢，然後敢治私事。"《穀梁傳·宣公十五年》亦云："井田者，九百畝。公田居一。私田稼不善則非吏，公田稼不善則非民。"

[14] 往者：百衲本"往"字作"任"，殿本、盧弼《集解》本、校點本作"往"。今從殿本等。

[15] 兗州：州牧刺史治所昌邑縣，在今山東金鄉縣西北。

[16] 麤衣：殿本《考證》云："'麤'，《太平御覽》作'惡'。"趙幼文《校箋》謂《北堂書鈔》卷七一、《太平御覽》卷二五六俱作"惡"。《論語·里仁》："士志於道而恥惡衣惡食。"疑作"惡"字是。

[17] 人倫：對人物之辨別與評論。

[18] 朗以爲伊顏之徒：盧弼《集解》本作"以朗爲伊顏之徒"，百衲本、殿本、校點本作"朗以爲伊顏之徒"。今從百衲本等。伊，指伊尹；顏，指顏回，孔子弟子。皆非儒家所説的聖人。

[19] 居巢：縣名。治所在今安徽巢湖市東北。

[20] 年四十七：潘眉《考證》云："太祖以建安元年拜司空，辟朗爲司空掾，朗時年二十二。至建安二十二年卒，止有四十三歲。傳誤。"

[21] 湯舉伊尹：《論語·顏淵》子夏曰："湯有天下，選於衆，舉伊尹，不仁者遠矣。"

[22] 易稱：此《易》所稱見《易·繫辭下》。

[23] 垂風：殿本作"垂法"，盧弼《集解》本作"垂訓"，百

衲本、校點本作"垂風"。今從百衲本等。

[24] 善人爲邦百年：《論語·子路》子曰："善人爲邦百年，亦可以勝殘去殺矣。誠哉是言也。"

[25] 不踐跡：《論語·先進》子曰："不踐跡，亦不入于室。"

[26] 厚恩：殿本、盧弼《集解》本作"恩厚"，百衲本、校點本作"厚恩"。今從百衲本等。

[27] 司：殿本作"師"，百衲本、盧弼《集解》本、校點本作"司"。今從百衲本等。

[28] 辜負：百衲本作"孤負"，殿本、盧弼《集解》本、校點本作"辜負"。按二詞同，今從殿本等。

[29] 咸熙：魏元帝曹奐年號（264—265）。　司徒：曹魏後期，仍與太尉、司空並爲三公，第一品。爲名譽宰相，無實際職掌，多爲大臣加官。

[30] 義陽：晉王國名。治所章陵縣，在今湖北棗陽市南。

[31] 太尉：官名。西晉時，第一品，爲名譽宰相，無實際職掌，多爲大臣加官。　大司馬：官名。晉爲八公之一，居三公之上，三師之下。開府置僚屬，但無具體職司，多爲大臣加官。

[32] 太宰：官名。西晉時，與太傅、太保爲上公，並居上公之首。一品。爲尊貴虛銜，無職掌。

[33] 河間：王國名。治所樂成縣，在今河北獻縣東南。

初，朗所與俱徙趙咨，官至太常，[1]爲世好士。〔一〕

〔一〕咨字君初。子酆字子〔仲〕，[2]晉驃騎將軍，[3]封東平陵公。並見《百官名（志）》。[4]

[1] 太常：官名。秩中二千石，第三品。掌禮儀祭祀，選試博士。

[2] 子仲：百衲本、殿本、盧弼《集解》本均無"仲"字，殿本《考證》謂北宋本作"仲子"，多"仲"字，校點本則從何焯說作"子仲"。今從校點本。

　　[3] 驃騎將軍：官名。東漢時位比三公，地位尊崇。魏、晉沿置，居諸名號將軍之首，僅作爲軍府名號，加授大臣、重要州郡長官，無具體職掌，二品。開府者位從公，一品。

　　[4] 百官名：百衲本、殿本、盧弼《集解》本"名"下均有"志"字，殿本《考證》謂北宋本無"志"字，校點本則從何焯說刪"志"字。今從校點本。

　　梁習字子虞，陳郡柘人也，[1]爲郡綱紀。[2]太祖爲司空，辟召爲（漳）〔章〕長，[3]累轉乘氏、海西、下邳令，[4]所在有治名。[5]還爲西曹令史，[6]遷爲屬。[7]并土新附，[8]習以別部司馬領并州刺史。[9]時承高幹荒亂之餘，胡狄在界，[10]張雄跋扈，吏民亡叛，入其部落；兵家擁衆，[11]作爲寇害，更相扇動，往往棊峙。習到官，誘諭招納，皆禮召其豪右，稍稍薦舉，使詣幕府；豪右已盡，乃次發諸丁彊以爲義從；[12]又因大軍出征，分請以爲勇力。吏兵已去之後，稍移其家，前後送鄴，[13]凡數萬口；其不從命者，興兵致討，斬首千數，降附者萬計。單于恭順，[14]名王稽顙，[15]部曲服事供職，同於編户。邊境肅清，百姓布野，勤勸農桑，令行禁止。貢達名士，咸顯於世，語在《常林傳》。太祖嘉之，賜爵關内侯，更拜爲真。長老稱詠，以爲自所聞識，刺史未有及習者。建安十八年，州并屬冀州，更拜議郎、西部都督從事，[16]統屬冀州，總故部曲。

又使於上黨取大材供鄴宮室。[17]習表置屯田都尉二人,[18]領客六百夫,[19]於道次耕種菽粟,以給人牛之費。後單于入侍,西北無虞,習之績也。[一]文帝踐阼,復置并州,[20]復爲刺史,進封申門亭侯,邑百戶;政治常爲天下最。[21]太和二年,[22]徵拜大司農。習在州二十餘年,而居處貧窮,無方面珍物,明帝異之,禮賜甚厚。四年,薨,子施嗣。

〔一〕《魏略》曰:鮮卑大人育延,常爲州所畏,而一旦將其部落五千餘騎詣習,求互市。習念不聽則恐其怨,若聽(到)〔則〕州下又恐爲所略,[23]於是乃許之往與會空城中交市。遂敕郡縣,自將治中以下軍往就之。[24]市易未畢,市吏收縛一胡。[25]延騎皆驚,上馬彎弓圍習數重,吏民惶怖不知所施。習乃徐呼市吏,問縛胡意,而胡實侵犯人。習乃使譯呼延,延到,習責延曰:"汝胡自犯法,吏不侵汝,汝何爲使諸騎驚駭邪?"遂斬之,餘胡破膽不敢動。是後無寇虜。至二十(二)〔四〕年,[26]太祖拔漢中,諸軍還到長安,因留騎督太原烏丸王魯昔,[27]使屯池陽,[28]以備盧水。[29]昔有愛妻,住在晉陽。昔既思之,又恐遂不得歸,乃以其部五百騎叛還并州,留其餘騎置山谷間,而單騎獨入晉陽,盜取其妻。已出城,州郡乃覺;吏民又畏昔善射,不敢追。習乃令從事張景,[30]募鮮卑使逐昔。昔馬負其妻,重騎行遲,未及與其衆合,而爲鮮卑所射死。始太祖聞昔叛,恐其爲亂於北邊;會聞已殺之,大喜,以習前後有策略,封爲關內侯。

[1]陳郡:東漢中爲陳國,漢末,陳王劉寵被袁紹所殺,國除爲郡(本《元和郡縣志》),治所陳縣,在今河南淮陽縣。 柘:縣名。治所在今河南柘城縣北。

〔2〕綱紀：對郡府主要屬吏功曹、主簿等之別稱。

〔3〕章：各本皆作"漳"。趙一清《注補》謂《續漢書·郡國志》兗州東平國有章縣，此"漳"字誤。梁章鉅《旁證》亦云："《後漢書·郡國志》東平國有章縣。此'漳'字恐誤。"按趙、梁説是，秦漢魏晉皆無漳縣，直至明初始以鄴縣改名漳縣。今從趙、梁説改。章縣治所在今山東東平縣東。

〔4〕乘氏：縣名。治所在今山東巨野縣西南。　海西：縣名。治所在今江蘇灌南縣東南。　下邳：縣名。治所在今江蘇睢寧縣西北。

〔5〕治名：百衲本、盧弼《集解》本"治"下無"名"字，殿本、校點本有。今從殿本等。

〔6〕西曹令史：官名。此爲司空府之西曹令史，位低於屬，掌文書等。

〔7〕屬：指司空府西曹屬。西曹主府吏署用，掾爲長官，屬爲副官。掾闕，則屬爲長官。

〔8〕并：州名。刺史治所晉陽縣，在今山西太原市西南古城營西古城。

〔9〕別部司馬：官名。東漢時，大將軍領營五部，部有軍司馬一人，秩比千石。其別營領屬稱別部司馬。後雖非大將軍者，亦或有置。

〔10〕胡狄：指在并州的匈奴人。

〔11〕兵家：此"兵家"，非魏晉時所稱之兵士之家。胡三省云："謂諸豪右擁衆自保者。"（《通鑑》卷六五漢獻帝建安十一年注）

〔12〕義從：謂自願歸附從軍者。

〔13〕鄴：縣名。治所在今河北臨漳縣西南鄴鎮東一里半。

〔14〕單（chán）于：匈奴族君長之稱號。

〔15〕名王：謂匈奴各部之王。　稽（qǐ）顙：古時最重之禮節，拜時頭觸地。此謂匈奴各部王皆降服歸順。

〔16〕議郎：官名。郎官之一種，屬光禄勳，秩六百石，不入

直宿衛，得參預朝政議論。　西部都督從事：官名。并州併入冀州後，即以梁習爲冀州西部都督從事，仍統領原并州地。

[17] 上黨：郡名。東漢末治所壺關縣，在今山西長子市北。

[18] 屯田都尉：官名。管理屯田的官，蓋即典農都尉。秩六百石或四百石，第七品，主管該屯田區的農業生產、民政和田租，地位相當於縣令、長，但不屬郡，直接隸屬上級典農官。

[19] 客：屯田客，屯田民。

[20] 復置并州：潘眉《考證》云："黃初元年復置并州，領漢舊郡四，新郡二。"盧弼《集解》云："即太原、上黨、西河、雁門、樂平、新興六郡也。"刺史治所仍在晉陽縣。

[21] 政治常爲天下最：趙幼文《校箋》謂《北堂書鈔》卷五四、《藝文類聚》卷四九、《太平御覽》卷二三二、《册府元龜》卷六二○引此句在"習在州二十年"句下，疑當乙正。按，諸書所引，蓋綜合節錄，非照錄《魏志》。如《藝文類聚》錄爲"《魏志》曰：梁習爲并州二十餘年，政治爲天下最，乃征拜爲大司農"。《太平御覽》《册府元龜》所引同，僅無"征拜爲"之"爲"字。諸書所引重於在州政治爲天下最，乃得徵拜爲大司農。而此傳強調者，乃在州二十餘年卻還貧窮。故此文句恐未顛倒。

[22] 太和：魏明帝曹叡年號（227—233）。

[23] 則州下：各本作"到州下"。吳金華《〈三國志集解〉箋記》謂"到"紹熙本原作"則"，百衲本的修整人員挖改成"到"，張元濟《校勘記》批云："誤修。"今檢中華再造善本影宋本亦作"則"，故改"到"爲"則"。

[24] 治中：即治中從事。官名。州牧刺史的主要屬吏，居中治事，主衆曹文書。

[25] 一胡：百衲本作"二胡"，殿本、盧弼《集解》本、校點本作"一胡"，因無其他佐證，今從殿本等。

[26] 二十四年：各本皆作"二十二年"。吳金華《校詁》謂"二十二年"，當作"二十四年"。按本書卷一《武帝紀》及卷九

《夏侯淵傳》等，曹操之入漢中，確在建安二十四年，故從吳説改。

［27］騎督：官名。軍中統帥騎兵的中級軍官。

［28］池陽：縣名。治所在今陝西涇陽縣西北。

［29］盧水：少數民族名。東漢以來居於盧水（約在今青海西寧市西）一帶的匈奴族後裔，被稱爲盧水胡。至漢末，分布甚廣，不限於盧水一帶。（本唐長孺《魏晉雜胡考》）

［30］從事：官名。漢代州牧刺史的佐吏，有别駕從事史、治中從事史、兵曹從事史、部從事史等，均可簡稱爲從事。

初，濟陰王思與習俱爲西曹令史。[1]思因直日白事，[2]失太祖指，太祖大怒，教召主者，將加重辟。[3]時思近出，習代往對，已被收執矣，思乃馳還，自陳已罪，罪應受死。太祖歎習之不言，思之識分，[4]曰："何意吾軍中有二義士乎？"〔一〕[5]後同時擢爲刺史，思領豫州。[6]思亦能吏，然苛碎無大體，官至九卿，封列侯。〔二〕[7]

〔一〕臣松之以爲習與王思，同察而已，親非骨肉，義非刎頸，而以身代思，受不測之禍。以之爲義，無乃乖先哲之雅旨乎！史遷云"死有重於太山，有輕於鴻毛"，[8]故君子不爲苟存，不爲苟亡。若使思不引分，[9]主不加恕，則所謂自經於溝瀆而莫之知也。[10]習之死義者，豈其然哉！

〔二〕《魏略·苛吏傳》曰：思與薛悌、郤嘉俱從微起，[11]官位略等。三人中，悌差挾儒術，[12]所在名爲閒省。嘉與思事行相似。文帝詔曰："薛悌駁吏，王思、郤嘉純吏也，各賜關内侯，以報其勤。"思爲人雖煩碎，而曉練文書，敬賢禮士，傾意形勢，亦以是顯名。正始中，[13]爲大司農，年老目瞑，瞋怒無度，[14]下吏敫然不知何據。性少信，時有吏父病篤，近在外舍，自白求假。

思疑其不實，發怒曰："世有思婦病母者，豈此謂乎！"遂不與假。吏父明日死，思無恨意。其爲刻薄類如此。思又性急，嘗執筆作書，蠅集筆端，驅去復來，如是再三。思恚怒，自起逐蠅不能得，[15]還取筆擲地，蹋壞之。時有丹楊施畏、魯郡倪覬、南陽胡業亦爲刺史、郡守，[16]時人謂之苛暴。又有高陽劉類，歷位宰守，苛慝尤甚，[17]以善修人事，不廢於世。嘉平中，爲弘農太守。[18]吏二百餘人，不與休假，專使爲不急，[19]過無輕重，輒捽其頭，又亂杖撾之，牽出復入，如是數四。乃使人掘地求錢，所在市里，皆有孔穴。又外託簡省，每出行，陽敕督郵不得使官屬曲修禮敬，[20]而陰識不來者，輒發怒中傷之。性又少信，每遣大吏出，輒使小吏隨覆察之，白日常自於牆壁間闚閃，[21]夜使幹廉察諸曹，[22]復以幹不足信，又遣鈴下及奴婢使轉相檢驗。[23]嘗案行，宿止民家。民家二狗逐猪，猪驚走，頭插柵間，號呼良久。類以爲外之吏擅共飲食，不復徵察，便使伍百曳五官掾孫彌入，[24]頓頭責之。彌以實對，類自愧不詳，因託問以他事。民尹昌，年垂百歲，聞類出行，當經過，謂其兒曰："扶我迎府君，[25]我欲陳恩。"兒扶昌在道左，類望見，呵其兒曰："用是死人，[26]使來見我。"其視人無禮，皆此類也。舊俗，民謗官長者有三不肯，謂遷、免與死也。類在弘農，吏民患之，乃題其門曰："劉府君有三不肯。"類雖聞之，猶不能自改。其後安東將軍司馬文王西征，[27]路經弘農，弘農人告類荒耄不任宰郡，乃召入爲五官中郎將。[28]

[1] 濟陰：郡名。治所定陶縣，在今山東定陶縣西北。

[2] 因直日：趙幼文《校箋》謂《白孔六帖》卷二六、《太平御覽》卷四二〇引俱無"因"字。

[3] 重辟：死刑。

[4] 思之識分：趙幼文《校箋》謂《太平御覽》卷四二〇引"思"上有"嗟"字。按分，謂職分，責任。

[5] 有二義士：趙幼文《校箋》謂《北堂書鈔》卷六〇、《白孔六帖》卷二六、《太平御覽》卷四二〇引作"有義士二人"。疑"義"上"二"字當移下，增"人"字。

[6] 豫州：刺史治所譙縣，在今安徽亳州市。

[7] 列侯：爵名。漢代二十級爵之最高者。金印紫綬，有封邑，食租稅。功大者食縣邑，小者食鄉、亭。曹魏初亦沿襲有列侯。

[8] "史遷云"句：語見《漢書》卷六二《司馬遷傳》所載司馬遷《報任安書》。史遷即司馬遷。

[9] 引分：引咎循分。

[10] 自經於溝瀆而莫之知：《論語·憲問》子曰："微管仲，吾其被髮左衽矣。豈若匹夫匹婦之爲諒也，自經於溝瀆而莫之知也。"朱熹《集注》："經，縊也。"

[11] 微：卑賤。

[12] 差挾儒術：謂稍通儒術。

[13] 正始：魏少帝齊王曹芳年號（240—249）。

[14] 瞋怒：趙幼文《校箋》謂《北堂書鈔》卷五四引作"喜怒"，下句"何據"作"何如"。郝經《續後漢書》"何"字作"所"，疑"所據"是也。

[15] 自起：趙幼文《校箋》謂《白孔六帖》卷二六、卷九五引"自"上有"拔劍"二字。　不能得：趙幼文《校箋》謂《藝文類聚》卷五六、《蒙求注》卷八引"得"字作"去"。

[16] 丹楊：郡名。治所宛陵縣，在今安徽宣州市。又按丹楊之"楊"，殿本、盧弼《集解》本、校點本作"陽"，百衲本作"楊"。今從百衲本。　魯郡：治所魯縣，在今山東曲阜市東古城。南陽：郡名。治所宛縣，在今河南南陽市。

[17] 苛慝：趙幼文《校箋》謂《太平御覽》卷四九二引"慝"字作"虐"。

[18] 弘農：郡名。治所弘農縣，在今河南靈寶縣東北。

[19] 不急：趙幼文《校箋》謂《太平御覽》卷四九二引"急"下有"事"字。

[20] 陽：通"佯"，假裝。　督郵：官名。本名督郵書掾（或督郵曹掾），省稱督郵掾、督郵。漢置，郡府屬吏，秩六百石。主要職掌除督送郵書外，又代表郡守督察屬縣，宣達教令，並兼司獄訟捕亡等。每郡督郵皆分部，有二部、三部、四部、五部不等。

[21] 覵閃：暗中察看。《説文·門部》："覵，閃也。"又慧琳《一切經音義》卷一〇〇："覵，《集訓》云'門中竊見也'。"

[22] 幹：吏名。官府中比吏低的屬員。

[23] 鈴下：吏名。漢朝官府的侍從小吏，因其在鈴閣之下，有警則掣鈴以呼，故名。魏、晉或作爲門主之代稱。　轉相：百衲本無"轉"字，殿本、盧弼《集解》本、校點本有。今從殿本等。

[24] 伍百：亦作"伍佰""伍伯""五百"。官府的侍從小吏，職在導引、問事。　五官掾：官名。漢代之郡國屬吏，地位僅次於功曹，祭祀居諸吏之首，無固定職掌，凡功曹及諸曹員吏出缺，即代理其職務。魏、晉沿置。

[25] 府君：漢、魏人稱太守爲府君。

[26] 用是死人：趙幼文《校箋》謂《册府元龜》卷六九七引"用"上有"安"字，是。

[27] 安東將軍：官名。爲出鎮地方的軍事長官，或爲州刺史兼理軍務的加官。魏、晉皆三品。　司馬文王：即司馬昭。

[28] 五官中郎將：官名。漢代，五官中郎將主管五官郎，屬光禄勳，不置僚屬，秩比二千石。漢末，曹丕爲此官，置僚屬，並爲丞相之副。曹丕代漢後，未置此官。未詳何時又復置，復置後仍屬光禄勳，似無郎署。

　　張既字德容，馮翊高陵人也。[1]年十六，爲郡小吏。[一]後歷右職，舉孝廉，[2]不行。太祖爲司空，辟，未至，舉茂才，[3]除新豐令，[4]治爲三輔第一。[5]袁尚拒太祖於黎陽，遣所置河東太守郭援、并州刺史高幹及匈奴單于取平陽，[6]發使西與關中諸將合從。[7]司隸校尉鍾繇遣既說將軍馬騰等，[8]既爲言利害，騰等從之。騰遣子超將兵萬餘人，與繇會擊幹、援，大破之，斬援首。幹及單于皆降。其後幹復舉并州反。河內張晟衆萬餘人無所屬，寇崤、澠間，[9]河東衛固、弘農張琰各起兵以應之。太祖以既爲議郎，參繇軍事，使西徵諸將馬騰等，皆引兵會擊晟等，破之。斬琰、固首，幹奔荊州。[10]封既武始亭侯。太祖將征荊州，而騰等分據關中。太祖復遣既喻騰等，令釋部曲求還。[11]騰已許之而更猶豫，既恐爲變，乃移諸縣促儲偫，[12]二千石郊迎。[13]騰不得已，發東。[14]太祖表騰爲衛尉，子超爲將軍，統其衆。後超反，既從太祖破超於華陰，[15]西定關右。[16]以既爲京兆尹，招懷流民，興復縣邑，百姓懷之。魏國既建，爲尚書，出爲雍州刺史。[17]太祖謂既曰："還君本州，[18]可謂衣繡晝行矣。"從征張魯，別從散關入討叛氐，[19]收其麥以給軍食。魯降，既說太祖拔漢中民數萬戶以實長安及三輔。[20]其後與曹洪破吳蘭於下辯，[21]又與夏侯淵〔討〕宋建，[22]別攻臨洮、狄道，[23]平之。是時，太祖徙民以充河北，隴西、天水、南安民相恐動，[24]擾擾不安，既假三郡人爲將吏者休課，使治屋宅，作水碓，民心遂安。太祖將拔漢中守，恐劉備北取武都氐以逼關中，[25]問既。既曰："可勸使北出就穀以避賊，前至者厚其寵賞，則先者知利，後必慕之。"太祖從其策，乃自到漢中引出諸軍，令既之武都，徙氐五萬餘落出居扶風、天水界。〔二〕[26]

〔一〕《魏略》曰：既世單家（富），[27]爲人有容儀。少小工書疏，爲郡門下小吏，而家富。自惟門寒，念無以自達，乃常畜好刀筆及版奏，[28]伺諸大吏有乏者輒給與，[29]以是見識焉。

〔二〕《三輔決錄注》曰：既爲兒童，（爲）郡功曹游殷察異之，[30]引既過家，既敬諾。殷先歸，敕家具設賓饌。及既至，殷妻笑曰："君其悖乎！"[31]張德容童昏小兒，何異客哉！"既曰："卿勿怪，乃方伯之器也。"[32]殷遂與既論霸王之略。饗訖，以子楚託之；既謙不受，殷固託之。既以殷邦之宿望，難違其旨，乃許之。殷先與司隸校尉胡軫有隙，軫誣搆殺殷。殷死月餘，軫得疾患，自說但言"伏罪，伏罪，游功曹將鬼來"。於是遂死。于時關中稱曰：[33]"生有知人之明，死有貴神之靈。"[34]子楚字仲允，爲蒲阪令。[35]太祖定關中時，漢興郡缺，[36]太祖以問既，既稱楚才兼文武，遂以爲漢興太守。後轉隴西。

《魏略》曰：楚爲人慷慨，歷位宰守，所在以恩德爲治，不好刑殺。太和中，諸葛亮出隴右，[37]吏民騷動。天水、南安太守各棄郡東下，楚獨據隴西，召會吏民，謂之曰："太守無恩德。今蜀兵至，諸郡吏民皆已應之，此亦諸卿富貴之秋也。太守本爲國家守郡，義在必死，卿諸人便可取太守頭持往。"吏民皆涕淚，言"死生當與明府同，無有二心"。楚復言："卿曹若不願，我爲卿畫一計。今東二郡已去，必將寇來，但可共堅守。若國家救到，寇必去，是爲一郡守義，人人獲爵寵也。若官救不到，蜀攻日急，爾乃取太守以降，未爲晚也。"吏民遂城守。而南安果將蜀兵，就攻隴西。楚聞賊到，乃遣長史馬顒出門設陣，[38]而自於城上曉謂蜀帥，[39]言："卿能斷隴，使東兵不上，一月之中，則隴西吏人不攻自服；卿若不能，虛自疲弊耳。"使顒鳴鼓擊之，蜀人乃去。後十餘日，諸軍上隴，[40]諸葛亮破走。南安、天水皆坐應亮破滅，兩郡守各獲重刑，而楚以功封列侯，長史、掾屬皆賜拜。帝嘉其治，詔特聽朝，引上殿。楚爲人短小而大聲，自爲吏，初不朝觀，被詔登階，不知儀式。帝令侍中贊引，[41]呼"隴西太守前"，楚當言"唯"，而大應稱"諾"。帝顧之而笑，遂勞勉之。罷會，自表乞留宿衛，拜駙馬都尉。[42]楚不學問，而性好遊遨音樂。乃畜歌者，琵琶、箏、簫，[43]每行（來）〔悉〕將以自隨。[44]所在樗蒲、投壺，[45]歡欣自娛。數歲，復出爲北地太守，[46]年七十餘卒。

[1] 馮（píng）翊（yì）：郡名。即左馮翊，漢代所謂"三輔"之一。馮翊原治所高陵縣，在今陝西高陵縣西南。東漢獻帝"建安初，關中始開，詔分馮翊西數縣爲左內史郡，治高陵；以東數縣爲本郡，治臨晉"（見本書卷二三《裴潛傳》裴注引《魏略》）。臨晉縣在今陝西大荔縣。

[2] 孝廉：漢代選拔官吏的主要科目。孝指孝子，廉指廉潔之士。原本爲二科，後混同爲一科，也不再限於孝子和廉吏。東漢後期定制爲不滿四十歲者不得察舉；被舉者先詣公府課試，以觀其能。郡國每年要向中央推舉一至二人。

[3] 茂才：即秀才，東漢人避光武帝劉秀諱改，爲漢代薦舉人才科目之一。東漢之制，州牧刺史歲舉一人。三國沿之，或稱秀才。

[4] 新豐：縣名。治所在今陝西臨潼縣東北。

[5] 三輔：地區名。西漢都城在長安，遂以長安爲中心置京兆尹、右扶風、左馮翊，合稱三輔。東漢定都洛陽，以三輔陵廟所在，不改其號，仍稱三輔。轄區在今陝西渭水流域一帶。

[6] 河東：郡名。治所安邑縣，在今山西夏縣西北禹王城。平陽：侯國名。治所在今山西臨汾市西南。

［7］關中：地區名。指函谷關以內之地。包括今陝西和甘肅、寧夏、內蒙古的部分地區。

［8］司隸校尉：官名。秩比二千石。掌糾察京師百官違法者，並治所轄各郡，相當於州刺史。

［9］崤：山名。在今河南洛寧縣北，西北接陝縣，東接澠池縣界。故崤山地區又可稱"崤澠"。漢澠池縣在今河南澠池縣西。

［10］荊州：漢末劉表爲荊州牧，治所襄陽縣，在今湖北襄陽市襄州區。

［11］部曲：本爲漢代軍隊的編制。《續漢書・百官志》云："大將軍營五部，部校尉一人，部下有曲。"因稱軍隊爲部曲。魏、晉以後，又稱私人武裝爲部曲。

［12］移：官府文書之一種。此謂以移文通知諸縣。　儲偫（zhì）：儲備，存備。

［13］二千石：指郡太守。

［14］發東：胡三省云："發而東入朝也。"（《通鑑》卷六五漢獻帝建安十三年注）

［15］華陰：縣名。在今陝西華陰市東南。

［16］關右：地區名。指函谷關以西之地，故又稱關西。

［17］雍州：刺史治所長安縣，在今陝西西安市西北。

［18］本州：張既係馮翊人，馮翊屬雍州，故爲本州。

［19］散關：關隘名。亦名大散關，在今陝西寶雞市西南的大散嶺上，地勢險要，古爲軍事重地。

［20］漢中：郡名。治所南鄭縣，在今陝西漢中市東。

［21］下辯：縣名。治所在今甘肅成縣西。

［22］討宋建：各本皆無"討"字，錢大昭《辨疑》據《夏侯淵傳》謂"宋建"上當有"討"字，校點本亦據《武帝紀》《夏侯淵傳》增"討"字。今從錢說與校點本。

［23］臨洮：縣名。治所在今甘肅岷縣。　狄道：縣名。治所在今甘肅臨洮縣。

［24］隴西：郡名。治所原在狄道縣（今甘肅臨洮縣），漢安帝永初五年（111）徙治所於襄武縣，在今甘肅隴西縣東南。　天水：郡名。治所冀縣，在今甘肅甘谷縣東。（本謝鍾英《補三國疆域志補注》）　南安：郡名。治所豲（huán）道，在今甘肅隴西縣東南渭水東岸。

［25］武都：郡名。治所即下辯縣。在今甘肅成縣西。

［26］扶風：郡名。即右扶風，治所槐里縣，在今陝西興平市東南。

［27］單家：孤寒人家。與豪族大姓相對而言。又按，百衲本、殿本、盧弼《集解》本"單家"下皆有"富"字，盧弼《集解》引何焯説"富"字衍，又引劉家立説所衍"富"字乃涉下文"家富"而誤，校點本即據何焯説刪"富"字。今從校點本。趙幼文《校箋》則謂《通志》"家"下有"富"字。下文無"而家富"三字。竊疑"而家富"三字與上文意不承接，或當作"世單家而家富"，語意較順。今本"而家富"三字在"吏"字下，蓋傳抄誤耳。

［28］刀筆：《後漢書》卷一一《劉盆子傳》"其中一人出刀筆書謁"李賢注："古者記事書於簡册，謬誤者以刀削而除之，故曰刀筆。"　版奏：趙幼文《校箋》謂"版奏"疑當作"奏版"，此誤乙。《論衡·量知篇》："斷木爲槧，析之爲版，力加剖削，乃成奏牘。"奏牘即奏版也。

［29］給與：趙幼文《校箋》謂《北堂書鈔》卷一〇四、《白孔六帖》卷四二引"與"字作"之"。

［30］郡：各本"郡"上皆有"爲"字，盧弼《集解》謂爲衍文，校點本即據盧説刪"爲"字。今從校點本。　功曹：官名。漢代郡太守下設功曹史，簡稱功曹，爲郡太守之佐吏，除分掌人事外，並得參與一郡之政務。趙幼文《校箋》則謂《藝文類聚》卷五三引作"游子殷爲郡功曹，有童子張既爲書佐，殷察異之"。《太平御覽》卷四〇五引作"游殷字幼齊，初爲郡功曹，有童子張

既者，時未知名，爲郡書佐，殷察異之"。疑裴注所引《決錄》注有佚文，當從《太平御覽》訂補。

［31］君：殿本作"若"，百衲本、盧弼《集解》本、校點本作"君"。今從百衲本等。

［32］方伯：古稱一方諸侯之長爲方伯，後世因稱地方州郡長官爲方伯。

［33］稱曰：趙幼文《校箋》謂《太平御覽》卷四四四、卷四九六引"稱"字俱作"諺"。

［34］死有貴神之靈：《太平御覽》卷四四四作"死有鬼靈之驗"，卷四九六又作"死有貴神之靈"。

［35］蒲阪：縣名。治所在今山西永濟縣西南蒲州鎮。

［36］漢興郡：漢末中平（184—189）中置漢安郡，領雍、渝麋、杜陽、陳倉、汧等五縣，治所即雍縣，在今山西鳳翔縣西南。建安中，曹操定關中，又改漢安郡爲漢興郡。魏文帝曹丕代漢後，又廢漢興郡。（本吳增僅《三國郡縣表附考證》）

［37］隴右：地區名。指隴山以西之地，約當今甘肅隴山、六盤山以西及黃河以東一帶。

［38］長史：官名。東漢時，諸王國、邊郡、屬國不置郡丞而置長史，掌兵馬，故又常稱將兵長史。

［39］曉謂：殿本作"曉諭"，百衲本、盧弼《集解》本、校點本作"曉謂"。今從百衲本等。

［40］隴：指隴山之地。

［41］侍中：官名。曹魏時，第三品。爲門下侍中寺長官。職掌門下衆事，侍從左右，顧問應對，拾遺補闕，與散騎常侍、黃門侍郎等共平尚書奏事。晋沿置，爲門下省長官。

［42］駙馬都尉：官名。秩比二千石，掌皇帝副車之馬。曹魏時第六品，無定員，或爲加官。

［43］簫：趙幼文《校箋》謂"簫"字疑作"笛"。《北堂書鈔》卷一一引《魏略》："游楚好音樂，畜笛。"《藝文類聚》卷四

四、《太平御覽》卷五八三引亦作"笛"。考《初學記》卷一六："古之善吹笛者，有馬融、游楚（見《魏志》）。"然則唐代所見《魏志》正作"笛"也。當據改。

[44] 悉將：各本"悉"字作"來"。趙幼文《校箋》謂《册府元龜》卷八五五引"來"字作"悉"。此"來"字當作"悉"，兩字形近而誤。按，宋本《册府元龜》亦作"悉"。今從趙說改。

[45] 樗（chū）蒲：古代的博戲。 投壺：古人宴會時的遊戲。設特制之壺，賓主依次投矢其中，中多者爲勝，負者飲酒。

[46] 北地：郡名。曹魏時，治所在弋（duì）祤（yǔ）城，在今陝西耀縣城東。

是時，武威顏俊、張掖和鸞、酒泉黃華、西平麴演等並舉郡反，[1]自號將軍，更相攻擊。俊遣使送母及子詣太祖爲質，求助。太祖問既，既曰："俊等外假國威，內生傲悖，計定勢足，後即反耳。今方事定蜀，且宜兩存而鬭之，猶卞莊子之刺虎，[2]坐收其斃也。"太祖曰："善。"歲餘，鸞遂殺俊，武威王祕又殺鸞。是時不置涼州，[3]自三輔拒西域，皆屬雍州。文帝即王位，初置涼州，以安定太守鄒岐爲刺史。[4]張掖張進執郡守舉兵拒岐，[5]黃華、麴演各逐故太守，[6]舉兵以應之。既進兵爲護羌校尉蘇則聲勢，[7]故則得以有功。既進爵都鄉侯。[8]涼州盧水胡伊健妓妾、治元多等反，河西大擾。[9]帝憂之，曰："非既莫能安涼州。"乃召鄒岐，以既代之。詔曰："昔賈復請擊郾賊，[10]光武笑曰：'執金吾擊郾，吾復何憂？'卿謀略過人，今則其時。[11]以便宜從事，勿復先請。"遣護軍夏侯儒、將軍費曜等繼其後。[12]既至金城，[13]欲渡河，諸將守以爲

"兵少道險,[14]未可深入"。既曰:"道雖險,非井陘之隘,[15]夷狄烏合,無左車之計,[16]今武威危急,赴之宜速。"遂渡河。賊七千餘騎逆拒軍於鸇陰口,[17]既揚聲軍從鸇陰,[18]乃潛由且次出至武威。[19]胡以爲神,引還顯美。[20]既已據武威,[21]曜乃至,儒等猶未達。既勞賜將士,欲進軍擊胡。諸將皆曰:"士卒疲倦,虜衆氣銳,難與爭鋒。"既曰:"今軍無見糧,當因敵爲資。若虜見兵合,退依深山,追之則道險窮餓,兵還則出候寇鈔。如此,兵不得解,所謂'一日縱敵,[22]患在數世'也。"遂前軍顯美。胡騎數千,因大風欲放火燒營,將士皆恐。既夜藏精卒三千人爲伏,使參軍成公英督千餘騎挑戰,敕使陽退。胡果爭奔之,因發伏截其後,首尾進擊,大破之,斬首獲生以萬數。[一]帝甚悅,詔曰:"卿踰河歷險,以勞擊逸,以寡勝衆,功過南仲,[23]勤踰吉甫。[24]此勳非但破胡,[25]乃永寧河右,[26]使吾長無西顧之念矣。"徙封西鄉侯,增邑二百,并前四百户。

[一]《魏略》曰:成公英,金城人也。中平末,[27]隨韓約爲腹心。[28]建安中,約從華陰破走,還湟中,[29]部黨散去,唯英獨從。

《典略》曰:韓遂在湟中,其壻閻行欲殺遂以降,夜攻遂,不下。遂歎息曰:"丈夫困厄,[30]禍起婚姻乎!"謂英曰:"今親戚離叛,人衆轉少,當從羌中西南詣蜀耳。"[31]英曰:"興軍數十年,今雖罷敗,[32]何有棄其門而依於人乎!"遂曰:"吾年老矣,子欲何施?"英曰:"曹公不能遠來,獨夏侯爾。夏侯之衆,不足以追我,又不能久留;且息肩於羌中,以須其去。招呼故人,綏會羌、胡,猶可以有爲也。"遂從其計,時隨從者男女尚數千人。遂宿有恩於羌,羌衞護之。及夏侯淵還,使閻行留後。乃合羌、胡數萬將攻行,行欲走,會遂死,英降太祖。太祖見英甚喜,以爲軍師,[33]封列侯。從行出獵,有三鹿走過前,公命英射之,三發三中,皆應弦而倒。公抵掌謂之曰:"但韓文約可爲盡節,而孤獨不可乎?"英乃下馬而跪曰:"不欺明公。假使英本主人在,實不來在此也。"[34]遂流涕哽咽。公嘉其敦舊,遂親敬之。延康、黃初之際,[35]河西有逆謀。詔遣英佐涼州平隴右,病卒。

《魏略》曰:閻行,金城人也,後名豔,字彥明,少有健名,始爲小將,隨韓約。建安初,約與馬騰相攻擊。騰子超亦號爲健。行嘗刺超,矛折,因以折矛撾超項,幾殺之。至十四年,爲約所使詣太祖,太祖厚遇之,表拜犍爲太守。[36]行因請令其父入宿衞,西還見約,宣太祖教云:"謝文約:卿始起兵時,自有所逼,我所具明也。當早來,共匡輔國朝。"行因謂約曰:"行亦爲將軍興軍以來三十餘年,民兵疲瘵,所處又狹,宜早自附。是以前在鄴,自啓當令老父詣京師,誠謂將軍亦宜遣一子,以示丹赤。"[37]約曰:"且可復觀望數歲中!"後遂遣其子,與行父母俱東。會約西討張猛,留行守舊營,而馬超等結反謀,舉約爲都督。及約還,超謂約曰:[38]"前鍾司隸任超使取將軍,[39]關東人不可復信也。今超棄父,以將軍爲父,將軍亦當棄子,以超爲子。"行諫約,不欲令與超合。約謂行曰:"今諸將不謀而同,似有天數。"乃東詣華陰。及太祖與約交馬語,行在其後,太祖望謂行曰:"當念作孝子。"及超等破走,行隨約還金城。太祖聞行前意,故但誅約子孫在京師者。乃手書與行曰:"觀文約所爲,使人笑來。吾前後與之書,無所不說,如此何可復忍!卿父諫議,自平安也。雖然,牢獄之中,非養親之處,且又官家亦不能久爲人養老也。"約聞行父獨在,欲使并遇害,以一其心,乃強以少女妻行,行不獲已。太祖果疑行。會約使行別領西平郡。遂勒其部曲，與約相攻擊。行不勝，乃將家人東詣太祖。太祖表拜列侯。

　　［1］武威：郡名。治所姑臧縣，在今甘肅武威市。　張掖：郡名。治所觻（lù）得縣，在今甘肅張掖市西北。　酒泉：郡名。治所祿福縣，在今甘肅酒泉市。　西平：郡名。漢獻帝建安中，分金城郡置西平郡；又分臨羌縣置西都縣，爲西平郡治所，在今青海西寧市。

　　［2］卞莊子：春秋時魯國勇士。《史記》卷七〇《張儀列傳》陳軫謂秦惠王曰："亦嘗有以夫卞莊子刺虎聞於王者乎？莊子欲刺虎，館豎子止之，曰：'兩虎方且食牛，食甘必爭，爭則必鬭，鬭則大者傷，小者死，從傷而刺之，一舉必有雙虎之名。'卞莊子以爲然，立須之。有頃，兩虎果鬭，大者傷，小者死。莊子從傷者而刺之，一舉果有雙虎之功。"

　　［3］涼州：魏文帝即位後所置涼州，共轄金城、武威、張掖、酒泉、敦煌、西海、西平、西郡等八郡。刺史治所姑臧縣，在今甘肅武威市。（本吳增僅《三國郡縣表附考證》）

　　［4］安定：郡名。治所臨涇縣，在今甘肅鎮原縣東南。

　　［5］郡守：郡守杜通。見本書卷一六《蘇則傳》。（參盧弼《集解》）

　　［6］太守：太守辛機。亦見本書卷一六《蘇則傳》。（參盧弼《集解》）

　　［7］護羌校尉：官名。東漢章帝以後常置，秩比二千石，多以邊郡太守、都尉轉任。除監護内附羌人各部落外，亦常以羌兵協同作戰，戍衛邊塞。魏、晉沿置。

　　［8］都鄉侯：爵名。列侯食邑爲都鄉（近城之鄉）者，稱都鄉侯，位次於縣侯，高於鄉侯。

　　［9］河西：地區名。指黃河上游以西之地，即今甘肅河西走廊一帶。

[10] 賈復：新莽末聚衆起兵，自號將軍，後投歸漢光武帝劉秀。光武帝即位後，拜爲執金吾（皇宮及京城警衛官）。當時更始帝所封之郾（在今河南郾城縣南）王尹尊等在南方尚有很大勢力，光武帝召集諸將議論兵事，未有言者，光武帝乃以檄叩地曰："郾最强，宛次之，誰當擊之？"賈復率然對曰："臣請擊郾。"光武帝笑曰："執金吾擊郾，吾復何憂！"（見《後漢書》卷一七《賈復傳》）　郾賊：校點本1982年7月第2版誤作"郾賦"。

[11] 其時：殿本、盧弼《集解》本無"時"字，百衲本、校點本有。今從百衲本。

[12] 護軍：官名。即護軍將軍，第四品。掌禁兵，總統諸將任，主武官選舉，隸領軍。

[13] 金城：郡名。治所允吾縣，在今甘肅永靖縣西北，湟水南岸。

[14] 諸將守：趙幼文《校箋》謂《通志》"守"字作"皆"。《册府元龜》卷三六二引"守"作"等"。《廣雅·釋詁四》："等，齊也。"

[15] 井陘：縣名。治所在今河北井陘縣西北。在縣西北又有井陘山，山上有關，名井陘關，是太行山區進入華北平原之要隘。

[16] 左車：即李左車，號廣武君。秦末佐陳餘起兵。當漢將韓信與張耳欲東下井陘擊趙時，李左車説陳餘曰："臣聞千里饋糧，士有飢色，樵蘇後爨，師不宿飽。今井陘之道，車不得方軌，騎不得成列，行數百里，其勢糧食必在其後。願足下假臣奇兵三萬，從間道絶其輜重；足下深溝高壘，堅營勿與戰。彼前不得鬥，退不得還，吾奇兵絶其後，使野無所掠，不至十日，而兩將之頭可致於戲下。"（見《史記》卷九二《淮陰侯列傳》）

[17] 鸇陰：縣名。治所在今甘肅靖遠縣西北。黃河流經其境，稱鸇陰河。鸇陰口即在今靖遠縣西南黃河東岸。

[18] 軍從：校點本"從"字作"由"，百衲本、殿本、盧弼《集解》本皆作"從"。今從百衲本等。

[19] 且次：縣名。胡三省謂漢代武威郡有揟次縣，即且次縣，治所在今甘肅武威市東南。（見《通鑑》卷六九魏文帝黃初二年注）

[20] 顯美：縣名。治所在今甘肅永昌縣東南。

[21] 已：盧弼《集解》本作"以"，百衲本、殿本、校點本作"已"。今從百衲本等。盧氏謂"已""以"古通用。

[22] 一日縱敵：《左傳·僖公三十二年》：先軫曰："吾聞之：'一日縱敵，數世之患也。'"

[23] 南仲：西周大臣。周宣王時，奉命討伐獫狁與西戎，皆大勝。《詩·小雅·出車》："赫赫南仲，獫狁于襄……赫赫南仲，薄伐西戎。"

[24] 吉甫：尹吉甫，周宣王時大臣。亦奉命討伐獫狁，取得大勝。《詩·小雅·六月》："薄伐獫狁，至于大原。文武吉甫，萬邦爲憲。"

[25] 此勳：趙幼文《校箋》謂《北堂書鈔》卷四七、《太平御覽》卷二〇〇引"此"字作"卿"。

[26] 河右：即河西。

[27] 中平：漢靈帝劉宏年號（184—189）。

[28] 韓約：即韓遂，字文約。見本書卷一《武帝紀》建安二十年裴注引《典略》及本書《董卓傳》裴注引華嶠《漢書》。

[29] 湟中：地區名。指今青海湟水兩岸一帶。漢代爲羌、漢、月氏等族雜居地。

[30] 困厄：盧弼《集解》本作"危厄"，百衲本、殿本、校點本作"困厄"。今從百衲本等。

[31] 蜀：地區名。指今四川成都平原一帶。春秋以前爲蜀國地。

[32] 罷（pí）：通"疲"。

[33] 軍師：官名。建安十三年（208）曹操爲丞相後，於丞相府所置的高級幕僚，有中、前、後、左、右軍師及軍師祭酒等名

目,分掌軍國選舉,刑獄法制、軍務等,地位在長史之上。

[34] 來在此:殿本、盧弼《集解》本作"來在此",百衲本、校點本作"來此"。今從殿本等。

[35] 延康:漢獻帝劉協年號(220)。建安二十五年三月改元延康,十月魏文帝曹丕代漢,又改元爲黃初。

[36] 犍爲:郡名。治所武陽縣,在今四川彭山縣東北江口。

[37] 丹赤:赤誠,赤誠之心。

[38] 謂:百衲本作"爲",殿本、盧弼《集解》本、校點本皆作"謂"。今從殿本等。

[39] 鍾司隸:指鍾繇。鍾繇當時爲司隸校尉。

酒泉蘇衡反,與羌豪鄰戴及丁令胡萬餘騎攻邊縣。[1]既與夏侯儒擊破之,衡及鄰戴等皆降。遂上疏請與儒治左城,[2]築鄣塞,置烽候、邸閣以備胡。[一][3]西羌恐,率衆二萬餘落降。其後西平麴光等殺其郡守,諸將欲擊之,既曰:"唯光等造反,郡人未必悉同。若便以軍臨之,吏民羌胡必謂國家不別是非,更使皆相持著,此爲虎傅翼也。光等欲以羌胡爲援,今先使羌胡鈔擊,重其賞募,所虜獲者皆以畀之。[4]外沮其勢,[5]內離其交,必不戰而定。"乃檄告諭諸羌:爲光等所詿誤者原之;能斬賊帥送首者當加封賞。於是光部黨斬送光首,其餘咸安堵如故。

〔一〕《魏略》曰:儒字俊林,夏侯尚從弟。[6]初爲鄢陵侯彰驍騎司馬,[7](宣王)〔□□〕爲征南將軍、都督荆、豫州。[8]正始二年,朱然圍樊城,[9]城中守將乙修等求救甚急。儒進屯鄧塞,[10]以兵少不敢進,但作鼓吹,設導從,[11]去然六七里,翱翔而還，使修等遙見之，數數如是。月餘，及太傅到，[12]乃俱進，然等走。時謂儒爲怯，或以爲曉以少疑衆，得聲救之宜。儒猶以此召還，爲太僕。[13]

[1] 丁令：即丁零。兩漢時北邊的少數部族，即南北朝時期的高車或敕勒。詳見本書卷三〇《烏丸鮮卑東夷傳》裴注引《魏略·西戎傳》。

[2] 左城：城名。在今甘肅酒泉市南。

[3] 邸閣：屯積軍糧與物資之處所。

[4] 所虜獲者：盧弼《集解》云："北宋本作'虜所獲者。'"百衲本、殿本、盧弼《集解》本、校點本均作"所虜獲者"。今從百衲本等。　畀（bì）：給予。

[5] 沮：盧弼《集解》本作"阻"，百衲本、殿本、校點本作"沮"。今從百衲本等。

[6] 從弟：校點本1982年7月第2版誤作"徒弟"。

[7] 鄢陵：縣名。治所在今河南鄢陵縣西北。　驍騎司馬：驍騎將軍之司馬。曹魏之驍騎將軍爲中軍將領，有營兵，並設有長史、司馬、功曹等僚屬。司馬參贊軍務，管理府內武職，位次於長史。

[8] □□：各本皆連上句作"驍騎司馬宣王爲征南將軍"。陳景雲《辨誤》云："按'驍騎司馬'絕句。鄢陵北征，以北中郎行驍騎將軍，時儒從兄尚爲長史，儒則爲司馬從征也。'宣王'二字有誤，'爲征南'上兼有脫文。宣王嘗以驃騎將軍都督荊、豫，不在四征之列，蓋爲征南都督荊、豫者，即儒也，以下文樊城受圍，儒坐遲救召還事觀之，義自明矣。"校點本即從陳氏此說，刪'宣王'二字，並用"□□"表示尚有兩字。今從陳說與校點本。

[9] 樊城：城名。在襄陽縣北，與襄陽隔漢水相對，在今湖北襄陽市樊城區。

［10］鄧塞：山名。在今河南鄧州市東南。《元和郡縣志》卷二一《山南道·襄州》："鄧塞故城，在（鄧城）縣東南二十二里。南臨宛水，阻一小山，號曰鄧塞。昔孫文臺（堅）破黃祖於此山下。"

［11］導從：趙幼文《校箋》謂《北堂書鈔》卷一三○引"導"字作"驂"。

［12］太傅：指司馬懿。當時司馬懿爲太傅。

［13］太僕：官名。秩中二千石，掌皇帝車馬，兼管官府畜牧業，東漢尚兼掌兵器制作、織綬等。曹魏因之，三品。

既臨二州十餘年，政惠著聞，其所禮辟扶風龐延、天水楊阜、安定胡遵、酒泉龐淯、燉煌張恭、周生烈等，[1]終皆有名位。〔一〕黃初四年薨。詔曰："昔荀桓子立勳翟土，[2]晉侯賞以千室之邑；馮異輸力漢朝，[3]光武封其二子。故涼州刺史張既，能容民蓄衆，使羣羌歸土，可謂國之良臣。不幸薨隕，朕甚愍之，其賜小子翁歸爵關內侯。"明帝即位，追謚曰肅侯。子緝嗣。

〔一〕《魏略》曰：初，既爲郡小吏，功曹徐英嘗自鞭既三十。英字伯濟，馮翊著姓，建安初爲蒲阪令。英性剛爽，自（見）〔負〕族氏勝既，[4]於鄉里名行在前，加以前辱既，雖知既貴顯，終不有求於既。[5]既雖得志，亦不顧計本原，猶欲與英和。嘗因醉欲親狎英，英故抗意不納。英由此遂不復進用。故時人善既不挾舊怨，而壯英之不撓。

［1］燉煌：郡名。治所敦煌縣，在今甘肅敦煌市西。

［2］荀桓子：即荀林父。又稱桓子，中行桓子。春秋晉臣。晉景公六年（前594），荀林父擊敗赤狄。《左傳·宣公十五年》云：

"晋侯（景公）賞桓子狄臣千室。"楊伯峻注："狄臣，狄人之爲奴隸者。室爲其居住之處，故用作計算單位。此賞以奴隸，則其所耕土地宜一并賞之。" 翟：通"狄"。

[3] 馮異：東漢初潁川父城（今河南寶豐縣東）人。新莽時任郡掾，後投歸漢光武帝劉秀，屢立戰功。光武帝即位後，封異陽夏侯。馮異死後，其長子彰襲爵。次年光武帝思馮異之功，又封彰弟訢爲析鄉侯；後又更封彰爲東緡侯。（見《後漢書》卷一七《馮異傳》）

[4] 自負：各本"負"作"見"。宋本《册府元龜》卷八七七引作"負"。今據改。

[5] 有：殿本、盧弼《集解》本、校點本作"肯"，百衲本作"有"。趙幼文《校箋》謂《册府元龜》卷八七七亦作"有"。今從百衲本。

緝以中書郎稍遷東莞太守。[1]嘉平中，女爲皇后，徵拜光禄大夫，[2]位特進，[3]封妻向爲安城鄉君。[4]緝與中書令李豐同謀，[5]誅。語在《夏侯玄傳》。〔一〕

〔一〕《魏略》曰：緝字敬仲，太和中爲温令，名有治能。會諸葛亮出，緝上便宜，詔以問中書令孫資，資以爲有籌略，遂召拜騎都尉，遣參征蜀軍。軍罷，入爲尚書郎，[6]以稱職爲明帝所識。帝以爲緝之材能，多所堪任，試呼相者相之。[7]相者云："不過二千石。"帝曰："何材如是而位止二千石乎？"[8]及在東莞，領兵數千人。緝性吝於財而矜於勢，一旦以女徵去郡，還在里舍，[9]悒悒躁擾。數爲國家陳擊吴、蜀形勢，又嘗對司馬大將軍料諸葛恪雖得勝於邊土，[10]見誅不久。大將軍問其故，緝云："威震其主，功蓋一國，欲不死可得乎？"及恪從合肥還，吴果殺之。大將軍聞恪死，謂衆人曰："諸葛恪多輩耳！近張敬仲縣論恪，以爲必見殺，今果然如此。敬仲之智爲勝恪也。"緝與李豐通家，[11]又居相側近。豐時取急出，[12]子韜往見之，[13]有所容道。豐被收，事與緝連，遂收送廷尉，[14]賜死獄中，其諸子皆并誅。緝孫殷，晋永興中爲梁州刺史，[15]見《晋書》。[16]

[1] 中書郎：官名。魏文帝黄初初，置中書監、令，其下遂置通事郎，掌詔草。後又增設中書郎，亦稱中書侍郎，主詔誥，第五品。　東莞：郡名。治所東莞縣，在今山東沂水縣東北。

[2] 光禄大夫：官名。秩比二千石，第三品，位次三公。無定員，無固定職守，相當於顧問。諸公告老及在朝重臣加此銜以示優重。

[3] 特進：官名。漢制，凡諸侯大臣功德優盛，朝廷所敬異者，加位特進，朝會時位在三公下，車服俸禄仍從本官。魏晋沿襲之。

[4] 鄉君：命婦封號。曹魏始置，多授予后妃之母、鄉侯之妻及高官妻女。

[5] 中書令：官名。秩千石，第三品。魏文帝黄初初，改秘書令置，與中書監並掌樞密。

[6] 尚書郎：官名。東漢之制，取孝廉之有才能者入尚書臺，初入臺稱守尚書郎中，滿一年稱尚書郎，三年稱侍郎，統稱尚書郎，秩四百石。凡置三十六員，分隸六曹尚書治事，主要掌文書起草。

[7] 相者：百衲本作"相工"，下句又作"相者"，殿本、盧弼《集解》本、校點本皆作"相者"。今從殿本等。

[8] 位止：殿本、盧弼《集解》本作"位至"，百衲本、校點本作"位止"。殿本《考證》亦云："尋玩文義，'至'當作'止'。"今從百衲本等。

[9] 還在：盧弼《集解》本作"還在"，百衲本、殿本、校點

本作"還坐"。趙幼文《校箋》云:"'在'字是也,'坐''在'或涉形近而訛。"今從《集解》本。

[10] 司馬大將軍:即司馬師。 於:校點本1982年7月第2版誤作"所"。

[11] 通家:世代有交誼之家。

[12] 取急出:吳金華《校詁》云:"請假而出也。"

[13] 邈:盧弼《集解》謂本書《夏侯玄傳》裴注引《魏書》作"邈"。趙幼文《校箋》謂郝經《續後漢書》亦作"邈"。

[14] 廷尉:官名。秩中二千石,第三品,掌司法刑獄。

[15] 永興:晉惠帝司馬衷年號(304—306)。 梁州:魏元帝景元四年,分益州置,刺史治所沔陽縣(今陝西勉縣東舊州鋪)。晉武帝太康三年,移治所於南鄭縣(今陝西漢中市東)。其後治所屢有遷徙,先後治西城縣(今陝西安康市西北漢江北岸)、苞中縣(今陝西漢中市西北大鐘寺)、城固縣(今陝西城固縣東)等。

[16] 晉書:盧弼《集解》云:"湯球輯本王隱《晉書》有之。"

温恢字曼基,太原祁人也。[1]父恕,爲涿郡太守,[2]卒。恢年十五,送喪還歸鄉里,內足於財。恢曰:"世方亂,安以富爲?"一朝盡散,振施宗族。州里高之,比之郇越。[3]舉孝廉,爲廩丘長,[4]鄢陵、廣川令,[5]彭城、魯相,[6]所在見稱。入爲丞相主簿,出爲揚州刺史。太祖曰:"甚欲使卿在親近,顧以爲不如此州事大。故《書》云:'股肱良哉!庶事康哉!'[7]得無當得蔣濟爲治中邪?"時濟見爲丹楊太守,乃遣濟還州。又語張遼、樂進等曰:"揚州刺史曉達軍事,動靜與共咨議。"

建安二十四年，孫權攻合肥，是時諸州皆屯戍。恢謂兗州刺史裴潛曰："此閒雖有賊，不足憂，而畏征南方有變。今水生而子孝縣軍，[8] 無有遠備。關羽驍銳，乘利而進，必將爲患。"於是有樊城之事。詔書召潛及豫州刺史呂貢等，潛等緩之。恢密語潛曰："此必襄陽之急欲赴之也。所以不爲急會者，不欲驚動遠衆。一二日必有密書促卿進道，張遼等又將被召。遼等素知王意，後召前至，卿受其責矣！"潛受其言，置輜重，更爲輕裝速發，果被促令。遼等尋各見召，如恢所策。

文帝踐阼，以恢爲侍中，出爲魏郡太守。[9] 數年，遷涼州刺史，持節、領護羌校尉。[10] 道病卒，時年四十五。詔曰："恢有柱石之質，服事先帝，功勤明著。及爲朕執事，忠於王室，故授之以萬里之任，任之以一方之事。如何不遂，吾其愍之！賜恢子生爵關內侯。"生早卒，爵絶。

恢卒後，汝南孟建爲涼州刺史，[11] 有治名，官至征東將軍。[一][12]

〔一〕《魏略》曰：建字公威，少與諸葛亮俱游學。亮後出祁山，[13] 答司馬宣王書，使杜子緒宣意於公威也。[14]

[1] 太原：郡名。治所晉陽縣，在今山西太原市西南古城營西古城。　祁：縣名。治所在今山西祁縣東南祁城。

[2] 涿郡：治所涿縣，在今河北涿州市。

[3] 郇（xún）越：西漢末太原人。《漢書》卷七二《鮑宣

傳》："郇越、相，同族昆弟也，並舉州郡孝廉、茂材，數病，去官。越散其先人訾千餘萬，以分施九族州里，志節尤高。"

［4］廩丘：縣名。治所在今山東鄆城縣西北。

［5］廣川：縣名。治所在今河北景縣西南廣川鎮。

［6］彭城：王國名。治所彭城縣，在今江蘇徐州市。　相：官名。王國的相，由朝廷直接委派，執掌王國行政大權，相當於郡太守。

［7］書云：此所云見《尚書·益稷》。

［8］子孝：曹仁字子孝。

［9］魏郡：治所鄴縣，在今河北臨漳縣西南鄴鎮東一里半。

［10］持節：漢朝官吏奉使外出時，由皇帝授予節杖，以提高其威權。漢末三國，則為皇帝授予出征或出鎮的軍事長官的一種權力。至晉代，此種權力明確為可殺無官位人，若軍事，可殺二千石以下官員。如皇帝派遣大臣出巡或祭吊等事務時，加持節，則表示權力和尊崇。

［11］汝南：郡名。治所平輿縣，在今河南平輿縣北。

［12］征東將軍：官名。秩二千石，第二品。黃初中位次三公，資深者為大將軍。

［13］祁山：山名。在今甘肅禮縣東。

［14］杜子緒：杜襲字子緒。

賈逵字梁道，河東襄陵人也。[1]自為兒童。戲弄常設部伍，祖父習異之，曰："汝大必為將率。"口授兵法數萬言。〔一〕初為郡吏，守絳邑長。[2]郭援之攻河東，所經城邑皆下，逵堅守，援攻之不拔，乃召單于并軍急攻之。城將潰，絳父老與援要，[3]不害逵。絳人既潰，援聞逵名，欲使為將，以兵劫之，逵不動。左右引逵使叩頭，逵叱之曰："安有國家長吏為賊叩頭!"[4]援怒,將斬之。絳吏民聞將殺逯,皆乘城呼曰:"負要殺我賢君,寧俱死耳!"左右義逯,多為請,遂得免。〔二〕初,逯過皮氏,[5]曰:"爭地先據者勝。"及圍急,知不免,乃使人間行送印綬歸郡,且曰"急據皮氏"。援既并絳衆,將進兵。逯恐其先得皮氏,乃以他計疑援謀人祝奧,援由是留七日。郡從逯言,故得無敗。〔三〕

〔一〕《魏略》曰:逯世為著姓,少孤家貧,[6]冬常無袴,過其妻兄柳孚宿,[7]其明無何,[8]著孚袴去,故時人謂之通(健)〔達〕。[9]

〔二〕《魏略》曰:援捕得逯,逯不肯拜,謂援曰:"王府君臨郡積年,[10]不知足下竭為者也?"援怒曰:"促斬之。"諸將覆護,乃囚於壺關,[11]閉著土窖中,以車輪蓋上,使人固守。方將殺之,逯從窖中謂守者曰:"此間無健兒邪,而當使義士死此中乎?"時有祝公道者,與逯非故人,而適聞其言,憐其守正危厄,乃夜盜往引出,折械遣去,不語其姓名。[12]

〔三〕《孫資別傳》曰:資舉河東計吏,[13]到許,[14]薦於相府曰:"逯在絳邑,帥屬吏民,與賊郭援交戰,力盡而敗,為賊所俘,[15]挺然直志,顏辭不屈;忠言聞於大衆,烈節顯於當時,雖古之直髮、據鼎,[16]罔以加也。其才兼文武,誠時之利用。"

《魏略》曰:郭援破後,逯乃知前出己者為祝公道。公道,河南人也。後坐他事,當伏法。逯救之,力不能解,為之改服焉。

[1] 襄陵:縣名。治所在今山西臨汾市東南古城莊。
[2] 絳邑:縣名。治所在今山西曲沃縣西南古城址。
[3] 要(yāo):《廣雅·釋言下》:"要,約也。"

［4］長吏：漢代稱秩六百石以上的官吏爲長吏，又稱秩四百石至二百之縣丞、尉爲長吏。漢代縣令、長之秩爲千石至三百石。賈逵在此自稱長吏，即自稱縣長。

［5］皮氏：縣名。治所在今山西河津縣西。

［6］家貧：趙幼文《校箋》謂《北堂書鈔》卷一二九、《太平御覽》卷六九五引"家"字作"居"。

［7］柳孚：盧弼《集解》謂《白孔六帖》卷一二引作"柳季"。趙幼文《校箋》謂《北堂書鈔》卷一二九引"孚"字亦作"季"，或唐人所見本如此。

［8］無何：吳金華《校詁》云："猶言無可奈何。"

［9］通達：各本皆作"通健"。盧弼《集解》謂《太平御覽》作"通達"。趙幼文《校箋》亦謂《太平御覽》卷六九五作"通達"，《册府元龜》卷九三九引同。今據盧、趙引改。

［10］王府君：指河東太守王邑。見本書卷一六《杜畿傳》與卷一三《鍾繇傳》注引《魏略》。（參盧弼《集解》）

［11］壺關：縣名。治所在今山西長治市北。

［12］不語其姓名：百衲本、殿本"姓名"作"名姓"，盧弼《集解》本、校點本作"姓名"。趙幼文《校箋》謂《太平御覽》卷四七九、《册府元龜》卷八〇二引俱作"姓名"。今從《集解》本等。趙一清《注補》謂《集古錄·賈逵碑跋》云裴注引《魏略》與《志》不同，碑但云逵爲援所執，臨以白刃，不屈而已。不載絳人約援事。自古碑碣稱述功德常患過實，如逵與絳人德義，碑不應略而不著，頗疑陳壽作傳好奇，而所得非實也。

［13］計吏：官名。漢代郡國，遣吏至京都向朝廷呈上計簿，匯報本郡國的户口、錢糧、獄訟、盜賊等情況，稱爲上計。所遣之吏稱爲計吏或上計吏。

［14］許：縣名。治所在今河南許昌縣東。

［15］賊：校點本1982年7月第2版誤作"敗"。

［16］直髮：指戰國趙臣藺相如。《史記》卷八一《藺相如列

傳》：趙惠文王時，得楚之和氏璧。秦昭王聞之，遣使至趙，願以十五城換璧。趙不得已，遣藺相如持璧入秦。秦昭王召見藺相如，得璧，大喜，而無意償趙城。藺相如假言指璧瑕而奪回璧，"倚柱，怒髮上衝冠"，責秦王之無誠意，並申言："大王必欲急臣，臣頭今與璧俱碎於柱矣！"終於完璧歸趙。　據鼎：指春秋時鄭國大夫叔詹。春秋時，晋公子重耳流亡國外，鄭國未禮納之。及重耳回國爲晋文公後，便興兵伐鄭。鄭國獻寶請和，文公不許，令鄭交出叔詹然後罷兵。晋人得叔詹後，將烹之。叔詹説出他曾勸鄭君禮接文公後，"乃就烹，據鼎耳而疾號曰：'自今以往，知忠以事君者，與詹同！'（文公）乃命弗殺，厚爲之禮而歸之"。（《國語·晋語四》）

後舉茂才，除澠池令。[1]高幹之反，張琰將舉兵以應之。逵不知其謀，往見琰。聞變起，欲還，恐見執，乃爲琰畫計，如與同謀者，琰信之。時縣寄治蠡城，城壍不固，逵從琰求兵脩城。諸欲爲亂者皆不隱其謀，故逵得盡誅之。遂脩城拒琰。琰敗，逵以喪祖父去官，司徒辟爲掾，以議郎參司隸軍事。太祖征馬超，至弘農，曰"此西道之要"，以逵領弘農太守。召見計事，大悦之，謂左右曰："使天下二千石悉如賈逵，吾何憂？"其後發兵，逵疑屯田都尉藏亡民。都尉自以不屬郡，言語不順。逵怒，收之，數以罪，撾折腳，坐免。然太祖心善逵，以爲丞相主簿。〔一〕太祖征劉備，先遣逵至斜谷觀形勢。[2]道逢水衡，[3]載囚人數十車，[4]逵以軍事急，輒竟重者一人，皆放其餘。太祖善之，拜諫議大夫，[5]與夏侯尚並掌軍計。太祖崩洛陽，逵典喪事。〔二〕時鄢陵侯彰行越騎將軍，[6]從長安來赴，問逵先王璽綬所在。[7]逵正色曰："太子在鄴，國有儲副。先王璽綬，非君侯所宜問也。"遂奉梓宮還鄴。

〔一〕《魏略》曰：太祖欲征吳而大霖雨，三軍多不願行。太祖知其然，[8]恐外有諫者，教曰："今孤戒嚴，未知所之，有諫者死。"邈受教，謂其同寮三主簿曰：[9]"今實不可出，而教如此，不可不諫也。"乃建諫草以示三人，三人不獲已，皆署名，入白事。太祖怒，收邈等。當送獄，〔教〕取造意者，[10]邈即言"我造意"，遂走詣獄。獄吏以邈主簿也，不即著械。〔邈〕謂獄吏曰：[11]"促械我。[12]尊者且疑我在近職，求緩於卿，今將遣人來察我。"邈著械適訖，而太祖果遣家中人就獄視邈。既而教曰："邈無惡意，原復其職。"始，邈爲諸生，略覽大義，取其可用。最好《春秋左傳》，及爲牧守，常自課讀之，月常一遍。邈前在弘農，與典農校尉爭公事，[13]不得理，乃發憤生癭，後所病稍大，自啓願欲令醫割之。[14]太祖惜邈忠，[15]恐其不活，教"謝主簿，吾聞'十人割癭九人死'"。邈猶行其意，而癭愈大。[16]邈本名衢，後改爲邈。

〔二〕《魏略》曰：時太子在鄴，鄢陵侯未到，士民頗苦勞役，又有疾癘，於是軍中騷動。羣寮恐天下有變，欲不發喪。邈建議爲不可秘，乃發哀，令內外皆入臨，臨訖，各安敍不得動。而青州軍擅擊鼓相引去。[17]衆人以爲宜禁止之，不從者討之。邈以爲"方大喪在殯，嗣王未立，宜因而撫之"。乃爲作長檄，[18]告所在給其廩食。

［1］澠池：縣名。漢代治所在今河南澠池縣西。曹魏移治所於西蠡城，在今河南洛寧縣西。

［2］斜（yé）谷：斜谷在今陝西眉縣西南，爲古襃斜道之北口。古襃斜道，北起斜谷，南至襃谷（在漢中市襃城鎮北），總計四百七十里，爲秦蜀間險要之道。　觀形勢：趙幼文《校箋》謂

《太平御覽》卷六四二引"觀"字作"視"，與《通志》同。按《太平御覽》卷二二三引又作"觀"。

〔3〕水衡：即水衡都尉，官名。魏水衡都尉掌水軍舟船器械，六品。

〔4〕囚人：趙幼文《校箋》謂《太平御覽》卷二二三、卷六四二引俱無"人"字。

〔5〕諫議大夫：官名。秩六百石，第七品。掌議論，無定員。

〔6〕越騎將軍：官名。東漢初置，統兵出征。後省。建安末，曹操復置，以其子曹彰行之，統兵留守長安。

〔7〕先王：校點本1982年7月第2版誤作"先生"。

〔8〕然：趙幼文《校箋》謂《北堂書鈔》卷六九引作"狀"。

〔9〕三主簿：曹操丞相府置主簿四人，皆錄省衆事。此三主簿與賈逵即四人。

〔10〕教取：《太平御覽》卷四五三引《魏略》，"取"上有"教"字。（參梁章鉅《旁證》）趙幼文《校箋》謂《北堂書鈔》卷六九亦有"教"字，有"教"字者是。今從趙説增。

〔11〕逵謂：《太平御覽》引"謂"上有"逵"字（參梁章鉅《旁證》）。趙幼文《校箋》謂《北堂書鈔》卷六九引謂上亦有"逵"字。《初學記》卷二〇引作"逵曰"，郝經《續後漢書》引同，俱有"逵"字可證，當據補。今從趙説補"逵"字。

〔12〕促械我：趙幼文《校箋》謂《初學記》卷二〇引作"促著我械"，《太平御覽》卷六四四引作"促我械"，似奪"著"字，應據《初學記》引補。

〔13〕典農校尉：官名。曹魏在郡國設置的屯田官，秩比二千石，第六品，管理屯田區的農業生產、民政和田租。地位相當於郡太守，但直屬中央大司農。

〔14〕自啓願欲令醫割之：趙幼文《校箋》謂《太平御覽》卷七四〇引無"願令醫"三字。

〔15〕惜逵忠：趙幼文《校箋》謂《册府元龜》卷九〇六引無

"忠"字。按，《太平御覽》卷七四〇引亦無"忠"字。

[16] 逵猶行其意而瘦愈大：《册府元龜》卷九〇六、《太平御覽》卷七四〇引皆如此。趙幼文《校箋》謂《白孔六帖》卷三三引作"逵欲割竟愈"，無"大"字。

[17] 青州軍：曹操早年擊敗青州黃巾軍所收編的隊伍。

[18] 長檄：長牒。給行遠路者以某種證明的文書。

　　文帝即王位，以鄴縣户數萬在都下，多不法，乃以逵爲鄴令。月餘，遷魏郡太守。[一]大軍出征，復爲丞相主簿祭酒。[1]逵嘗坐人爲罪，王曰："叔向猶十世宥之，[2]況逵功德親在其身乎？"從至黎陽津，渡者亂行，逵斬之，乃整。至譙，[3]以逵爲豫州刺史。[二]是時天下初復，州郡多不攝。逵曰："州本以御史出監諸郡，[4]以六條詔書察長吏二千石已下，[5]故其狀皆言嚴能鷹揚有督察之才，不言安静寬仁有愷悌之德也。今長吏慢法，盗賊公行，州知而不糾，天下復何取正乎？"兵曹從事受前刺史假，[6]逵到官數月，乃還；考竟其二千石以下阿縱不如法者，[7]皆舉奏免之。帝曰："逵真刺史矣。"布告天下，當以豫州爲法。賜爵關内侯。

〔一〕《魏略》曰：初，魏郡官屬頗以公事期會有所急切，會聞逵當爲郡，舉府皆詣縣門外。及遷書到，逵出門，而郡官屬悉當門，謁逵於車下。逵抵掌曰："詣治所，何宜如是！"

〔二〕《魏略》曰：逵爲豫州。逵進曰："臣守天門，出入六年，天門始開，而臣在外。唯殿下爲兆民計，無違天人之望。"

［1］丞相主簿祭酒：官名。曹操丞相府置，以任主簿久者爲之，仍録省衆事。

［2］叔向：春秋晋大夫。羊舌氏，名肸。晋平公六年（前552），其弟羊舌虎與叔羆、申書等有罪，被執政范宣子所殺，叔向亦因此被囚治罪。晋老臣祁奚得知後，即乘傳車見范宣子曰："夫謀而鮮過、惠訓不倦者，叔向有焉，社稷之固也，猶將十世宥之，以勸能者。今壹不免其身，以棄社稷，不亦惑乎？"范宣子遂與祁奚見晋平公，赦免了叔向。（見《左傳·襄公二十一年》）

［3］譙：縣名。治所在今安徽亳州市。

［4］御史：指監御史，秦官，掌監察郡。漢初雖省，而丞相又遣史分刺州。至漢武帝時，遂置部刺史，但仍爲監察之職。（本《漢書·百官公卿表》）

［5］六條詔書：漢武帝置部刺史，命以六條詔書監察郡："一條，强宗豪右田宅逾制，以强淩弱，以衆暴寡。二條，二千石不奉詔書遵承典制，倍公向私，旁詔守利，侵漁百姓，聚斂爲姦。三條，二千石不恤疑獄，風厲殺人，怒則任刑，喜則淫賞，煩擾刻暴，剥截黎元，爲百姓所疾，山崩石裂，祅祥訛言。四條，二千石選署不平，苟阿所愛，蔽賢寵頑。五條，二千石子弟恃怙榮勢，請託所監。六條，二千石違公下比，阿附豪强，通行貨賂，割損正令也。"（見《漢書·百官公卿表》顔師古注引《漢官典職儀》）

［6］兵曹從事：官名。即兵曹從事史。東漢州牧刺史之屬吏有從事史多人，兵曹從事史即其一，掌兵事。

［7］考竟：《釋名·釋喪制》云："獄死曰考竟。考得其情，竟其命於獄也。"按，此當謂拷問窮竟，拷問清楚。

州南與吴接，遂明斥候，[1]繕甲兵，爲守戰之備，賊不敢犯。外修軍旅，内治民事，遏鄢汝，[2]造新陂，又斷山溜長谿水，造小弋陽陂，[3]又通運渠二百餘里，所謂賈侯渠者也。[4]黃初中，與諸將並征吳，破呂範於洞浦，[5]進封陽里亭侯，加建威將軍。[6]明帝即位，增邑二百户，并前四百户。時孫權在東關，[7]當豫州南，去江四百餘里。每出兵爲寇，輒西從江夏，[8]東從廬江。國家征伐，亦由淮、沔。[9]是時州軍在項，[10]汝南、弋陽諸郡，[11]守境而已。權無北方之虞，東西有急，并軍相救，故常少敗。[12]逵以爲宜開直道臨江，若權自守，則二方無救；若二方無救，則東關可取。乃移屯潦口，[13]陳攻取之計，帝善之。

吳將張嬰、王崇率衆降。太和二年，帝使逵督前將軍滿寵、東莞太守胡質等四軍，[14]從西陽直向東關，[15]曹休從皖，[16]司馬宣王從江陵。[17]逵至五將山，[18]休更表賊有請降者，求深入應之。詔宣王駐軍，逵東與休合進。逵度賊無東關之備，必并軍於皖；休深入與賊戰，必敗。乃部署諸將，水陸並進，行二百里，得生賊，言休戰敗，權遣兵斷夾石。[19]諸將不知所出，或欲待後軍。逵曰："休兵敗於外，路絕於内，進不能戰，退不得還，安危之機，不及終日。賊以軍無後繼，故至此；今疾進，出其不意，此所謂先人以奪其心也，[20]賊見吾兵必走。若待後軍，賊已斷險，兵雖多何益！"乃兼道進軍，多設旗鼓爲疑兵，賊見逵軍，遂退。逵據夾石，以兵糧給休，休軍乃振。初，逵與休不善。黃初中，文帝欲假逵節，休曰："逵性剛，素侮易諸將，不可爲督。"帝乃止。及夾石之敗，微逵，休軍幾無救也。〔一〕[21]

〔一〕《魏略》曰：休怨逵進遲，乃呵責逵，遂使主者敕豫州刺史往拾棄仗。逵恃心直，謂休曰："本爲國家作豫州刺史，不來相爲拾棄仗也。"乃引軍還。遂與休更相表奏，朝廷雖知逵直，猶以休爲宗室任重，兩無所非也。

《魏書》云：休猶挾前意，欲以後期罪逵，逵終無言，時人益以此多逵。[22]

習鑿齒曰：夫賢人者，外身虛己，内以下物，嫌忌之名，何由而生乎？有嫌忌之名者，必與物爲對，存勝負於己身者也。若以其私憾敗國殄民，彼雖傾覆，於我何利？我苟無利，乘之曷爲？以是稱説，臧獲之心耳。[23]今忍其私忿而急彼之憂，冒難犯危而免之於害，使功顯於明君，惠施於百姓，身登於君子之塗，義愧於敵人之心，雖豺虎猶將不覺所復，而況於曹休乎？然則濟彼之危，所以成我之勝，不計宿憾，所以服彼之心，公義既成，私利亦弘，可謂善爭矣。在於未能忘勝之流，不由於此而能濟勝者，未之有也。

[1] 斥候：候望，偵察。

[2] 鄢：本爲水名，又作"蔦水"，即今湖北中部漢水支流蠻河。《左傳·桓公十三年》："莫敖使徇于師曰：'諫者有刑！'及鄢，亂次以濟，遂無次。"即此鄢水。而賈逵爲豫州刺史，鄢水所流經之地，漢魏時皆屬荆州，賈逵不可能遏此鄢水爲陂堰。若豫州別無鄢水，則此"鄢"當指鄢邑，亦即鄢陵邑，又作安陵邑，爲戰國楚地，鄢陵君之封邑，在今河南鄢城縣東南。則"鄢汝"即謂鄢邑内之汝水。 汝：水名。上游即今河南北汝河；自鄢城以下，故道南流至西平縣東會㳌水（今洪河），又南經上蔡縣西至遂平縣東會瀙水（今沙河），此下即今南汝河及新蔡以下的洪河。

[3] 小弋陽陂：趙一清《注補》引《讀史方輿紀要》卷五〇謂小弋陽陂在河南光州（治所今河南光山縣）東；新陂在汝寧府

（治所今河南汝南縣）東。

[4] 賈侯渠：在今河南淮陽縣西北，賈逵主持鑿成。後世漸與其他水道錯雜，至北魏時已不可辨認。（本謝鍾英《補三國疆域志補注》）

[5] 洞浦：地名。在今安徽和縣東南長江邊。

[6] 建威將軍：官名。西漢末新莽時置，爲領兵將領。東漢、魏、晉沿置。魏、晉爲四品。

[7] 東關：地名。在今安徽巢湖市東南裕溪河東岸。詳解見本書《三少帝紀》齊王芳嘉平四年"東關"注。

[8] 江夏：郡名。曹魏初，治所石陽縣，在今湖北漢川縣西北。

[9] 沔：百衲本作"沛"，殿本、盧弼《集解》本、校點本作"沔"。今從殿本等。

[10] 項：縣名。治所在今河南沈丘縣。

[11] 弋陽：郡名。曹魏置，治所弋陽縣，在今河南潢川縣西。

[12] 常：吳金華《校詁》謂"常"字與"少敗"文不相屬，疑爲"戰"字之誤。

[13] 潦口：地名。在今河南新野縣北。趙一清《注補》引《讀史方輿紀要》卷五一，謂潦河在南陽府鎮平縣（今河南鎮平縣）東四十里，源出南陽縣（今南陽市）之馬崎坪，南流至新野縣（即今新野縣）界入於淯河（今白河）。

[14] 前將軍：官名。在漢代，與後、左、右將軍皆位如上卿，掌京師兵衛與邊防屯警。魏晉亦置，第三品。權位漸低，略高於一般雜號將軍，不典禁兵，不與朝政。

[15] 西陽：鎮戍名。在今安徽桐城縣東北。（本盧弼《集解》引《讀史方輿紀要》卷二六）

[16] 皖：縣名。治所在今安徽潛山縣。

[17] 司馬宣王：即司馬懿。　江陵：縣名。治所在今湖北荊州市荊州區。

[18] 五將山：未詳。周壽昌《注證遺》謂在淮、汋之間。

[19] 夾石：地名。在今安徽桐城縣北。

[20] 先人以奪其心：《左傳·文公七年》：宣子曰："先人有奪人之心，軍之善謀也。逐寇如追逃，軍之善政也。"楊伯峻注引劉文淇《舊注疏證》謂"先人有奪人之心""逐寇如追逃"，當出古《軍志》。

[21] 無救也：殿本無"也"字，百衲本、盧弼《集解》本、校點本有"也"字。今從百衲本等。

[22] 益：殿本、盧弼《集解》本作"亦"，百衲本、校點本作"益"。今從百衲本等。

[23] 臧獲：奴婢。《方言》："荊淮海岱雜齊之間，罵奴曰臧，罵婢曰獲。"

會病篤，謂左右曰："受國厚恩，恨不斬孫權以下見先帝。喪事一不得有所脩作。"薨，[1]諡曰肅侯。〔一〕子充嗣。豫州吏民追思之，爲刻石立祠。[2]青龍中，[3]帝東征，乘輦入逵祠，詔曰："昨過項，見賈逵碑像，念之愴然。古人有言，患名之不立，不患年之不長。逵存有忠勳，沒而見思，可謂死而不朽者矣。其布告天下，以勸將來。"〔二〕充，咸熙中爲中護軍。〔三〕[4]

〔一〕《魏書》曰：逵時年五十五。[5]

〔二〕《魏略》曰：甘露二年，[6]車駕東征，屯項，復入逵祠下，詔曰："逵沒有遺愛，歷世見祀。[7]追聞風烈，朕甚嘉之。昔先帝東征，亦幸於此，親發德音，褒揚逵美，徘徊之心，益有慨然！[8]夫禮賢之義，或掃其墳墓，或脩其門閭，所以崇敬也。其掃除祠堂，有穿漏者補治之。"

〔三〕《晉諸公贊》曰：充字公閭，甘露中爲大將軍長史。[9]高貴鄉公之難，[10]司馬文王賴充以免。[11]爲晉室元功之臣，位至太宰，[12]封魯公。諡曰武公。

《魏略列傳》以逯及李孚、楊沛三人爲一卷，今列孚、沛二人繼逯後耳。

孚字子憲，鉅鹿人也。[13]興平中，[14]本郡人民饑困。孚爲諸生，嘗種藷，[15]欲以成計。[16]有從索者，亦不與一莖，亦不自食，故時人謂能行意。後爲吏。建安中，袁尚領冀州，以孚爲主簿。[17]後尚與其兄譚爭鬭，尚出軍詣平原，[18]留別駕審配守鄴城，[19]孚隨尚行。會太祖圍鄴，尚還欲救鄴。行未到，尚疑鄴中守備少，復欲令配知外動止，與孚議所遣。孚答尚言："今使小人往，恐不足以知外內，且恐不能自達。孚請自往。"尚問孚："當何所得？"[20]孚曰："聞鄴圍甚堅，多人則覺，以爲直當將三騎足矣。"尚從其計。孚自選溫信者三人，不語所之，皆敕使具脯糧，不得持兵仗，各給快馬。遂辭尚來南，所在止亭傳。[21]及到梁淇，[22]使從者斫問事杖三十枚，[23]繫著馬邊，自著平上幘，[24]將三騎，投暮詣鄴下。是時大將軍雖有禁令，而芻牧者多。故孚因此夜到，以鼓一中，[25]自稱都督，歷北圍，循表而東，[26]從東圍表，又循圍而南，步步呵責守圍將士，隨輕重行其罰。遂歷太祖營前，徑南過，從南圍角西折，當章門，[27]復責怒守圍者，收縛之。因開其圍，馳到城下，呼城上人，城上人以繩引，孚得入。配等見孚，悲喜，鼓譟稱萬歲。守圍者以狀聞，太祖笑曰："此非徒得入也，方且復得出。"孚事訖欲得還，而顧外圍必急，不可復冒。謂已使命當速反，乃陰心計，請配曰："今城中穀少，無用老弱爲也，不如驅出之以省穀也。"配從其計，乃復夜簡別得數千人，[28]皆使持白幡，[29]從三門並出降。[30]又使人人持火，孚乃無何將本所從作降人服，隨輩夜出。時守圍將士，聞城中悉降，火光照曜。但共觀火，不復視圍。孚出北門，[31]遂從西北角突圍得去。其明,太祖聞孚已得出,抵掌笑曰:"果如吾言也。"孚北見尚,[32]尚甚歡喜。會尚不能救鄴,破走至中山,[33]而袁譚又追擊尚,尚走。孚與尚相失,遂詣譚,復爲譚主簿,東還平原。太祖進攻譚,譚戰死。孚還城,城中雖必降,尚擾亂未安。孚權宜欲得見太祖,乃騎詣牙門,[34]稱冀州主簿李孚欲口白密事。太祖見之,孚叩頭謝。太祖問其所白,孚言"今城中彊弱相陵,心皆不定,以爲宜令新降爲内所識信者宣傳明教。"公謂孚曰:"卿便還宣之。"孚跪請教,公曰:"便以卿意宣也。"孚還入城,宣教"各安故業,不得相侵陵。"城中以安,乃還報命,公以孚爲良足用也。會爲所閒,裁署冗散。出守解長,[35]名爲嚴能。稍遷至司隸校尉,時年七十餘矣,其於精斷無衰,而術略不損於故。終於陽平太守。[36]孚本姓馮,後改爲李。[37]

楊沛字孔渠,馮翊萬年人也。[38]初平中,[39]爲公府令史,[40]以牒除爲新鄭長。[41]興平末,人多飢窮,沛課民益畜乾椹,[42]收䝁豆,[43]閱其有餘以補不足,如此積得千餘斛,[44]藏在小倉。會太祖爲兗州刺史,西迎天子,所將千餘人皆無糧。過新鄭,沛謁見,乃皆進乾椹。[45]太祖甚喜。及太祖輔政,遷沛爲長社令。[46]時曹洪賓客在縣界,徵調不肯如法,沛先撾折其腳,遂殺之。由此太祖以爲能。累遷九江、東平、樂安太守,[47]並有治迹。坐與督軍爭鬭,[48]髠刑五歲。[49]輸作未竟,[50]會太祖出征在譙,聞鄴下頗不奉科禁,乃發教選鄴令,當得嚴能如楊沛比,故沛從徒中起爲鄴令。已拜,太祖見之,問曰:"以何治鄴?"沛曰:"竭盡心力,奉宣科法。"太祖曰:"善。"顧謂坐席曰:"諸君,此可畏也。"賜其生口十人,[51]絹百匹,既欲以勵之,且以報乾椹也。沛辭去,未到鄴,[52]而軍中豪右曹洪、劉勳等畏沛,各遣家(馳騎)〔騎馳〕告子弟,[53]使各自檢敕。沛爲令數年,以功能轉爲護羌都尉。[54]十六年,[55]馬超反,大軍西討,沛隨軍,都督孟津渡事。[56]太祖已南過,其餘未畢,而中黃門前渡,[57]忘持行軒,私北還取之，從吏求小船，欲獨先渡。吏呵不肯，黃門與吏爭言。沛問黃門："有疏邪？"黃門云："無疏。"沛怒曰："何知汝不欲逃邪？"遂使人捽其頭，與杖欲捶之，而逸得去，衣幘皆裂壞，自訴于太祖。太祖曰："汝不死爲幸矣。"由是聲名益振。及關中破，代張既領京兆尹。黃初中，儒雅並進，而沛本以事能見用，遂以議郎冗散里巷。沛前後宰歷城守，不以私計介意，又不肯以事貴人，[58]故身退之後，家無餘積。治疾於家，借舍從兒，無他奴婢。後占河南（夕）〔几〕陽亭部荒田二頃，[59]起瓜牛廬，[60]居止其中，其妻子凍餓。沛病亡，鄉人親友及故吏民爲殯葬也。

[1] 薨：《太平寰宇記》卷一〇載《賈逵碑》，碑詞謂賈逵卒於魏明帝太和二年。

[2] 祠：《水經·潁水注》謂賈逵祠在項縣，祠前有碑。

[3] 青龍：魏明帝曹叡年號（233—237）。

[4] 中護軍：官名。曹操爲丞相後，於相府置護軍，掌武官選舉，並與領軍同掌禁軍，出征時監護諸將，隸屬領軍，後改名中護軍，職掌不變。以後又以資輕者爲中護軍，資重者稱護軍將軍，亦可簡稱護軍。

[5] 年五十五：趙一清《注補》謂宋人所見《賈逵碑》，逵卒年五十有四。

[6] 甘露：魏少帝高貴鄉公曹髦年號（256—260）。

[7] 祀：校點本作"祠"，而百衲本、殿本、盧弼《集解》本均作"祀"。今從百衲本等。

[8] 益有：盧弼《集解》云："'有'疑作'用'。"

[9] 大將軍長史：官名。秩千石，第六品，爲大將軍府諸屬吏之長。

[10] 高貴鄉公之難：此事詳見本書卷四《三少帝紀》高貴鄉公甘露五年裴注引《漢晉春秋》、干寶《晉紀》《魏氏春秋》《魏末

傳》及《晉書》卷四〇《賈充傳》。

［11］以免：校點本1982年7月第2版誤作"及免"。

［12］太宰：官名。西晉置太師、太傅、太保三上公，一品。因避司馬師諱，改太師爲太宰，居上公之首。爲尊貴虛銜，無職掌。

［13］鉅鹿：郡名。治所廮陶縣，在今河北寧晉縣西南。

［14］興平：漢獻帝劉協年號（194—195）。

［15］嘗：百衲本、盧弼《集解》本、校點本作"當"，殿本作"嘗"。趙一清《注補》謂"當"疑作"嘗"。趙幼文《校箋》謂《太平御覽》卷九七七引作"常"，"常"當"嘗"之形誤。今從殿本。 薤（xiè）：多年生草本植物，鱗莖名薤白，可食用，亦可入藥。

［16］欲以成計：潘眉《考證》云："言欲俟其成，以計知其多寡。"

［17］主簿：官名。漢代中央及州郡縣官府皆置此官，以典領文書，辦理事務。

［18］平原：縣名。治所在今山東平原縣西南。

［19］別駕：官名。別駕從事史的簡稱，爲州牧刺史的主要屬吏，州牧刺史巡行各地時，別乘傳車從行，故名別駕。

［20］所得：趙幼文《校箋》謂《太平御覽》卷三一四引"得"字作"辨"，《通典・兵十四》引同。《周禮・考工記總目》"以辨民器"鄭玄注："辨猶具也。"

［21］亭傳：驛站。

［22］梁淇：梁章鉅《旁證》謂《續漢書・郡國志》魏郡有"梁期"，即"梁淇"也。梁期縣治所在今河北磁縣東北。

［23］問事杖：胡三省云："問事，卒也。主行杖，猶伍伯之類。問事杖，問事所執杖也。"（《通鑑》卷六四漢獻帝建安九年注）

［24］平上幘（zé）：魏晉時武官所戴頭巾，因幘上平如屋頂，

故名。

[25] 鼓一：古時將一夜分爲五時段，稱甲夜、乙夜、丙夜、丁夜、戊夜；或稱爲一更、二更、三更、四更、五更；又稱爲一鼓、二鼓、三鼓、四鼓、五鼓（見《顏氏家訓·書證篇》）。鼓一，即一鼓。

[26] 表：胡三省云："圍城所立標表也。"（《通鑑》卷六四漢獻帝建安九年注）

[27] 章門：胡三省云："鄴城有七門，正南曰章門，亦曰中陽門。"（《通鑑》卷六四漢獻帝建安九年注）

[28] 得數千人：百衲本、盧弼《集解》本無"得"字，殿本、校點本有。今從殿本等。

[29] 皆使持白幡：趙幼文《校箋》謂《太平御覽》卷三一四引作"皆令秉白幡，持脂燭"。

[30] 三門：胡三省云："鄴城南面三門，曰鳳陽門、中陽門、廣陽門。"（《通鑑》卷六四漢獻帝建安九年注）

[31] 北門：鄴城北門。盧弼《集解》引《讀史方輿紀要》卷四九謂鄴北門亦曰玄武門。

[32] 北：校點本作"比"，百衲本、殿本、盧弼《集解》本皆作"北"，盧氏尚云："馮本'北'作'比'，誤。"今從百衲本等。

[33] 中山：王國名。治所盧奴縣，在今河北定州市。

[34] 牙門：軍帳前立大旗以示門，稱牙門。

[35] 解（xiè）：縣名。治所在今山西臨猗縣臨晉鎮東南城東、城西二村之間。

[36] 陽平：郡名。魏文帝黃初二年分魏郡置，治所館陶縣，在今河北館陶縣。

[37] 後：殿本、盧弼《集解》本作"復"，百衲本、校點本作"後"。今從百衲本等。

[38] 萬年：縣名。治所在今陝西臨潼縣東北武屯鎮附近古城

村南。

［39］初平：漢獻帝劉協年號（190—193）。

［40］公府令史：官名。漢代三公府及大將軍府等皆置有令史，位在諸曹掾下。有記室令史、門令史、閤下令史等名號。魏、晉沿置。

［41］新鄭：縣名。治所在今河南新鄭縣。

［42］乾椹（shèn）：椹，指桑椹，桑樹的果實。趙幼文《校箋》謂《藝文類聚》卷三三、《太平御覽》卷四七九、《事類賦》卷二五引"乾"字作"桑"。

［43］䔲（láo）豆：豆名。又名鹿豆，野緑豆，可食用。

［44］積得：趙幼文《校箋》謂《藝文類聚》卷三三、《太平御覽》卷四七九引"積"下有"浸"字。　斛：量器名。十斗爲一斛。

［45］乃皆：趙幼文《校箋》謂《藝文類聚》引無"皆"字。

［46］長社：縣名。治所在今河南長葛市東北。

［47］九江：郡名。東漢治所在陰陵縣，在今安徽定遠縣西北；漢末治所在壽春，在今安徽壽縣。　東平：王國名。治所無鹽縣，在今山東東平縣東。　樂安：郡名。東漢質帝時改樂安國置，治所高苑縣，在今山東鄒平縣東北苑城鎮。

［48］督軍：官名。建安中曹操置，統兵，權任較重，位在郡守之上。魏沿置。

［49］髡（kūn）刑：剃去頭髮之刑。

［50］輸作：罰作苦工。

［51］生口：奴婢。　十人：趙幼文《校箋》謂《藝文類聚》卷三三引"十"下有"六"字。下句"百"上有"五"字。

［52］鄴：百衲本、殿本無"鄴"字，盧弼《集解》本、校點本有"鄴"字，盧氏並云："各本均無'鄴'字，馮本、毛本有之。"今從《集解》本等。

［53］各：校點本作"名"，屬上句，與"沛"字連讀爲"沛

名"；而百衲本、殿本、盧弼《集解》本均作"各"，並且，"畏沛"語更確切，今從百衲本等。　騎馳：各本皆作"馳騎"，盧弼《集解》本謂何焯改作"騎馳"，校點本即從何說改。今從校點本。

　　[54] 功能：百衲本作"公能"，殿本、盧弼《集解》本、校點本作"功能"。今從殿本等。　護羌都尉：官名。曹魏設此官，職位低於護羌校尉。

　　[55] 十六年：指建安十六年（211）。

　　[56] 孟津：津渡名。在今河南孟津縣東北的黃河上。東漢末又於此地置關隘，爲河南八關之一。

　　[57] 中黃門：官名。西漢置，掌皇宮黃門之内諸伺應雜事，持兵器宿衛宮殿，爲宮中低級宦官。東漢後期宦官專權，職任稍重，位次小黃門。魏、晉沿置。盧弼《集解》謂建安十六年曹操尚未爲魏公，何得有中黃門？

　　[58] 貴人：殿本作"責人"，百衲本、盧弼《集解》本、校點本作"貴人"。今從百衲本等。

　　[59] 河南：即河南尹。治所洛陽縣，在今河南洛陽市東北白馬寺東。　几陽亭：各本皆作"夕陽亭"。潘眉《考證》云："亭在女几山之陽，故曰几陽。此作'夕陽亭'誤。"校點本即從潘説改爲"几陽亭"，今從校點本。

　　[60] 瓜牛廬：亦稱蝸牛廬，形如蝸牛的小圓屋。

　　評曰：自漢季以來，刺史總統諸郡，賦政于外，非若曩時司察之而已。太祖創基，迄終魏業，此皆其流稱譽有名實者也。咸精達事機，威恩兼著，故能肅齊萬里，見述于後也。